FERNANDO RUIVO
DANIEL FRANCISCO
CATARINA GOMES

*O Poder Local Português
e a Construção Europeia:
O Estado Labiríntico Revisitado*

O PODER LOCAL PORTUGUÊS
E A CONSTRUÇÃO EUROPEIA:
O ESTADO LABIRÍNTICO REVISITADO

AUTORES
FERNANDO RUIVO
DANIEL FRANCISCO
CATARINA GOMES

EDITOR
EDIÇÕES ALMEDINA, S.A.
Rua Fernandes Tomás, nºs 76, 78, 80
3000-167 Coimbra
Tel.: 239 851 904 • Fax: 239 851 901
www.almedina.net • editora@almedina.net

DESIGN DE CAPA
FBA.

IMPRESSÃO E ACABAMENTO
Pentaedro, Lda.
Outubro, 2011

DEPÓSITO LEGAL
335466/11

Apesar do cuidado e rigor colocados na elaboração da presente obra, devem os diplomas legais dela constantes ser sempre objecto de confirmação com as publicações oficiais.

Toda a reprodução desta obra, por fotocópia ou outro qualquer processo, sem prévia autorização escrita do Editor, é ilícita e passível de procedimento judicial contra o infractor.

BIBLIOTECA NACIONAL DE PORTUGAL – CATALOGAÇÃO NA PUBLICAÇÃO

RUIVO, Fernando, e outros

O poder local português e a construção europeia : o
estado labiríntico revisitado / Fernando Ruivo, Daniel
Francisco, Catarina Gomes.- (CES: democracia e participação)
ISBN 978-972-40-4638-9

I – FRANCISCO, Daniel
II – GOMES, Catarina Antunes

CDU   352
      342

ÍNDICE

CAPÍTULO 1 – Introdução 7
1.1. As políticas públicas e o local, um enredo complexo 12
1.2. A ideia de governança e o território 17

CAPÍTULO 2 – Que integração europeia? 23
2.1. As interpretações 28
2.2. O contributo neofuncionalista 36
2.3. O intergovernamentalismo 39
2.4. Novas teorizações 43

CAPÍTULO 3 – Política regional comunitária 53
3.1. Introdução 53
3.2. A via FEDER 57
3.3. O novo ciclo 61
3.4. Os desafios 70
    3.4.1. A subsidariedade 73
    3.4.2. Comité das regiões: a representação subnacional
        na europa 78
3.5. Os dilemas: entre a convergência e a divergência
    ou a fragilidade da europa das regiões 84

CAPÍTULO 4 – O caso português: as reconfigurações
político-institucionais no seio de heranças pesadas 91
4.1. Introdução 91
4.2. A adesão 93
4.3. A continuidade 104
4.4. III QCA 110

CAPÍTULO 5 – Poder local e europa: entre o dizer e o sentir 115
5.1. As representações sobre a europa 118
5.2. A distância à europa 122
5.3. As transformações com vista à europa 132

5.4. Avaliação da política regional europeia	135
5.5. Avaliação do processo de candidatura aos fundos a nível nacional	154
5.6. Vantagens da cooperação intermunicipal	179
5.7. Avaliação do sentimento de privação relativa	185
5.8. Suportes da função de autarca	188
5.9. Razões que permitem compreender o tipo de papel que os autarcas têm no âmbito da UE	196
5.10.Avaliação das possibilidades de um modelo de governança	200
Capítulo 6 – Conclusões	215
6.1. Política regional europeia e territórios portugueses	215
6.2. Governança à portuguesa?	218
6.2.1. O sistema local em portugal?	218
6.2.2. Uma democracia de acessos	219
6.2.3. Que perfil de liderança local para a europa?	222
6.2.4. Heranças pesadas em universos abertos: O poder local e a europa	225
Referências bibliográficas	229
Sobre os autores	241

CAPÍTULO 1
INTRODUÇÃO

O presente livro resulta de um projecto de investigação dedicado aos processos nos quais os poderes locais portugueses se encontraram envolvidos na sequência das mudanças políticas, institucionais e socioculturais induzidas pela construção europeia[1]. Trata-se, entre outras coisas, de analisar o impacto da construção europeia nas realidades locais nacionais, de modo a apreender o alcance das transformações, ou a força das inércias, que nelas se produziram em resposta às oportunidades, incentivos, orientações ou constrangimentos transmitidos pela União Europeia. As modalidades de formação e adaptação dos interesses locais e regionais portugueses ao quadro europeu, sobretudo tendo em vista o seu acolhimento pelas políticas de coesão, terão aqui um tratamento privilegiado. No que se refere à acção pública territorial (designadamente local), o objectivo é debater os efeitos nela induzidos pelo enquadramento europeu em que hoje se desenrola, caracterizado por modalidades de financiamento renovadas, solicitações institucionais permanentes, um novo papel solicitado ao Estado, tudo isso num contexto em que as tradicionais relações entre centro e periferias sofrem, elas mesmo, mutações decisivas.

Procurando colmatar uma lacuna de investigação sociopolítica no nosso país, este estudo pretende responder também à necessidade de um saber actual sobre a verdadeira condição da nossa participação no projecto comunitário. Muito embora noutros países investigações deste cariz tenham já vários anos, em Portugal continuam praticamente inexistentes. Facto tanto mais paradoxal quanto o referencial europeu para as nossas autarquias locais e políticas públicas é decisivo.

A nosso ver, a pertinência da publicação deste trabalho nos dias de hoje reside no chamar a atenção para a manutenção de traços do sistema político português que se reflectem agora para o exterior, no centralismo que marca as relações entre os poderes locais portugueses e a Europa. Trata-se, portanto, de olhar criticamente para um passado recente, de maneira a avaliar

---

[1] "As dinâmicas locais e regionais num contexto Europeu: esboço de uma relação", projecto aprovado e financiado pela Fundação para a Ciência e Tecnologia (Contrato nº PRAXIS/P/SOC/14230/1998), de que Fernando Ruivo foi Investigador Responsável, tendo os restantes autores integrado a equipa que o veio a desenvolver.

aquilo que terá sido uma experiência decisiva não só para o Poder Local, mas também para a evolução do país em termos de desenvolvimento territorial e de europeização. Daí o sub-título do livro: "O Estado Labiríntico[2] Revisitado", numa referência a um dos traços dominantes, o labirinto, que marca de forma decisiva o funcionamento da sociedade e da política em Portugal, não deixando, consequentemente e por isso mesmo, de se deixar extravasar para os tempos e os modos da construção europeia no nosso país. Refira-se também que outra das intenções orientadoras do presente trabalho consistiu em reunir num volume as principais correntes teóricas que têm vindo a ser desenvolvidas sobre a construção europeia. Este desígnio afigura-se pertinente no sentido de providenciar à comunidade de interessados sobre o tema uma discussão histórica e, simultaneamente, comparativa das diversas perspectivas que têm orientado o projecto europeu e que tantas e tão profundas implicações têm, não só ao nível da edificação da União Europeia, mas também no que diz respeito à própria experiência nacional da mesma.

Numa primeira fase, procurar-se-á tomar contacto com o significado da realidade europeia e da construção político-institucional da Europa para os municípios portugueses. As representações que a nível local se fazem da Europa e da sua relevância para o futuro da vida municipal, num país "periférico" como Portugal, constituirão o aspecto principal a determinar.

O pressuposto de partida é o da "europeização" progressiva das sociedades nacionais envolvidas no processo da construção europeia, responsável pela importância crescente da "variável" comunitária em todos os domínios da vida colectiva. Com efeito, formada pela adesão voluntária dos seus Estados membros, a União Europeia devolve a esses mesmos membros diferentes reflexos a igualmente diferentes níveis, impondo-lhes um quadro intelectual e normativo pleno de oportunidades, mas que eles têm muitas vezes dificuldades em sopesar e dominar.

Um desses reflexos será precisamente o que tem a ver com a administração das políticas públicas e, particularmente, com o papel das entidades administrativas descentralizadas ou desconcentradas (os poderes locais e regionais) na definição e aplicação de tais políticas. É sabido que a Europa tem reforçado a legitimidade dos seus poderes locais, abrindo-lhes, não só canais de representação, mas também possibilidades de socialização política anteriormente desconhecidas. Com a noção de "partenariado", a Comissão

---

[2] Referência a Ruivo (2000a)

Europeia, ao mesmo tempo que preenche a necessidade de encontrar interlocutores e parceiros para as suas tomadas de decisão (Smith e Smyrl, 1995: 41-58), encoraja as ambições latentes e reforça as responsabilidades políticas das instâncias territoriais[3]. Esse enriquecimento institucional e relacional influenciará, por exemplo, a capacidade de afirmação destes poderes nos contextos nacionais. Todavia, a Europa exige também às elites locais a mobilização de capacidades de *expertise*, órgãos de aconselhamento e cooperações com outras organizações, de forma a poderem ser bem sucedidos, entre outros exemplos, nas redes de influência em Bruxelas. Envolvidos num denso tecido de comunicações e informações, estruturado tanto por relações verticais como horizontais, estes actores participam assim de uma "eurosfera"[4], a qual, parecendo, em determinados momentos, uma entidade cada vez mais promissora, se apresenta também como algo de muito complexo. Neste cenário, ao labirinto das relações centro-periferia que tanto estrutura a existência do Poder Local português, adiciona-se um outro nível de complexidade, com o qual o referencial europeu se apresenta como uma significativa ampliação do labirinto dos poderes locais – labirinto este que é, como foi afirmado noutro local, simultaneamente e entre outras coisas, "o lugar mais fechado e mais aberto"[5].

É por isso que, nas suas etapas seguintes, este trabalho se dirige à experiência "europeia" dos municípios nacionais, de forma a interpretar as relações que, a pretexto do enquadramento comunitário, eles tecem com diversas figuras e entidades, desde a sociedade civil local às mais altas instâncias comunitárias (Parlamento e Comissão Europeias, essencialmente), passando pela administração central (inclusivamente a desconcentrada), tecido associativo intermunicipal ou associações de carácter geral e variado. Trata-se de laços dotados de geometrias variáveis, cujas repercussões nas relações entre centro e periferias ao nível nacional terão de ser igualmente tidas em conta.

Que percepção têm as autoridades locais nacionais das suas posições em Bruxelas? Que expectativas depositam no quadro europeu para as suas obrigações socio-políticas? Quais as redes sócio-políticas que canalizam os seus interesses para a agenda comunitária? Que mais-valias retiram da socialização europeia para o jogo centro/periferia nacional? Quais os constrangi-

---

[3] Esta questão será alvo de maior problematização no decorrer do presente trabalho.
[4] A designação é de Rabier, cit. por Sidjanski , 1995: 79.
[5] Sobre as funções desempenhadas pelos labirintos, cf. Ruivo, 2000a: 23 ss.

mentos que mais as condicionam? Quais os sinais mais evidentes da condição central ou periférica dos actores em presença?

Neste particular, a definição dos nossos objectivos de pesquisa deve-se ao facto de o sistema europeu ser actualmente descrito como dominado por actores, estratégias, modos de representação e acção que reproduzem um modelo de tipo "rede"[6]. Por outro lado, muito embora os responsáveis políticos tenham de considerar a importância crescente do espaço público europeu na sua acção, a Europa constitui um ambiente normativo e relacional que escapa genericamente ao seu controlo. Caracterizada em simultâneo por abertura e incerteza, formas de representação mais pluralistas e competitivas, mas também opacas e fluídas (Mény, Muller e Quermone, 1995 *b*: 3-22), a União Europeia (UE) impõe à mediação de interesses no seu interior – decisiva para as políticas públicas ao nível nacional, regional e local – o recurso a apoios especializados, lealdades institucionais ou coligações estratégicas para obter influência nos processos de decisão.

Dá-se assim uma proliferação lobbyística, enquanto milhares de organizações procuram ter antenas sediadas e consolidadas em Bruxelas (Mazey e Richardson, 1993). Ou seja, o *lobbying* converte-se na prática consagrada para interferir nas políticas comunitárias, num ambiente onde a mediação profissionalizada se substitui à soberania e à hierarquia burocrática. As consequências de tal fenómeno – sobretudo no que diz respeito à democraticidade do sistema político europeu e, por arrasto, dos diferentes sistemas político-administrativos nacionais, são obviamente problemáticas. É que se, por um lado, a proliferação lobbística pode obviar a dificuldades que os diversos actores sociais enfrentam ao lidar com o referencial comunitário, por outro, pode facilmente dar azo a uma perigosa privatização da actividade política. Esta hipótese é reforçada quando se considera a natureza dos actores sociais que fomentam e definem em grande medida a actividade lobbística. Ao tratar-se de actores privados, associados a interesses do foro económico, frequentemente transnacionais ou a-nacionais, sem um vínculo político de representação nacional e/ou territorial cuja legitimidade tenha sido democraticamente instituída, os *lobbies* potenciam a instrumentalização da influência e da actividade política comunitária.

Para além disto, de forma mais ou menos informal, utilizando critérios vagos e obscuros, o próprio sistema comunitário tende a constituir um "cast of actors" com acesso privilegiado aos processos de decisão: «parece que o

---

[6] Sobre o conceito de rede, cf. Ruivo, 2000a: 29 ss.

processo de procurar e de contrapor diferentes tipos de instrumentos de *expertise* opera como um mecanismo de selecção de uma elite que seja, quer política, quer administrativamente, baseada na 'sociedade civil' (com representantes de diferentes *lobbies*, sejam eles profissionais ou outros). Tal facto cria um universo de redes relativamente estáveis baseadas em determinadas relações colaborativas ou conflituais. Este universo de redes tem a sua própria linguagem, os seus próprios códigos e modos de funcionamento, criando uma barreira *de facto* para quem está no seu exterior. Esta é a raíz do paradoxo: dado que as regras são menos precisas, o sistema é mais aberto e mais facilmente penetrável do que os sistemas nacionais burocráticos e corporativos. Mas como as regras do jogo não estão formalizadas, todos os géneros de co-cooptação, inclusivamente todos os tipos de co-aliança, parecem ser possíveis» (Mény, Muller e Quermone, 1995 *b*: 14-15).

Num cenário que equilibra permanentemente abertura e pluralismo com opacidade e incerteza, os actores "periféricos" terão de socorrer-se de capacidades de aprendizagem, nomeadamente para enfrentar as "zonas de incerteza" que proliferam no acesso à informação e nas modalidades de inscrição das problemáticas na agenda europeia. A gama de constrangimentos que surgem, assim como os processos activados para os superar, são um quadro sociológico de primeira importância para a construção europeia e suas implicações nas realidades nacionais que a realizam.

Os meios que os actores territoriais portugueses conseguem mobilizar na Europa e utilizar eventualmente no jogo político nacional, assim como as potencialidades e inibições que transportam dos contextos de origem para o espaço europeu, constituem elementos explicativos de primeira ordem nesta problemática. Na análise que procuraremos desenvolver, estes aspectos serão investigados, nomeadamente através do levantamento do investimento em recursos técnicos, humanos e financeiros efectuado pelas entidades locais no sentido de incorporar a variável europeia na sua acção.

É certo que a socialização europeia dos nossos actores territoriais deverá estar marcada pela sua condição periférica. Portugal é um país geograficamente afastado dos centros decisórios, que apenas integrou formalmente as estruturas da Comunidade Europeia em 1986. No entanto, a tradição personalista do sistema político-administrativo português, privilegiando a resolução das situações através de contactos personalizados (Ruivo, 2000a), poderá facilitar a rápida apreensão dos modos operatórios e dos acessos na União Europeia, criando-se, por esta via, formas de compensação ao estado de periferia e de défice de poder que constituem a situação da qual se parte.

Apesar disso, poderá também verificar-se a criação de representações contraditórias no jogo relacional em Bruxelas, num cenário onde, não obstante a "liberdade dos costumes" incentivada pela Comissão, o nível simbólico externo ("a Europa") é muitas vezes susceptível de desempenhar um papel de inibição, mais do que de dinamização.

De qualquer modo, é para nós claro que o relacionamento diádico que caracteriza esse personalismo, conduzindo a actuações e influências de cariz individual, não se deverá reproduzir nas relações com a Europa. A construção de tais relações terá de ser pensada como um encadeamento de acessos e possuir uma vincada componente institucional, já que o relacionamento entre os locais e Bruxelas é mediado por actores centrais. Quanto ao jogo destes últimos, deverá ser ponderado o papel de determinadas lógicas: entre outras, a lógica das pertenças sociológicas da Administração Central Desconcentrada (qual o papel das Comissões de Coordenação e Desenvolvimento Regional?), a lógica de *lobbies* territoriais/regionais, as lógicas de raiz corporativa e associativa (Associação Nacional dos Municípios Portugueses e outras associações municipais). Determinados saberes profissionais, com as suas solidariedades e leituras específicas, colocados no interior das associações locais e nacionais poderão igualmente contribuir para os tipos de interacção que se estabelecem entre os municípios e o quadro europeu.

As eventuais expectativas ou *performances* criadas nas redes para a Europa, a registarem-se, estarão em discrepância com o funcionamento centralizado e hierárquico da administração e da decisão públicas em Portugal. Saber que consequências terá tal discrepância na manutenção da centralização constituirá um momento importante do projecto. Temos particularmente em mente os efeitos que poderão advir da importação discursiva relacionada com a modernização administrativa em Portugal (por exemplo, a questão da regionalização), no seu choque com as práticas tradicionais que persistem.

No fundo, todo o projecto assenta no imperativo de saber que efeitos tem o desenvolvimento da União Europeia na construção social do "território" em Portugal. Supondo, sem dúvida, que esses efeitos terão tendência para ser cada vez mais notórios.

1.1. As políticas públicas e o local, um enredo complexo

Apesar da legislação modernizante que sobre ele tem vindo a incidir, o Poder Local em Portugal tem-se regido em certa medida por aquilo a que, na esteira de Pierre Legendre (1976), por analogia, se pode designar como a "excepção concedida pelo Príncipe". Isto é, toda uma constelação de excepções à

INTRODUÇÃO 13

legalidade permitida ou, até, promovida pela própria autoridade do Estado, a qual encontra na sociedade portuguesa uma particular e tradicional receptividade[7].

A explicação para este facto começa desde logo pela constatação de que a penetração do Estado no território e o esvaziamento dos vários poderes com ele concorrentes, disseminados pela sociedade, – ou seja, a instauração de uma linha clara de demarcação entre o "público" e o "privado" – constituiu uma meta apenas parcialmente atingida. O que se pode observar é antes um complexo entrelaçamento de ambas as esferas, pública e privada, facto esse que acarreta assinaláveis consequências.

Especificando, dir-se-ia que o exercício actual do poder público em Portugal se encontra animado por dois ritmos, ritmos estes simultaneamente distintos e conjugados. Um, de cariz sociocêntrico, consiste numa actuação geral e abstracta, a favorecer o espaço igualitário da cidadania. Outro, de carácter egocêntrico, elabora respostas e decisões a partir de determinados particularismos ostentados por alguns cidadãos, contornando o pressuposto da igualdade de todos perante o poder[8].

Por tudo isto, a abordagem clássica das políticas públicas, nomeadamente quando se refere ao "local", não terá grande correspondência na realidade portuguesa. Aliás, aquela sempre padeceu, em geral, de vários equívocos e omissões. «O mundo formal e oficial, as suas regras e os seus jogos discursivos, bem como aquilo que se convencionou designar como a "esfera autêntica" e politicamente séria das políticas públicas escondeu durante muito tempo um outro segundo mundo, um mundo composto de muitas subtilezas e *nuances*, um mundo, por assim dizer, de enorme complexidade. (...) A este segundo mundo, um mundo portanto tendencial e intencionalmente ignorado, nunca foi tradicionalmente atribuída grande importância pelo segmento "nobre" da vida social, o qual o encarava como um elemento altamente secundário (como que um *fait divers*), como algo portador de um

---

[7] Jorge Dias (1971:30), por exemplo, afirma que uma das facetas do "carácter nacional" seria a tendência para «sobrepor a simpatia humana às prescrições gerais da lei».

[8] Disto mesmo será reflexo, no que se refere ao Poder Local, a coexistência de diferentes mecanismos de financiamento: um, dotado de critérios objectivos de distribuição, universais e juridicamente estipulados, como o do anterior Fundo de Equilíbrio Financeiro (o "bolo oficial"); outro, reproduzindo algumas formas similares às "compartilizações em obra" do regime anterior a 1974 (mais esvaziadas de critérios, portanto), designadas por muitos autarcas como "bolo paralelo" (Ruivo e Campos: 1995: 145 ss.) e com grande base de accionamento pessoal.

estatuto de irracionalidade e cuja intromissão no curso dos acontecimentos (bem como na sua explicação) devia, na medida do possível ser, enquanto factor eminentemente subjectivo, acautelada. Por analogia, era como que a face oculta da lua, aquela face que, apesar de sabermos existir, parece tornar-se, à primeira vista, impraticável e, até, manifestamente inútil procurar escrutinar... Este segundo mundo a que nos referimos tem vindo a ser denominado como o mundo do informal. E a marginalização deste mundo informal por parte do senso comum em geral (e do político, em particular do politicamente correcto) veio a ser seguida pela esmagadora maioria, salvo honrosas excepções (as quais procuravam acentuar a possibilidade de diversas e diferentes racionalidades em presença), das preocupações clássicas (muito especialmente, em termos políticos), redutoras e igualmente "nobres" das Ciências Sociais em geral. Até um determinado momento do século passado, deste modo, o informal tendia, pois, a ser predominantemente silenciado e considerado como pouco importante ou não estruturante para todo o processo de construção social da realidade, bem como para todos os outros múltiplos sub-processos que vão compondo essa mesma construção» (Ruivo, 2008: 1 ss.).

Para a superação desta situação e dos equívocos por ela gerados têm contribuído sucessivos estudos nas áreas da sociologia da administração, das organizações ou da ciência política em geral – designadamente em países com a França, a Grã-Bretanha e a Itália. Entre outros, refira-se o equívoco de considerar as políticas públicas como totalmente delineadas num eixo colocado ao nível central (nacional), sendo depois distribuídas de forma racional, automática e homogénea pelos diferentes territórios da nação. De igual modo, a omissão resultante de se pensar que a concretização dessas políticas públicas se faria de forma perfeitamente vertical e hierárquica, obedecendo à lógica de uma cadeia de agentes racionais submissos ao interesse geral. Por aí se perdeu de vista a multiplicidade dos actores, contextos e lógicas efectivamente envolvidos em tal processo, tornados por demais evidentes, em especial nas décadas mais recentes[9].

Na verdade, as transformações que nos últimos anos se desenrolaram nas sociedades desenvolvidas suscitaram alterações importantes nos figurinos da acção pública, obrigando a modificações nos paradigmas utilizados para a descrever. Os modelos de análise que fizeram sucesso até aos anos setenta, como o marxismo, o funcionalismo, a teoria das elites, o corporati-

---

[9] Cf. Ruivo: 2000b e 2002.

INTRODUÇÃO 15

vismo e o pluralismo, foram confrontados com mudanças tão amplas que se impuseram reformulações substanciais. As ambições teóricas foram, desde logo, moderadas. Aos modelos explicativos globais sobrepôs-se a procura de ferramentas analíticas mais flexíveis, capazes de se adaptar aos múltiplos contextos (institucionais, territoriais, organizacionais) em que os actores forjam as suas identidades, reformam os seus quadros mentais e tecem as suas estratégias, por aí configurando a própria ordem social.

Nos estudos sobre o Estado e a administração, as versões herdadas do modelo centro/periferia[10], mas também o institucionalismo clássico, foram postos em questão. Essencialmente por se ter verificado que o Estado, agência por excelência da acção do centro, não funcionava como um corpo unitário e monolítico, servido por uma autoridade hierárquica homogénea e aplicando a mesma racionalidade jurídica da base periférica ao topo central. Tomado nas suas diferentes dimensões – institucionais, sectoriais e territoriais –, o Estado revela-se menos unitário e mais fragmentado, menos pautado pela rigidez burocrática e mais adaptado a interesses múltiplos, menos autoritário e mais "negociado" (Streeck e Schmitter, 1985; Ruivo, 2000a). Daí ser mais útil concebê-lo como um conjunto de instituições do que como um actor (Marks, 1997). Como refere Poggi (1996: 32), «uma concepção unitária do Estado já não é verosímil, uma vez que, no fundo, as diferentes unidades do sistema político-administrativo não funcionam mais como partes subordinadas e servis a um todo. A coordenação das actividades é muitas vezes mínima; faz-se, quando muito, por um jogo de negociações entre os níveis superiores das diferentes unidades; na pior das hipóteses, através de uma rivalidade sem quartel para obtenção dos favores do nível mais elevado»[11].

À medida que a ciência política ia relativizando o institucionalismo jurídico nos seus pressupostos, acumulavam-se as investigações reveladoras de uma administração pública composta por diferentes esferas e lógicas institucionais, permeável a uma sociedade com grupos cada vez melhor organizados nos níveis sectorial e territorial, em condições de se apresentarem perante o Estado como actores candidatos às tarefas da regulação social

---

[10] Grémion (1976), Tarrow (1979), Chevallier (1978), Mény e Wright (1985), são alguns dos autores que demonstraram a necessidade de complexificar os tradicionais modelos centro/periferia, insistindo, por exemplo, nas dinâmicas próprias desta última.

[11] Já anteriormente e no mesmo sentido, o administrativista esclarecido Timsit, 1986: 190 ss.

e na definição das políticas públicas em geral[12]. As capacidades de acção colectiva, por exemplo, deixaram de estar unicamente centradas no sistema corporativo tradicional, dominado pelas grandes organizações sectoriais do fordismo, para incorporarem um leque mais variado de entidades e protagonistas, emergentes na mediação entre o público e o privado, o Estado e o indivíduo.

Tradicionalmente também, as formas de coordenação da vida social foram analisadas através do império exclusivo de duas instâncias opostas: os mercados e as hierarquias. No entanto, a insuficiência de tais instâncias perante a complexidade crescente da vida em sociedade obrigou a alargar o concurso das entidades reguladoras. Às figuras mencionadas deveria adicionar-se um novo campo de regulação, o campo reticular, constituído pela acção das redes sociais[13]. A ideia de que as redes seriam a categoria mais geral das formas de regulação, abarcando tanto o funcionamento do mercado como as hierarquias político-administrativas, foi deste modo avançada (Thompson, 1991: 18). Além disso, a utilização das redes permitia superar a dicotomia cavada entre os modelos pluralistas e neo-corporativistas, propondo uma perspectiva analítica inovadora.

O conceito de rede foi então aplicado a vários domínios e serviu diferentes abordagens[14]. Pela ambição de "médio alcance" e pelas modalidades reticulares de que, nas diversas áreas da vida colectiva, permite dar conta, a noção de rede tem servido para identificar os vários actores, modos operatórios e estruturas de decisão que a cada momento determinam o *timing* e os conteúdos da acção organizada, mormente a pública. Como explica Ruivo, «é que quando se faz analiticamente apelo ao conceito de rede (...) é porque ele contém no seu âmago, em primeiro lugar, a ideia de uma relação, de uma ligação» (2000a: 30). Estimulando, assim, uma leitura interaccionista dos processos em apreço, permite considerar os diferentes graus de formalidade

---

[12] Tributária dos estudos de Grémion, Crozier e Thoenig, Friedberg, entre outros, a sociologia da administração assinalou no interior do sistema burocrático do Estado uma pluralidade de actores em interacção "estratégica", o mais das vezes informalmente, com interesses e recursos provenientes de vários quadrantes do espaço político-social, nem sempre compatíveis entre si. Os conceitos de "notável local", "regulação cruzada" ou "ordens locais" estão na origem de progressos analíticos consideráveis.

[13] Cf. Ruivo 2000a: 41 ss.

[14] Que prencheram todo o caminho entre uma perspectiva mais estruturalista (Knoke, 1990) e a visão eminentemente inter-pessoal preconizada, por exemplo, por autores como Richardson e Jordan (1982), ou Wilks e Wright (1987).

e informalidade, verticalidade e horizontalidade que caracterizam os modos de decisão na base das políticas públicas e da acção do Estado em geral[15].

1.2. A ideia de governança e o território

A temática das redes foi complementada por desenvolvimentos conceptuais que a inscreveram em debates mais amplos. Destas destacaríamos a noção de *governance* ou governança. Este conceito propõe que se considere a acção pública como resultado da interdependência crescente entre redes de actores públicos e privados. Nas palavras de Biarez (1999: 45), «A governança é um conjunto complexo de instituições e de actores que se situam para além da ideia unitária e hierárquica de governo. As fronteiras e as responsabilidades permanecem fluidas entre as questões sociais e económicas, em sistemas que implicam o sector privado e mais particularmente grupos sociais activos. Nas relações de *governance*, nenhuma organização tem uma completa autonomia. Mesmo que uma instituição queira impôr um certo controlo, depende da intervenção de outros actores». Tal como na abordagem pelas redes, a noção de governança convoca directamente os actores e os jogos de negociação em que eles se envolvem, relativizando o papel formal do Estado e as fronteiras entre o público e o privado.

A ideia de governança seduziu durante algum tempo os espíritos. Assente numa retórica de participação, procurava promover a legitimação da União Europeia, tornando-a menos dependente da figura dos Estados, ao fazê-la ancorar, ainda que frequentemente de modo meramente discursivo, no tecido social. Todavia, abrindo portas para a proliferação lobbística atrás enunciada, a ideia de governança acabou por se multiplicar na prática social em fenómenos distintos, os quais vão desde a real e efectiva participação territorial e cidadã no projecto europeu – num espírito que se aproxima de uma virtuosa socialização política que se contraporia a um 'défice democrático' – até a um indesejável incremento da tendência de privatizar a actividade política, instrumentalizando-a em prol de interesses não colectivos e/ou democráticos.

Na genealogia epistémica do conceito, um dos processos a que mais tem sido frutífero aplicar as noções de rede e de governança é o da territorialização das políticas públicas. A governança tem sido, por isso, muito desenvol-

---

[15] Segundo Le Galès (1995: 14) «num ambiente complexo, as redes são o resultado da cooperação, mais ou menos estável, não hierárquica, entre organizações que se conhecem e reconhecem, negoceiam, trocam recursos e podem partilhar normas e interesses».

vida com referência à escala local. Refira-se que este interesse pelo território e seus actores surge, também ele, na sequência de mudanças cruciais. Por um lado, a de um Estado que, cada vez mais segmentado nos planos horizontal e vertical, deixa o papel de autoridade única para assumir o de iniciador – ou activador, se quisermos – das redes e parceiros relevantes para o desempenho de funções públicas (Leca, 1996; Kohler-Koch, 1999). Por outro lado, o vasto movimento de reconstrução dos territórios pertinentes para a acção pública, o qual tem chamado os agentes e os níveis territoriais a um protagonismo renovado – em boa parte devido aos referenciais das políticas comunitárias, como a ideia da subsidariedade e às pressões exercidas pela Comissão Europeia (Kholer-Koch, *op. cit.*).

Não surpreende pois que o conceito de governança tenha vindo a ser operacionalizado precisamente para elucidar modos de regulação territorialmente situados. É que se a característica mais saliente da contemporaneidade é um processo de globalização que desterritorializa as redes económicas e os fluxos culturais dominantes (Castells, 1999), vê-se igualmente que no interior desse processo emergem modalidades de regulação (socioeconómica, política) locais ou regionais, que conferem nova importância aos agentes, redes ou instituições organizados e implicados a diferentes níveis do território. Na verdade, o mesmo movimento que leva à desterritorialização das relações sociais, pode levar à sua reterritorialização, nos espaços produtivos e identitários das comunidades locais[16]. Nos últimos anos, uma extensa literatura tem mesmo procurado argumentar que a globalização não diminuiu, antes pelo contrário, acentuou, a importância dos territórios nas formas de vida dos indivíduos. Segundo Robertson, por exemplo, o local não deve ser visto como a antítese, mas como um aspecto próprio da globalização. Contra as teses da homogeneização, do imperialismo ou da tensão entre o local e o global, prefere afirmar que "a globalização tem envolvido a reconstrução, em certo sentido a produção, do 'lar', da 'comunidade' e da localidade (...) no mesmo sentido genérico da ideia da invenção da tradição e da sua imaginação" (1995: 35). A globalização conhecerá assim, segundo o autor, duas tendências que se interpenetram, a universalização do particularismo (caso do Estado-nação) e a particularização do universalismo (idem, 1990).

A celebrada possibilidade de neste quadro se configurarem verdadeiros "actores colectivos" de expressão territorial (Agnew, 1987) é certamente

---

[16] Nesse sentido, Ruivo, 2000a: 13 ss.

variável segundo as circunstâncias próprias de cada região, cidade ou localidade, nas quais jogam papel decisivo os níveis de desenvolvimento económico, as genealogias associativas, as culturas políticas nacionais, etc. A questão da representatividade destes actores não é, portanto, linear, variando
imenso de caso para caso. Mas num contexto europeu em que se assistia a
uma retracção (Wright e Cassese, 1996) do Estado face ao mercado e à galo-
pante complexidade social, não foi de excluir que territórios intermédios,
como as cidades e as regiões, pudessem apresentar-se enquanto patamar
eficaz de integração, organização e regulação socio-política.

Na óptica de Le Galès (1998: 230 ss.), «se os Estados-nação na Europa
(nomeadamente os mais antigos e centralizados como a França, a Grã-Bretanha, a Suécia ou Portugal), perderam uma parte da sua capacidade de
regulação e estruturação da sociedade (ainda assim permanecendo importantes), temos de nos interrogar sobre as novas linhas de estruturação, de
recomposição do fenómeno político. Outros territórios que não os Estados-
-nação podem emergir como lugar de regulação social e política. Ora, os
territórios infra-nacionais, nomeadamente as cidades e as regiões, apareceram como um dos níveis possíveis de regulação de interesses, de grupos e
de instituições, mesmo que estes territórios não tenham as características do
Estado-nação[17]. [...] Parece-nos que no jogo das recomposições entre Estado,
mercado e sociedade civil, que se traduz nomeadamente na indefinição das
fronteiras, a extensão da lógica do mercado, incluindo na esfera pública,
conduz a uma procura de organização política e social a outros níveis que
não o nacional, nomeadamente em certos territórios. O avanço do mercado
conduziria, paradoxalmente, a uma forma de regresso do político, ou pelo
menos da sua restruturação em certas cidades e regiões europeias». Isto num
movimento que pode até suscitar redefinições nas identidades e a reconstrução dos sentidos colectivos das populações. Assim sendo, ganharão forma
grupos, organizações e interesses, públicos ou privados, de carácter territorial, bem como, nos casos mais avançados de estratégias locais ou regionais
bem articuladas, a eventual representação externa dos espaços subnacionais,
designadamente junto da União Europeia[18].

---

[17] "(...) a subordinação da política local foi característica de um período não usual na
história europeia, quando grande parte das liberdades incidindo sobre decisões públicas
eram detidas por partidos nacionais e instituições políticas representativas. Nos começos
do século XXI, os Estados europeus estão a tomar contacto com os primeiros sinais de um
modelo mais variado, independente e experimental de políticas locais" (John, 2001: 2).

[18] Cf., por exemplo, Jefferey (1997).

É por estas razões que se justifica uma abordagem na qual os territórios infra-nacionais sejam considerados, não realidades políticas estáticas, subservientes a directrizes exógenas (do Estado ou do mercado, da União Europeia ou da globalização), mas processos dinâmicos de relacionamento e posicionamento colectivo, cujo sucesso ou fracasso não está totalmente decidido à partida. As condições para que possam apresentar-se como tais interpelam essencialmente um olhar microssociológico, onde os actores assumam a importância que efectivamente têm nas interacções que a todo o momento reconstroem a acção pública e conduzem a sorte dos diferentes territórios. Isto porque são já muitos os casos a justificar a ideia segundo a qual o local tende progressivamente a ser construído como «espaço de concertação, de negociação, de projecto, cada vez mais desligado das suas inscrições territoriais, no sentido da geografia espacial e das questões de delimitação, para desaguar numa concepção do território como construção política fundada em interacções (...) O território é cada vez mais um 'território projecto', construído pela cooperação de actores que fazem algo em comum. Se a construção do comum é a essência do político, os modos da sua fabricação estão assim a recompor-se. E esta recomposição afecta em conjunto os modos de governo e as formas de legitimação da acção pública. Governar já não é apenas ter competência (autoridade) sobre um território concebido como um espaço delimitado por fronteiras. Competência e soberania encontram-se desconectadas. A comunicação, a interacção, a negociação entre actores do campo político e campos conexos, produz o território político como espaço legítimo da acção pública. Igualmente, noções como a proximidade, a eficácia, a participação, a cidadania, formam os novos materiais de um referencial político construído à volta do local. A governança, o contrato, o projecto, tornam-se os novos instrumentos de uma acção pública em recomposição» (Autès, 2001: 21 ss.).

Mas o que implicarão estes novos referenciais ao nível da sociedade portuguesa e ao nível da prática política? Encontrarão eles um contexto favorável que permita o florescimento de uma cultura política renovada? Para tal, seria indispensável a formação de consensos sociopolíticos territoriais suficientemente abrangentes, capazes de projectar a transformação social e a levar por adiante. A União Europeia, com a insistência em princípios programáticos como a subsidariedade ou a participação, parece teoricamente ser determinante no sentido da sua viabilidade. Constatamos, todavia, que tal dinâmica socioterritorial encontra inúmeros obstáculos[19]. Por exemplo, a fraca autonomia dos poderes infra-nacionais, perante um Estado que tem encontrado ensejo de consolidar a sua centralização no âmbito das políticas comunitárias. Igualmente, a reprodução auto-complacente de um sistema de interacção e cultura política que não contempla expectativas de maior abertura e democraticidade. A ausência de uma "cultura do território" em Portugal, enquanto epifenómeno desse traço mais geral da experiência colectiva portuguesa que Boaventura de Sousa Santos (2003) denomina a "ausência de projecto", parece-nos suficientemente expressiva do cenário em apreço.

A integração europeia de Portugal poderia desempenhar aqui um papel motriz, funcionando como alavanca de modernização das concepções e práticas dos actores a todos os níveis do sistema político-administrativo, nomeadamente local? A adesão ao projecto comunitário significaria, nesta perspectiva, a mobilização, a partir «de baixo», das forças e dos valores que permitiriam agilizar a eficácia, refrescar a legitimidade e recompôr as ambições das autoridades políticas locais.

---

[19] A propósito destes obstáculos e dificuldades, cf. Ruivo, 2004.

CAPÍTULO 2
QUE INTEGRAÇÃO EUROPEIA?

A construção europeia tem sido desde o seu início marcada por importantes antinomias. Reflexo maior disso mesmo é a oscilação constante entre uma Europa essencialmente diplomática, cingida aos contornos do direito internacional, e a configuração de uma entidade supranacional de características *sui generis*, assente no voluntarismo integrador dos seus membros e em nova ordem jurídica. Tais antinomias têm assumido conteúdos diversos nas sucessivas etapas do projecto comunitário, seguindo as tensões a cada momento dominantes nos ciclos em que a integração europeia se tem processado. O resultado, no campo da reflexão académica, foi a acumulação de leituras divergentes sobre a verdadeira natureza da Europa, de que aqui procuramos dar conta.

Os primeiros impulsos para a integração europeia nascem de uma conjuntura marcada pelo interesse dos EUA numa Europa forte e unificada, entre outras coisas, para contrapor à ameaça soviética. A reconstrução da Europa Ocidental em bases de cooperação e unidade constituía um interesse vital para os EUA, envolvidos na Guerra Fria e no combate à disseminação do comunismo. Em termos geopolíticos, a Europa Ocidental serviria de "almofada" às agressões e expansionismo soviéticos.

Alguns dos mais importantes antecedentes institucionais da Europa Comunitária são, assim, produto da influência exercida pelos EUA. É o caso do Pacto de Bruxelas, que instituiu a União Ocidental, e da Organização de Cooperação Económica (OECE)[20], criada em 1948 e à qual se atribuiu, em 1953, o objectivo de gerir os fundos inscritos no Plano Marshall.

Em 1949, realiza-se a iniciativa crucial para o ideário europeu, o Congresso de Haia, de onde sairia o Conselho da Europa. A importância do Congresso de Haia reside em ter definido o programa global para uma Europa Unida, originado o Movimento Europeu e contribuído para a produção de ideias que frutificariam nas futuras Comunidades Europeias. De qualquer

---

[20] Antecessora da Organização para a Cooperação e o Desenvolvimento Económico (OCDE), instituída em 1960. Refira-se que o reforço da aliança entre a Europa Ocidental e os EUA será estabelecido em 1949, com a assinatura do Tratado do Atlântico Norte em Washington.

modo, o Congresso exibia já o dualismo matricial, ainda hoje persistente, no que se refere à natureza política da União Europeia: federalista por um lado, em ordem à qual se criou uma Assembleia parlamentar, e intergovernamental, por outro, ilustrada pelo Conselho da Europa[21].

Consagrar ambas as instituições não obviou todavia à cisão entre os partidários de cada uma das opções. É que a antinomia fundadora da empresa comunitária assume também, de certa maneira, um contorno mais amplo, podendo ser equacionada como a da legitimidade versus eficiência (Covas, 2002: 43). No plano europeu, tal facto tem-se traduzido na tensão entre a salvaguarda da primazia estatal, enquanto defesa do direito dos povos, e a filosofa pragmática *à* Jean Monnet, com carácter supranacional e orientada para a criação de um sistema político propriamente europeu.

O dilema fundador, "eficiência-legitimidade", que se coloca a todo o momento às elites europeias, foi particularmente sentido e agravado com os avanços de Maastricht (Merkel, 1999). Ou seja, quando a passagem da "integração económica negativa para a integração económica positiva e a integração política" fez evoluir a questão mais saliente da construção europeia, a da sua democraticidade. Esta proporcionaria a um vasto conjunto de actores a oportunidade de se posicionar no tabuleiro europeu, situação a que muitos se apressaram a agarrar. Já antes vago e indefinível, o projecto europeu passou depois a ser alvo de todos os exercícios teóricos, dada a singular complexidade que punha em andamento.

O que significará, por isso, a expressão "integração europeia"? O ponto de partida tem, desde logo, a ver com o papel associado ao Estado, enquanto forma de organização dominante das sociedades modernas. As interrogações formuladas na altura a este respeito demonstravam principalmente as preocupações que se seguem: implicará a integração europeia a transcendência dos Estados? Configurará ela uma reorganização da ordem internacional e das estruturas governativas existentes, nos domínios da sua soberania, territorialidade e lealdade dos cidadãos? Constituirá o resultado de opções racionais e deterministas? Ou, pelo contrário, será um processo contingente e incerto? A resposta a estas questões tem constituído o subs-

---

[21] A intenção de criar uma Assembleia Europeia de cariz federalista colheu a feroz oposição do Ministro dos Negócios Estrangeiros inglês, que propunha simplesmente a criação de um Conselho de Ministros para fomentar a cooperação funcional entre os Estados. O dilema foi solucionado pela consagração das duas instâncias – uma assembleia internacional de cariz parlamentar e uma entidade intergoverrnamental de tipo diplomático, incarnada pelo Conselho da Europa.

tracto das diversas abordagens do fenómeno. Para aqueles que postulam a permanência dos Estados como unidades vitais de governo, a integração é interpretada como sendo a «criação e manutenção de intensos e diversificados padrões de interacção entre unidades anteriormente autónomas», precisamente os Estados-nação nela envolvidos. (Wallace, 1990: 9). Para a outra perspectiva, a integração é entendida como «o processo pelo qual actores políticos em diversos contextos nacionais são persuadidos a transferirem as suas lealdades, expectativas e actividades políticas para um novo centro, cujas instituições possuem ou requerem jurisdição sobre os Estados nacionais pré-existentes. O resultado final do processo de integração política é uma nova comunidade política que se impõe às que existiam previamente" (Haas, 1968: 12).

Facto é que o fenómeno da construção europeia tem alimentado múltiplas interpretações, as quais vão alternadamente capitalizando os ritmos e as orientações evidenciados ao longo da sua história. Torna-se, no entanto, evidente que a dinâmica integracionista – quer nos períodos mais intensos, quer nas alturas caracterizadas por algum "abrandamento" – não se sobrepõe mecanicamente aos Estados, antes dependendo da concórdia entre eles quanto aos seus processos fundamentais.

Daqui decorre que a eventual "europeização" das normas, referências e práticas das instituições e actores em cada realidade nacional – questão muito discutida na actualidade –, embora com contornos diferentes de caso para caso, se realiza ainda em função da abertura proporcionada pelos diferentes Estados ao desiderato europeu. Nesse aspecto, nem todos têm igualmente correspondido às opções administrativas ou aos conteúdos normativos provenientes de Bruxelas, isto por razões de estrutura e cultura políticas internas. Anderson (1999), por exemplo, chama a atenção para o facto de as arquitecturas constitucionais de cada Estado e as culturas políticas neles enraizadas poderem facilitar ou bloquear a integração institucional levada a cabo na Europa. Enquanto para a Alemanha, por exemplo, a congruência do sistema político nacional com a arquitectura europeia favoreceu a apreensão dos impulsos vindos da Comunidade, na França e Grã-Bretanha, moldadas por outra forma de paisagem política e institucional (um estilo mais conflitual de exercício da actividade política e uma organização centralizada do Estado, por exemplo), criou um leque de relutâncias nas adaptações político-institucionais que era suposto acompanharem a integração económica, que ambos os países apoiaram, assim como relações mais conflituais com a Europa (Hayward, 1999).

Dito isto, os desafios e obrigações emanados das instâncias comunitárias, mormente da Comissão, definem uma agenda propriamente comunitária, que se tem vindo a impor – ou, no mínimo, a condicionar fortemente – às agendas políticas nacionais. É por isso que o debate subsiste, prodigalizando as classificações de um fenómeno que pode ser, ao mesmo tempo, «arranjo pós-nacional, não soberano, policêntrico, polimorfo, neo-medieval» (Schmitter, 1995: 29).

A quase todos os exercícios teóricos a União Europeia se tem, por conseguinte, prestado. Não apresentando forma plenamente definida (Muller, 1997), ela pode ser descrita como uma combinação única de culturas políticas e administrativas nacionais. Embora ambicione corresponder à reinvenção da democracia numa era de globalização, a Europa não deixa de revelar que a convergência dos sistemas político-administrativos nacionais é um assunto muito delicado... Com a agravante de se encontrar em constante evolução, o que torna difícil a sua objectivação enquanto sistema político. No fundo, a integração europeia é um processo multifacetado, elaborado por vários actores e a várias velocidades (Mazey, 1996), onde a gradual harmonização das ordens jurídicas e dos critérios técnicos nacionais tem intensificado as trocas culturais e educativas.

O carácter dinâmico e processual das instituições europeias (que se repensam e redefinem permanentemente, num esforço de estabilização do sistema político comunitário) não poderá então ser inserido num qualquer modelo mecânico. O facto é que não só a construção da Europa em termos políticos se afigura problemática, como se assiste a diversas formas de a pensar em cada contexto nacional, factores que até hoje têm dificultado a edificação de um sistema político e económico propriamente europeu.[22]. Na verdade, nem a Europa se assemelha à figura de um Estado[23], nem tão pouco corresponde às visões federalistas para ela antecipadas, continuando em muitos aspectos a seguir uma lógica inter-governamental – assente nas relações de força e nas estratégias de aliança entre os Estados –, apesar

---

[22] Já para Ash (1997: 120), «a coisa é menos do que um super-Estado federal, mas mais do que uma aliança: é uma combinação complexa, horrível, única e sem precedentes do supranacional e do inter-governamental, de integração económica e de cooperação política».

[23] Falta-lhe, por exemplo, a ideia comum de nação (Leca, 1997), dado o desfasamento entre um Estado europeu no plano económico e um Estado europeu no plano social, ou seja, a dificuldade em organizar uma política social de escala europeia, comum a todos os Estados Membros.

dos apelos em sentido contrário. Se quisermos, a integração europeia sofre todos os dias as consequências do "triplo défice" que ainda não colmatou: a ausência de um sentimento de identidade colectiva, a falta de um verdadeiro debate político e também a ausência de uma estrutura institucional de escala europeia, que permitisse garantir a responsabilidade dos titulares de cargos políticos perante um eleitorado europeu (Scharpf, 2000: 191). Tudo isto redunda na constituição de uma realidade política ferida por um profundo défice democrático.

Frequentemente associado ao espírito da integração europeia, encontra-se um universo de ideias sobre democracia, paz e prosperidade que se concretizam numa espécie de voluntarismo e altruísmo, bases de um silogismo pacificista (Abélès, 1998). Tal teria como corolário a cooperação e a harmonização das legislações dos Estados membros. Todavia, o primado da harmonização e cooperação que subjaz ao projecto europeu é confrontado periodicamente com nacionalismos defensivos, ou ainda com aqueles que reclamam uma visão mais empírica sobre o que a Europa realmente é. O antagonismo entre estas posturas gera, por sua vez, uma ambiguidade no espaço de sentido (Smith, 1995) que a Comunidade Europeia deveria incarnar. Essa ambiguidade traduz-se, por um lado, na negação da viabilidade do facto nacional por si só; por outro lado, na persistente dificuldade em dar uma forma política identificável à União Europeia. Logo, «em todas as perspectivas, a Europa permanece como um objecto político não identificado (...). Objecto inominável, a não ser por duas expressões tão imprecisas como vagas: 'união' e 'comunidade'» (Smith, 1995: 116).[24] Daí que à União Europeia já tenhamos ouvido chamar "objecto político não identificado" (Jacques Delors), uma *would-be polity* (Lindberg e Scheingold, 1974) ou ainda a «primeira forma política internacional verdadeiramente pós-moderna»[25], entre outras caracterizações igualmente sugestivas.

---

[24] A integração europeia, orientada pela aliança franco-germânica, esteve desde o início baseada num compromisso idealista, inspirado na experiência comum da guerra, do genocídio, da ocupação e da derrota. O discurso 'europeu' produzido por este compacto bi-nacional «é uma ideia, um ideal, um sonho, uma visão, um grande desígnio; esta *faire l'Europe, Europa bauen*, Europa como projecto, processo, progresso no sentido de alguma finalidade europeia, Europa como telos. Na vertigem do pensamento, tal torna-se num idealismo dialéctico (....) 'as contradições da Europa no caminho para si mesma'» (Ash, 1997: 119)

[25] Ruggie, cit. por Biersteker (1999: 22).

2.1. As interpretações

O Funcionalismo, o Federalismo e o Transacionalismo[26] constituem as primeiras incursões do pensamento político na temática da integração supra-nacional, em especial a da europeia. Neles se encontra a ideia de que a ambição de erradicar o conflito internacional e o lançamento das bases para uma paz duradoura entre as nações acabarão por redesenhar os modos de fazer a política no palco internacional. Mau grado as resistências oferecidas pela axiomática estatal, a densificação das relações transnacionais, tecidas entre comunidades, grupos e interesses de características muito diversas, farão com que seja cada vez menor o peso do Estado sobre os laços de interdependência alargada que tenderão a construir-se, ignorando linhas de fronteira nacionais.

É no período entre as duas Grandes Guerras que começa a debater-se o "futuro da Europa", mas será no pós II Guerra Mundial que assistiremos aos primeiros esforços continuados para a integração europeia.

O papel dos EUA, como indiciámos, foi crucial. O interesse numa Europa forte e unificada, que pudesse contrabalançar as ameaças do comunismo soviético, constituiu a principal motivação para inúmeras diligências norte-americanas.[27].

---

[26] Fundado por Karl Deutsch, o transacionalismo baseava-se na analogia entre os meios utilizados para assegurar a paz no seio de um Estado e aqueles que seriam necessários para a garantir no plano internacional. A hipótese era a de que o sentimento de pertença a uma mesma comunidade entre sociedades de diferentes Estados dependeria do grau de interacção e comunicação entre essas sociedades. Por outras palavras, o potencial de integração é proporcional ao grau de interacção, gerador de confiança e novas lealdades. No plano internacional, Deutsch distinguia dois tipos de comunidades políticas. Em primeiro lugar, as 'comunidades de segurança plurais', onde os governos retêm os poderes legais e a integração não implica a fusão institucional. Em segundo lugar, as 'comunidades de segurança amalgamadas', produzidas através de fusão institucional entre Estados. São as 'comunidades de segurança amalgamadas' que ilustram a integração europeia: «O desenvolvimento de ligações funcionais através de interacções informais económicas e sociais entre as separadas comunidades da Europa Ocidental, cria, ao longo do tempo, tendências sócio-psicológicas e processos de aprendizagem, os quais, por seu turno, conduzem à assimilação e à integração. A seu tempo, tal induz a tentativas, lideradas por elites, para institucionalizar e formalizar as ligações funcionais iniciais. Esta maneira de criação formal é um meio para preservar a comunidade que os intensos padrões de comunicação criaram» (Rosamond, 2000: 47). O transacionalismo foi cedo abandonado. A falta de clareza sobre os reais mecanismos de integração e a ingenuidade de pressupor que a comunicação geraria por si só mudança, muito contribuíram para isso.

[27] Uma das mais relevantes, a seguir ao Plano Marshall, foi a celebração do Pacto de Bruxelas, que instituiu a União Ocidental. O ano de 1948 seria marcado por outra

QUE INTEGRAÇÃO EUROPEIA? 29

Em 1949, o Congresso de Haia marcaria a génese da integração europeia. Todavia, já aqui se confrontavam duas perspectivas sobre a Europa. Os defensores do federalismo pugnavam pela criação de uma Assembleia Parlamentar, a qual conheceu logo feroz oposição, liderada pelo Ministro dos Negócios Estrangeiros inglês. Este propunha apenas um Conselho de Ministros, destinado a fomentar a cooperação entre os Estados. O primeiro dilema do empreendimento comunitário seria solucionado pela criação das duas instituições – uma assembleia parlamentar internacional e uma entidade intergovernamental de tipo diplomático, consubstanciada pelo Conselho da Europa.

Tal solução não evitou a ruptura entre os partidários de cada uma das perspectivas, precipitada pela Declaração Schuman. Inspirado por Jean Monnet[28], Robert Schuman – na altura ministro francês dos negócios estrangeiros – propõe que a França e a Alemanha (e qualquer outro país europeu

---

iniciativa capital: a da Organização de Cooperação Económica – antecessora da actual Organização de Cooperação e Desenvolvimento (OCDE) –, dotada do objectivo de gerir e repartir os fundos do Plano Marshall. Estes desenvolvimentos antecederam e prepararam o caminho que levaria à União Europeia.

[28] Um dos protagonistas do impulso federalista foi Jean Monnet, financeiro internacional e cosmopolita, envolvido na reconstrução económica francesa. O impacto de Monnet não se fez sentir apenas na criação da CECA. De facto, enquanto actor político com grande mobilidade transnacional, Monnet foi inicialmente encorajado pelos EUA, onde terá adquirido parte do seu perfil federalista. A força de Monnet como arquitecto da integração europeia advinha dos seus estreitos contactos com Washington. Todavia, as suas motivações divergiam radicalmente das razões norte-americanas para a unificação e o desenvolvimento da Europa. Não se encontrando comprometido com o tradicional enquadramento do Estado-Nação, Monnet procurou sistematicamente criar instâncias ou objectivos supra-nacionais para a Europa. No entanto, a criação do Mercado Comum e a doutrina do mercado livre não o entusiasmaram. A construção de uma Europa unida não poderia depender unicamente da criação de um espaço económico. A questão por ele colocada em 1955, antes dos Tratados de Roma, revela a sua principal preocupação: « 'Será possível ter um Mercado Comum sem políticas federais sociais, monetárias e macro--económicas?'» (cit. in Anderson, 1997: 62). Em 1945, Monnet foi nomeado por de Gaulle para organizar o Plano de Modernização e Equipamento em França. Quando, em 1949, o executivo solicita a Schuman a elaboração de uma política coerente para as relações com a Alemanha, foi Monnet que apresentou a solução: «a oferta da reunião supranacional dos recursos de carvão e aço, a qual deu início ao processo de integração europeia. Grande parte do modelo institucional da CEE, oito anos mais tarde, descendeu directamente do modelo CECA que o círculo de Monnet elaborou em 1950» (Anderson, 1997: 60). A CEE pode assim ser considerada descendente directa da CECA, na medida em que as actividades da Alta Autoridade da CECA em matéria de desenvolvimento regional (intervenção

que o desejasse) agregassem os seus recursos de carvão e aço. A proposta foi aprovada em Agosto de 1950 pela Assembleia Parlamentar do Conselho da Europa, tendo sido, posteriormente, subscrita pela Bélgica, Luxemburgo, Itália e Países Baixos.

A principal fonte de polémica residia na recusa, por parte de Schuman, daquilo que podemos designar a orientação "realista" do projecto europeu, implícita na posição britânica. Como sabemos, o realismo constitui uma das mais sólidas teorias da política internacional, herdeira privilegiada da filosofia hobbesiana do poder. Para a corrente realista, as relações internacionais são protagonizadas basicamente pelos Estados-nação, cujo interesse reside acima de tudo na preservação da sua autonomia e segurança político-militar. Guiados pelo instinto da sobrevivência, os diferentes Estados procuram garantir no jogo internacional posições sempre mais favoráveis para a sua manutenção enquanto entidades soberanas. Daí que as actuações determinadas pelo interesse nacional preponderem nas lógicas que a cada momento definem a política internacional.

Schuman procurou, como dissemos, subtrair o projecto europeu a esta orientação, preconizando uma Federação Europeia, a ser conduzida por uma Alta Autoridade. Isto vincularia os Estados a um desígnio supranacional na Europa – motivando desde logo a recusa do Reino Unido em integrá-lo[29]. De qualquer forma, em Abril de 1951, os seis celebram o Tratado de Paris, posteriormente ratificado em Roma (1957), instituindo a Comunidade Europeia do Carvão e do Aço (CECA)[30].

Apesar de o debate sobre o Futuro da Europa ser objecto de intensas negociações entre Governos, a experiência de guerra tinha disseminado fortes sentimentos contra as formas mais agressivas de nacionalismo, dando alento aos movimentos federalistas[31]. Promovidas por grupos e indivíduos

---

em áreas de reconversão industrial e de formação profissional, por exemplo) iam além da cooperação nos sectores de carvão e aço (Husson, 2002).

[29] É certo que a II Grande Guerra tinha reforçado os sentimentos nacionalistas da Grã--Bretanha, e Churchill afirmara já a pertença 'natural' da Inglaterra à Commonwealth.

[30] A CECA providenciaria a base das cinco instituições que compõem o enquadramento institucional da Comunidade: um Conselho de Ministros, uma Alta Autoridade (protótipo da Comissão Europeia), uma Assembleia comum (génese do Parlamento Europeu), um Comité Consultivo (que se tornou no Comité Económico e Social) e um Tribunal de Justiça.

[31] Para muitos autores da primeira metade do século XX, a I Grande Guerra comprovara o esgotamento do Estado como princípio organizador na ordem internacional.

proeminentes, como Monnet – os quais formavam uma espécie de "advocacy coalition" (Sabatier, 1988), capaz de influenciar as agendas políticas na Europa –, as aspirações federalistas foram consolidando a sua presença. Diga-se que, sendo principalmente identificado com um projecto político, o federalismo jamais se constituiu como escola académica propriamente dita. Aliás, é muito difícil separar a teorização do federalismo da sua defesa enquanto objectivo político. Além disso, no que à construção europeia respeita, nunca ficou muito claro qual o modelo federal a seguir: americano, de integração diferenciada, de uma hipotética Europa das Regiões...

O federalismo descreve genericamente sistemas onde coabitam dois níveis de governo separados, mas coordenados entre si. A origem de tais sistemas deve-se a compromissos históricos entre unidades territoriais que concordam delegar parte da sua autoridade a instituições comuns centralizadas, mantendo, todavia, muito da sua autonomia[32]. Nesta óptica, qualquer projecto federalista deverá ir além das vulgares alianças entre Estados. A sua instituição depende da constitucionalização do regime, de forma a perpetuar o sistema de divisão de poderes criado, bem como o seu equilíbrio[33]. Daí que possamos encontrar frequentemente as teorias federais sob a designação, mais ou menos sinónima, de "constitucionalistas".

Argumentava-se que seria indispensável a criação de uma autoridade superior ao Estado para assegurar a segurança colectiva. O ideal de supranacionalidade seria viabilizado por valores liberais comuns (democracia, justiça, etc.), processos societais (comércio, por exemplo) e através de organizações e leis internacionais. A este propósito recorde-se, em 1923, a fundação do movimento Pan-Europa pelo conde austríaco Koudenhuve-Kalergi.

[32] De referir que, à excepção da Alemanha e Suíça, a maior parte dos Estados europeus nunca experimentou esses compromissos nas suas tradições políticas. As soluções federais nos processos de construção nacional na Europa encontram-se bem caracterizadas por Rokkan (1975) e Rokkan e Urwin (1982, 1983).

[33] Esta pré-condição tem suscitado acesos debates sobre as implicações de uma Constituição Europeia, embora os federalistas argumentem que as opções federais maximizam eficientemente a descentralização e a autonomia em instituições de cariz supranacional. Aqui reside um dos principais receios. O resultado da engrenagem federalista será a reprodução de uma entidade semelhante ao Estado-nação, embora num formato supranacional (Rosamond, 2000: 27). Tal acarreta dois perigos. O primeiro, o agravamento da distância entre governo e governados, com a fragilização dos processos básicos (de identificação, por exemplo) de uma comunidade política. O segundo, a emergência de rivalidades regionais, com a marginalização dos Estados menos influentes nos processos decisórios na união. Os recentes desenvolvimentos do debate sobre uma Constituição Europeia têm demonstrado estas questões.

A interpretação da integração europeia como fruto unicamente da opção federalista não é, no entanto, consensual. O debate sobre o tipo de Europa a construir foi sempre vigoroso, obrigando a compromissos com as várias opções em disputa. Deveria a Europa ser uma comunidade essencialmente económica? Funcional? Intergovernamental? Ou uma comunidade política de cariz supra-nacional? Os tratados fundadores não forneceram uma orientação clara e assumida a este propósito. Acima de tudo, resultaram do acordo ambíguo entre intergovernamentalistas e federalistas. Os primeiros viam a CECA, a CEE e a EURATOM como «agências funcionais encarregadas da coordenação das estratégias económicas nacionais em sectores definidos". Já os adeptos do federalismo «esperavam que essas agências providenciassem, ao longo do tempo, uma base para um tipo de integração política mais abrangente» (Mazey, 1996: 24).

Outras leituras se acoplaram ao projecto europeu. O Funcionalismo, por exemplo, antecessor de várias teorias liberal-idealistas e cujos valores remontam à noção iluminista da natureza humana, também se inseria, como o federalismo, no movimento intelectual que nos anos 40 teorizou sobre as condições necessárias à paz. David Mitrany (1966) foi quem mais contribuiu para a sistematização desta corrente, lançando os seus pressupostos básicos. A doutrina funcionalista continha dois argumentos fortes: a superioridade/ /determinismo da economia relativamente ao político e os efeitos da criação de novas instituições.

Ao contrário do federalismo, que sublinhava as decisões políticas, o funcionalismo enfatizava a proeminência dos processos económicos sobre os factos políticos. Numa lógica tecnocrática, indivíduos como Deutsch ou Mitrany defendiam as forças económicas como motor da transformação política. O resultado dos fenómenos económicos no campo político seriam lineares e automáticos.

A segunda linha de argumentação funcionalista integrava claramente o paradigma neoliberal e postulava que o Estado perdera a credibilidade para dar resposta às necessidades humanas. Daí a necessidade de novas instituições, mais flexíveis, capazes de se sobreporem às convenções territoriais. A sua criação acarretaria dois efeitos da maior importância. Um primeiro, tecnocrático e racionalista, consistiria no aumento de eficiência dos sistemas socioeconómicos e na transferência de lealdades para as instituições supranacionais. Ao moldar os interesses, as preferências e, no limite, as identidades dos cidadãos, a força tecnocrática da integração (europeia, neste caso) levaria à deslocação dos sentimentos de pertença para a entidade supranacional em construção. Outro efeito, de cariz normativo, consistiria na redução das probabilidades de conflito internacional, dada a interdependência crescente entre os Estados.

O facto de "ignorar as convenções territoriais" não significa a colagem do funcionalismo aos projectos federalistas ou de integração regional. Mitrany, por exemplo, via nestes esquemas formas de fechamento territorial que reproduziam as falácias do Estado a um nível supranacional. Para além disso, os regimes federais poderiam colocar os processos decisórios nas mãos dos Estados mais poderosos. De facto, o principal receio acerca do método federal é o de que dê azo a uma política constitucional arrogante, liderada por apenas alguns. Os detractores das soluções federalistas cabais têm optado, por isso, por um federalismo parcial e instrumental, assente na política de concorrência e no Banco Central Europeu (Covas, 2002). A sua percepção é que, sendo os nacionalismos um facto enraizado na Europa, o mais certo era acabarem por corroer a viabilidade das construções federais ou de carácter regional.

Na década de 50, vivia-se, no entanto e ainda, a euforia federalista. A CECA foi seguida pela criação de duas outras comunidades: a EURATOM, destinada à cooperação no desenvolvimento da energia nuclear para fins pacíficos, e a Comunidade Económica Europeia (CEE). Esta última diferencia-se das outras comunidades na medida em que não se baseava em qualquer tipo de integração sectorial. O seu impacto foi vastíssimo, pois procurou estabelecer uma união alfandegária e um mercado comum, objectivos claramente definidos e programados no Tratado. À sua implementação se deveu uma série de políticas comuns nos domínios da agricultura, transportes, social, concorrência, etc.

Destaque também para duas novas instituições – a Comunidade Europeia de Defesa (CED) e a Comunidade Política Europeia (CEP). Sob influência da geopolítica americana, o tratado que instituiu a CED foi assinado em 1952. O art. 38º conferia à sua Assembleia a tarefa de estudar uma organização de tipo federal que pudesse ser a base do modelo definitivo de uma Federação Europeia. Este estudo deu, por seu turno, origem ao projecto da Comunidade Política Europeia (CEP). Mas tais intentos tinham já os seus antecedentes.

O desenvolvimento da integração económica europeia, ilustrada pelos Tratados de Roma, foi, na verdade, precedido, em 1953, pela apresentação, por Paul-Henri Spaak, Presidente da Assembleia comum da CED, a G. Bidault, Presidente do Conselho da CECA, de um projecto de tratado a instituir uma Comunidade de carácter político. Esta deveria salvaguardar direitos e liberdades fundamentais dos cidadãos, a segurança dos Estados Membros, a coordenação das políticas externas e a criação progressiva de um mercado comum[34].

A questão federal não se esgotava pois, nos anos cinquenta e, como Wallace (1997) parece sugerir, também num projecto de idealistas que defendiam a integração europeia movidos por sentimentos anti-nacionalistas. Ou seja, gente influenciada pela experiência das Grandes Guerras e pelas mutações patológicas do nacionalismo em regimes fascistas, socialistas ou comunistas. Na verdade, soluções federalistas foram avançadas até pelos países de menor dimensão (o Benelux, por exemplo), na medida em que a sua influência dependeria da existência de um enquadramento supranacional[35].

A complexidade decorrente das três Comunidades Europeias (CECA, CEE, EURATOM) leva a que, em 1959, Pierre Wigny, ministro dos negócios estrangeiros da Bélgica, retomando parcialmente a proposta de Paul-Henri Spaak, sugira a reunião numa única estrutura institucional da Alta Autoridade da CECA e das duas Comissões da CEE e da EURATOM. A mesma questão será levantada, três anos depois, pelo governo holandês, ao apresentar uma proposta de revisão dos Tratados de Roma e de Paris. A proposta consistia precisamente na adopção de uma convenção para instituir um Conselho único das Comunidades e uma Alta Comissão Europeia, o que significava, em termos práticos, a fusão dos executivos. A Assembleia

---

[34] Em termos institucionais, o projecto previa a criação de um conselho europeu de natureza executiva, um parlamento bicamaral, um conselho de ministros nacionais, um tribunal de justiça e um comité económico e social. Cinco anos depois, é criada a Assembleia Parlamentar Europeia, presidida por Robert Schuman. Substituindo a Assembleia da CECA, será organizada por grupos políticos. São também nomeados, pelo Conselho Europeu, os membros do Comité Económico e Social. É nesta altura que são lançadas as bases da Política Agrícola Comum e as primeiras directrizes relativas às políticas de crédito do Banco Europeu de Investimento (BEI), criado no ano anterior. Para além disso, entra em vigor o Acordo Monetário Europeu, esforços claros no sentido de uma ordem europeia de cariz federal.

[35] Instâncias supranacionais assegurariam uma reestruturação dos Estados e a sua presença na cena internacional. Neste sentido, o federalismo não contraria a tese de Milward acerca da revitalização dos Estados. Para O'Brien (1997: 77), «Nacionalismo e federalismo na Europa não são necessariamente antitéticos, pois cada Estado membro evoca significados relativamente divergentes do conceito de Federalismo, sendo para muitos (v.g., França e Alemanha), em dada altura, sinónimo de reforço da soberania e crescimento dos respectivos poderes de influência».

Parlamentar e as duas comissões são consultadas, mas a fusão não é cumprida, dadas as divergências entre os Estados Membros acerca das respectivas consequências. Mais uma vez, o espectro do federalismo suscitava os receios das posições governamentalistas. A reflexão de Covas a propósito da Carta dos Direitos Fundamentais parece aqui pertinente: «No limite, a constitucionalização comunitária de uma carta dos direitos fundamentais pode relegar o aparelho estadual para um plano secundário, um 'Estado modesto' ou mesmo 'um direito sem Estado'.

Remontemos a 1947, ao Congresso de Montreux que preparou o Congresso de Haia, e aos princípios sobre os quais se deve fundar uma federação segundo Denis de Rougemont, a saber: a) uma federação deve recusar a ideia de hegemonia; b) uma federação deve renunciar ao espírito de sistema; c) uma federação não conhece problemas de minorias; d) uma federação promove a diversidade; e) uma federação repousa sobre o princípio da complexidade; f) uma federação privilegia as pessoas e os grupos; Afinal quem tem medo destes princípios? (...) Talvez agora se perceba melhor a frase de Jean Monnet, que já referimos: 'si c'était à recommencer, je commencerais par la culture'. Julgamos que ela revela, antes de mais, o desequilíbrio existente no processo de construção europeia, fundado, essencialmente, sobre os interesses económicos. São estes os interesses dominantes, são eles que põem em causa os princípios enunciados. São eles que pervertem a ideia de união federal, que agitam o espantalho do demónio federalista, identificado como o super-leviatã, um Estado monstruoso que apagaria as diferenças nacionais e regionais» (Covas, *op.cit.*: 51).

Só em 1965 será assinado o Tratado de Fusão dos executivos das três Comunidades, entrando em vigor um ano depois. A fusão de executivos das Comunidades Europeias, pela qual elas passam a dispor de uma única Comissão e de um único Conselho, não impediu, contudo, que estas duas últimas instituições continuassem a actuar em conformidade com as regras de cada comunidade. Ainda assim, entre 1957 e 1965, o projecto dos pais fundadores ia sendo implementado. Monnet e Schumann pretendiam afirmar a Comissão Europeia como o verdadeiro executivo europeu, supranacional e tecnocrático, e este órgão, sob a presidência do federalista Walter Hallstein, cumpria esse desígnio.

O desenvolvimento da integração europeia mitigava as expectativas funcionalistas, apesar de Mitrany identificar na CECA e na EURATOM elementos de uma lógica funcional. Para os funcionalistas, o problema da integração europeia residia na CEE, onde a integração seguia uma lógica mais territorial que funcional. Na perspectiva funcionalista, não havia razão para que o comércio de energia, carvão e aço ficasse aprisionado em instituições regionalmente definidas.

A evolução da integração europeia não cumpria pois adequadamente os pressupostos funcionalistas. Acreditar no triunfo das vertentes racionais e tecnocráticas da vontade humana, bem como na linearidade dos processos de integração, foi sendo abandonado em favor de novas teorias que, no entanto, do funcionalismo se reclamavam herdeiras.

2.2. O contributo neofuncionalista

Oriundo da ciência política americana do pós IIª Guerra, o neofuncionalismo foi encarado como a versão "autorizada" da integração europeia (Rosamond, 2000). Amadurecendo nos anos 50 e 60, esteve associado aos fundadores da Comunidade Europeia, cujos projectos federalizantes se viram confrontados com inúmeros problemas de ordem prática[36].

As dificuldades levantadas pela dinâmica integracionista levaram a que, tanto Monnet como Schumann, rejeitando o federalismo idealista, acabassem por preconizar um método incremental de integração. Na sua perspectiva, a única forma de chegar à integração europeia era através de pequenos passos, em sectores onde a questão da soberania nacional fosse menos contenciosa. Nesta época, supunha-se que a força essencial conducente à unidade política e à afirmação duradoura da paz residia na integração económica. No entanto, admitia-se que tal facto não era condição suficiente. Havia que criar instituições supranacionais de maneira a guiar e consolidar a integração dos Estados.

Rompendo com o funcionalismo tecnocrático de Mitrany, os defensores do neofuncionalismo argumentam que a integração europeia é um processo contingente e gradual, onde os actores sociais ocupam lugar preponderante. A ênfase no carácter processual da construção europeia significa, para os neofuncionalistas, conjugar a perspectiva "actor-centred" com o reconhecimento da função inelutável das instituições. A ideia é que nas sociedades ocidentais coabitam inúmeros grupos de interesse na prossecução dos seus objectivos, competindo entre si.[37] Se primeiramente o faziam no plano

---

[36] Apesar de o funcionalismo ter lançado as bases do neofuncionalismo, Mitrany refutava a associação entre as duas teorias, vendo no neofuncionalismo uma aproximação inaceitável às estratégias federalistas dos fundadores da CECA.

[37] A emergência do neofuncionalismo coincide com o desenvolvimento do pluralismo na ciência política.

nacional, com a integração europeia passam a fazê-lo numa arena supranacional. Isto muda atitudes e transfere adesões para novos centros de influência política, dando azo à constituição de grupos transnacionais.

As organizações intergovernamentais clássicas não conseguem enquadrar uma situação em que proliferam actores transnacionalizados, cujos interesses não coincidem necessariamente com o interesse nacional. Daí ser indispensável a criação de novas instituições, cujo exemplo são precisamente as de natureza regional: «as novas instituições baseadas no nível regional requereriam acesso directo aos grupos sociais. Haveria a necessidade de criar mecanismos para obviar o papel tradicional de 'gatekeeping' dos governos nacionais, de forma a concretizar o importante diálogo entre interesses e as novas instituições e, por essa via, gerar processos e resultados de integração» (Rosamond, 2000: 56). E é precisamente nesta óptica que o neofuncionalismo constitui a primeira teoria do regionalismo.

A importância que os actores podem assumir na integração advém de não interferirem directamente com temas cruciais para a soberania dos Estados (por exemplo, finanças e economia). Todavia, se a integração se restringisse a este nível, como poderia corresponder ao desígnio de uma comunidade política? Aqui entra o elemento processual do neofuncionalismo, notório no conceito de *spill-over*[38]. Esta noção designa o facto de a integração num determinado sector gerar pressões para integrações noutro sector. Por exemplo, a integração do sector da energia (casos da CECA e EURATOM) produziria pressões para integrar o sector dos transportes. A integração é, por conseguinte, intrinsecamente expansiva. Há, no entanto, uma condição para a validade deste conceito: referindo-se, em primeira instância, a aspectos económicos, os processos de *spill-over* dependem da interdependência das economias nacionais.

Que a integração institucional pode coabitar com a iniciativa dos actores sociais, pode observar-se na útil aprendizagem que estes foram fazendo, ao longo dos anos, da arquitectura, formal e informal, do universo comunitário. Não só cultivaram aí ligações para os seus objectivos, como vieram a provar a forte adaptabilidade das suas práticas às mudanças político-institucionais da União Europeia. Assim sendo, contribuíram para intensificar a dinâmica

---

[38] *Spill-over* refere-se ao processo no qual a «criação e aprofundamento da integração num sector económico criariam pressões no sentido de uma maior integração económica nesse sector ou para além dele, e no sentido de uma maior capacidade positiva a nível europeu» (Haas, 1968: 283 – 317).

de *spill-over*. Por tal facto, é inegável que os interesses sectoriais organizados têm tido um papel decisivo no processo decisório da Comunidade, conquistando formas de representação junto das instâncias europeias e exercendo acentuado poder de influência. Por outro lado, à medida que a competência da Comunidade se expande para novos sectores da vida social e económica, novos actores são chamados e envolvidos na arena comunitária, naquilo que reflecte a crescente procura de interlocutores por parte das estruturas comunitárias, nomeadamente a Comissão.

A integração de áreas de *low politics* terá pois invariavelmente influência ao nível da *domestic politics*, ou seja, por via indirecta, na própria *high politics*[39]. Isto porque os grupos de interesse, inseridos em redes sectoriais ou órgãos de cariz transnacional, têm feito pressão para que os respectivos governos facilitem a sua actuação, estabelecendo desde logo a nível nacional as vias necessárias a esses propósitos. As fronteiras políticas vigiadas pelos Estados tendem assim a abrir-se, à medida que novos actores, implicados em instâncias decisórias de carácter supranacional, vão adquirindo prerrogativas anteriormente exclusivas das autoridades nacionais. Todavia, como já foi enunciado, a abertura dos processos de 'policy-making' a actores diversos, sendo no plano teórico equacionável com uma participação e socialização política mais alargada, não poderá, no plano das práticas sociais, ser ingenuamente celebrada, pois podem assinalar processos de cooptação política que pouco têm a ver com a representatividade de um qualquer colectivo.

Estimulada por motivos económicos, a integração será, então, sempre acompanhada por um aumento da capacidade regulatória a nível supranacional. Todavia, tanto Haas, do ponto de vista teórico, como Monnet, na sua actuação prática, reconheciam os limites do suposto automatismo da integração económica. Para que esta fosse efectiva, havia que escorá-la em bases políticas, só possíveis através de um incessante activismo institucional[40]. Este objectivo seria, no entanto, de difícil concretização, por duas ordens de razões.

---

[39] Hoffman distinguiu *high politics* e *low politics*. A primeira diz respeito a sectores directamente associados à autonomia dos Estados ou à identidade nacional. A segunda refere-se a sectores políticos de carácter mais tecnocrático.

[40] Na interpretação neofuncionalista, as Altas Autoridades – da CECA, por exemplo –, correspondendo ao *cultivated spill-over* (Mikkelsen, 1991), são um importante factor para a integração das Comunidades Europeias e testemunham da importância nele das instituições supranacionais. Decisivo é que as Altas Autoridades possuam autonomia suficiente para garantir a sobrevivência dos projectos em causa, neste caso o europeu, mesmo

Em primeiro lugar, as premissas neofuncionalistas colidiam com o pluralismo das sociedades europeias. Os interesses pragmáticos dos actores sociais apresentavam forte imediatismo e restringiam-se a assuntos efémeros. Por não estarem empenhados em compromissos políticos ou ideológicos e se dedicarem apenas à maximização oportunista dos seus interesses, a constelação destes actores não fornecia terreno seguro para a integração política (Haas, 1968). Em segundo lugar, ao contrário de Mitrany, o neofuncionalismo não considerou o nacionalismo como o sentimento prevalecente na Europa[41].

Em 1966, realizou-se o "compromisso do Luxemburgo", que mudou o balanço institucional a favor do Conselho de Ministros e em detrimento da Comissão. Instaurou-se também o direito de veto quanto às propostas legislativas da Comissão. O impulso federal conheceria então um longo interregno.

2.3. O intergovernamentalismo

A construção europeia tem sido igualmente objecto de leituras que atribuem ao Estado o papel de orquestrador insubstituível da sua realização. Falamos da corrente intergovernamentalista, herdeira das posições realistas nas relações internacionais. A integração europeia é aqui vista como a estratégia seguida para revigorar a soberania dos Estados. O ponto de partida prende-se com o facto de o crescimento dos Estados no pós-Guerra, sustentado por modelos keynesianos e pela consolidação da democracia, os ter tornado irrevogáveis. Por outro lado, os tradicionais interesses de segurança e de busca de influência por parte dos Estados, numa altura de reposicionamento das forças polí-

---

quando os interesses nacionais já estiverem satisfeitos. Por outro lado, o reforço do Parlamento Europeu e respectivos poderes legislativos tem caminhado no mesmo sentido.

[41] O episódio protagonizado por De Gaulle encarregar-se-ia de desfazer ilusões nesse campo. Tal facto ocorreu na sequência de propostas feitas pela Comissão ao nível da Política Agrícola Comum (tema delicado para a França) e da introdução do voto por maioria no Conselho de Ministros. De Gaulle desafiaria nessa circunstância a Comissão Europeia e o seu desígnio supranacional, supostamente porque este feria "une certaine idée de France". Com o desaparecimento do consenso sobre a integração europeia, De Gaulle relançou a alternativa intergovernamental, consubstanciada no Plano Fouchet. O fracasso desta iniciativa, contudo, levou a que De Gaulle declarasse «Não há e não pode haver Europa se não for a Europa dos Estados – excepto, claro, aquela Europa dos mitos, das ficções e dos espectáculos» (cit. in Mazey, 1996: 31). A clivagem culminou numa crise que durou até 1965.

ticas e económicas, terão parecido melhor assegurados pela integração europeia. Relembre-se que neste contexto de vigência do paradigma neoliberal, a integração europeia surgiria como resposta ao capitalismo internacional, por determinação do qual as economias nacionais tinham de escolher entre ser fechadas e pobres ou abertas e desenvolvidas (Milward, 1997).

O conceito de intergovernamentalismo, sistematizado nos anos 70, ilustra pois o "regresso" dos Estados como unidade política fundamental e elementos cruciais da ordem internacional. A argumentação sublinha a indivisibilidade do interesse nacional, assim como a necessidade de distinguir o *policy-cycle* nacional do europeu e internacional.[42]

Recuperando as assumpções realistas acerca do interesse dos Estados na sua própria sobrevivência, a leitura intergovernamentalista vê na convergência cooperativa de objectivos distintos o primado da política interna dos Estados[43].

A segunda fase do processo da construção europeia marcará efectivamente o declínio das pretensões federalistas e tenderá a corresponder melhor aos pressupostos intergovernamentais. O abandono do primado da Alta Autoridade é o exemplo mais flagrante. As posições que advogavam a cooperação inter-estatal como modelo a seguir – patente em organizações internacionais como a NATO e o Conselho da Europa – sobrepõem-se às que defendiam a integração supranacional. A mera cooperação entre Estados ganhou terreno relativamente à filosofia anterior. A sua vantagem consistia em não requerer a transferência de competências para entidades exteriores aos Estados Membros, bem como no facto de as deliberações entre Estados só os vincularem na medida do seu consentimento. Significa também

---

[42] Aliança é o conceito desenvolvido por Milward para descrever a cooperação entre os Estados. Nesta perspectiva, o sucesso da CECA, por exemplo, ter-se-á dado devido ao facto de ela reforçar a soberania do compacto bi-nacional, motor desde o início da integração europeia: por um lado, a França, que procurava salvaguardar-se contra o ressurgimento do militarismo alemão; por outro, a Alemanha, que se libertava da tutela dos Aliados (Anderson, 1997). A adesão ao ideal de segurança seria assim a razão principal da aliança entre os Estados na primeira fase.

[43] Tal raciocínio explicaria também o surgimento da Comunidade Económica Europeia (CEE) e do Sistema Monetário Europeu (SME). A CEE resultaria de cálculos autónomos dos Estados, segundo os quais a sua prosperidade aumentaria com a união alfandegária. Já o SME, criado em 1978 por iniciativa da França e da Alemanha, tinha por objectivo controlar a volatilidade dos mercados financeiros e preparar o advento da moeda única, indispensável à união alfandegária.

QUE INTEGRAÇÃO EUROPEIA? 41

isto que não advêm consequências do foro jurídico que se sobreponham à individualidade dos Estados.

Desta forma, apesar de assistirmos nos anos 60 a iniciativas que reforçam a ideia de supranacionalidade europeia[44], a realidade é que a conjuntura mundial acaba por modificar essa orientação. Em termos genéricos, dá-se a retoma de perspectivas neo-realistas, por contraponto à lógica integracionista seguida até então. Ao contrário de neofuncionalistas e afins, o intergovernamentalismo parece fornecer uma explicação mais razoável para a realidade vivida logo nos anos 60, quando a supranacionalidade emergente fomentou tensões avulsas entre os Estados Membros, ao intervir em áreas controversas da sua actividade. De imediato, os sentimentos nacionalistas ressurgiram na elite política, caucionando os argumentos daqueles que, como Milward, estavam convencidos da contínua centralidade dos Estados no processo em causa.

O postulado neofuncionalista segundo o qual a união dos Estados produziria homogeneidade e consenso sai também fortemente criticado. Efectivamente, para os intergovernamentalistas, qualquer sistema internacional limita-se a gerir a heterogeneidade entre os Estados. A irredutível diversidade dos quadros nacionais produz forças centrífugas que alimentam a contínua diferenciação inter-estatal. Neste sentido, surgirão mesmo mais tarde interpretações segundo as quais o modelo provável para a Europa será o de "Condomínio"[45], ou seja, a diferenciação de várias "Europas" no seio da União: «com grupos e ligações territoriais ou funcionais múltiplas, uma diversidade de instituições sem centro político, sem orientação comum e sem objectivo partilhado. No tratado de Amesterdão, nota-se que, pela primeira vez, a porta é aberta a uma evolução diferenciada do processo de integração europeia, sem função das iniciativas levadas a cabo pelos Estados»[46].

---

[44] A Cimeira de Bona em 1961 serve para os Chefes de Estado exprimirem a vontade de criar uma união de carácter político. Mediante esta iniciativa, pró-federalista, a Assembleia Parlamentar passa a designar-se Parlamento Europeu. Em 1963, com o Acórdão Van Gend en Loos, o Tribunal de Justiça das Comunidades Europeias declara que a Comunidade é uma nova ordem jurídica em benefício da qual os Estados membros aceitam limitar os seus direitos soberanos. Um ano depois, com o Acórdão Costa/ENEL, a mesma instância afirma o primado do direito comunitário sobre o direito nacional. No ano de 1967, o Conselho de Ministros aprova o primeiro programa de política económica a médio prazo, definindo os objectivos da política económica da Comunidade para os anos seguintes.

[45] Schmitter cit. in Marcou, 2000: 227.

[46] Também Hoffman havia argumentado que na Europa do pós-guerra se confrontavam duas lógicas contraditórias: uma de integração – visível no "método Monnet" e teori-

Na perspectiva intergovernamental, é pois ilusório pensar que os Estados--nação serão superados por quaisquer mecanismos de *spill-over*. A integração de certos sectores económicos não determinará, por nenhuma sequência lógica, a instauração de uma comunidade política. Não apenas devido aos sentimentos nacionalistas, mas porque a cooperação entre Estados no domínio da *low politics* não conduz forçosamente à integração em áreas de *high politics*, onde se joga decisivamente a soberania nacional. A colaboração em termos de *low politics* constitui apenas mais uma forma de assegurar o poder regulatório dos Estados «pois era uma maneira de reter o controlo sobre áreas onde a transacção inter-societal (oposta à inter-estatal) estava a tornar-se na norma» (Rosamond, 2000: 77). Para além disso, as distintas culturas político-administrativas demonstraram frequentemente o seu fulgor, operando como filtro adaptativo do referencial europeu. Os postulados neofuncionalistas são, assim, demolidos. Aparentemente, o *continuum* entre a integração económica e a integração política não é evidente: a primeira segue o circuito da *low polítics*, a segunda depende da cooperação interestatal, onde aparecem todos os limites e resistências a tentativas de integração mais avançadas[47].

Em síntese, pode dizer-se que o intergovernamentalismo apresenta sobretudo um raciocínio defensivo, ao postular o primado da política interna dos Estados, e estratégico, quando atribui ao interesse nacional um valor negocial muito elevado (Covas, 2002). Ou seja, aponta para uma perspectiva essencialmente utilitária da Comunidade Europeia. A pertinência da análise intergovernamental não deixou todavia de se manifestar, tendo a sua argumentação desembocado em várias propostas teóricas quanto ao futuro da UE, como a da confederação (Forsyth, 1981), a da importância da *domestic politics* (Bulmer, 1983) e a de Moravcsik (1993), assente na metáfora de Putnam (1988) sobre os "two-level games". Regressaremos a estes desenvolvimentos.

---

zada pelo neofuncionalismo de Haas – e uma da diversidade, que a ele próprio parecia dominante.

[47] Importantes eventos, como o Tratado de Maastricht e a União Monetária, vieram colocar, de certa maneira, o intergovernamentalismo em causa, mostrando que, embora a União Europeia retenha traços intergovernamentais, não se pode reduzi-la a estes. No entanto, a deriva intergovernamental da União já reaparece evidente no Tratado de Amesterdão e no tortuoso compromisso de Nice. Apesar de ter comunitarizado matérias como a segurança, liberdade e justiça, Amsterdão consolidou a componente intergovernamental, destacando o papel do Conselho Europeu e criando dois novos comités intergovernamentais (o Comité Económico e Financeiro, e o Comité do Emprego).

2.4. Novas teorizações

Durante os anos 70 e 80, a Comunidade Europeia era vista como um fenómeno *sui generis*, evidenciando forte ambiguidade. Num momento de crise internacional, caracterizado por políticas de recuperação económica determinadas a nível nacional e por uma construção comunitária muito gradual, a Comunidade não despertou grande interesse como objecto teórico.

Mas na segunda metade da década de 80 a situação mudou. Vários eventos justificam-no, em especial o Acto Único Europeu e a entrada de Jacques Delors para a presidência europeia[48]. O Acto Único, celebrado em 1986, é o momento decisivo. Consagrou o compromisso para com a União Monetária, afirmou a futura reforma institucional da União, ampliou os poderes do Parlamento e fortaleceu a base legal para as políticas comunitárias no sector do ambiente, do domínio social e da política regional.

As interpretações de cariz intergovernamental enfatizam aqui a importância das negociações entre os diferentes Estados, vendo o Acto Único como fruto das estratégias económicas nacionais da França, Alemanha e Reino Unido (Keohane e Hoffman, 1991). Mas esta visão não explica tudo, nomeadamente o facto de o Acto Único ter implicado reformas institucionais na União e a constituição de políticas propriamente comunitárias. Para compreender as consequências do Acto Único, há que inseri-lo no contexto internacional mais vasto, onde encontramos factores como a crescente competição internacional e a emergência, durante os anos 80, da ortodoxia neo-liberal, a qual veio a dominar, doravante, o projecto europeu.

E a partir daqui, o debate sobre a natureza da integração europeia é ressuscitado, retomando velhos paradigmas e seus limites.

A atracção exercida pelo neofuncionalismo foi evidente. Sem dúvida, os Estados não tinham sido os únicos a definir a agenda política. Outros actores – grupos económicos e financeiros transnacionais, por exemplo – exerceram influência preponderante no sentido do Acto Único e do Mercado Único, bases de uma regulação especificamente europeia (Majone, 1992; Mazey e Richardson, 1993). O novo dinamismo da Europa e a criação de um mercado integrado produziram efeitos (*spill-overs*) funcionais e institucionais importantes, como é o caso da política regional. Isto porque Delors associou o mercado único à reforma institucional, à regulação social e à coesão

---

[48] Deve mencionar-se também, já nos anos noventa, o Tratado de Maastricht e o Tratado da União Europeia, que reformaram os procedimentos comunitários no sentido de minimizar os bloqueios governamentais.

económica. Não desertando totalmente da sua tradição providencial e de bem estar social, a Europa fez acompanhar o primado do mercado único e da integração económica por uma nova geração de políticas sociais (das quais se destacam as célebres políticas de activação contra o desemprego e de recusa do assistencialismo) as quais, enfatizando a responsabilidade individual (v.g., no grau de 'empregabilidade' demonstrado pelos cidadãos) vieram a ter uma dupla função: por um lado, operar como paliativos da re-estruturação e das demandas do mercado, e, por outro, partilhar os riscos sociais dessas mesmas demandas com os cidadãos.

De facto, a Comissão fazia do mercado único o corolário do Acto Único. A nova dinâmica integracionista era, assim, suportada pelo conjunto composto por Comissão Europeia e uma *advocacy coalition* fortemente empenhada na constituição do mercado interno.

A estratégia seguida por Delors foi entretanto confrontada com eventos de grande relevância, como o colapso da União Soviética (1989) e a reunificação alemã, em 1991. Estes eventos alargaram a agenda política da União (o alargamento a Leste tornava-se inevitável...) e geraram novas incertezas quanto ao futuro da Europa Ocidental.

Após duas cimeiras de Chefes de Estado, estabeleceu-se em Maastricht (1991) o Tratado da União Europeia. Ao invés do Acto Único, o Tratado de Maastricht – cujo efeito mais importante consistiu no acordo sobre a criação da União Europeia Económica até 1999 – baseou-se no menor denominador comum. Na ausência de uma ideia galvanizadora ou de um consenso político forte, o Tratado era «um compromisso confuso entre o modelo federalista para a Europa, apoiado pela Alemanha, Itália e países do Benelux, um modelo mais intergovernamental, defendido pela França, e um modelo de cooperação flexível, advogado pelo Reino Unido» (Mazey, 1996: 35)[49].

A sedutora identificação de *spill-over* funcionais revelou então os seus limites, ao verificar-se, não a convergência dos Estados, mas a presença irredutível dos seus interesses e a sua confirmação como líderes do processo de integração. Havia, pois, que considerar novamente os argumentos intergovernamentais.

---

[49] A União passa a englobar três pilares: a Comunidade Europeia, a Justiça e Assuntos Internos e a Política Externa e de Segurança. Apenas o primeiro tem um executivo supranacional e uma autoridade legal. Ao mesmo tempo que as competências da Comunidade se alargavam, o princípio de subsidiariedade foi afirmado para cingir a acção da Comunidade aos objectivos «que não podem ser alcançados pelos Estados Membros» (Artigo 3ºb do TUE).

É de frisar, todavia, que a disputa entre posições neofuncionalistas e intergovernamentais não esgota a complexidade da União Europeia, embora tenha, até certo ponto, marginalizado outras correntes teóricas alternativas que nesta altura despontaram nos debates académicos sobre o tema. Foi nomeadamente o caso de quando a análise da construção europeia deixou de se fazer apenas através das ferramentas conceptuais das relações internacionais e passou a servir-se da teoria e da sociologia da administração.

Em primeiro lugar, refira-se, contudo, os desenvolvimentos da analítica intergovernamental, com o chamado intergovernamentalismo liberal, representado por Moravscik (1993, 1998) e o seu recurso à noção de "two level game". Distingue-se do modelo interestatal clássico por considerar que os interesses nacionais são fruto da interacção prévia entre Estado e grupos sociais, sendo posteriormente apresentados, nos contextos negociais onde os actores governamentais se encontram, sob a percepção que os Estados têm acerca da sua força relativamente aos outros Estados. Quer isto dizer que as agendas governamentais surgem em grande parte da competição interna entre grupos sociais pela influência política.

Os interesses dominantes conseguirão encaminhar-se até ao topo do Estado, modelando as preferências dos decisores públicos e tornando-se assim verdadeiros interesses nacionais. Para os governos, isto equivale a um processo de auto-legitimação. O Estado chama a si a representação única dos interesses que identificou, mobilizou ou agregou. Definidos a partir do diálogo com os grupos sectoriais de maior peso, os interesses nacionais são, depois, negociados numa lógica intergovernamental. As negociações entre os Estados, por sua vez, tendem a reforçar a posição de cada um nos respectivos contextos nacionais, ao dar-lhes acesso a recursos por mais ninguém detidos[50]. Já as instâncias supranacionais em que os Estados delegam soberania constituem, para Moravcsik (1998), uma forma de proteger institucionalmente os acordos inter-estatais e obrigarem-se uns aos outros a cooperar.

---

[50] «A CE fornece informação aos governos que não está geralmente acessível... Os líderes nacionais diminuem a oposição potencial interna, ao alcançar, primeiramente, acordos em Bruxelas, e ao apresentar aos grupos nacionais um escolha 'up or down'... Quanto maior for o poder de decidir a agenda interna dos líderes políticos nacionais, maior é a capacidade dos governos em obter a ratificação interna dos compromissos ou das alianças estratégicas» (Moravcsik, 1993: 515).

Outro dos contributos interessantes é o que sugere a integração europeia como um «polity-creating process» (Marks e Hooghe, 2001:2), onde a autoridade e os processos decisórios se encontram disseminados por vários pilares de governo, a diferentes níveis: local, regional, nacional e europeu. Surgida nos anos 80, esta corrente argumenta que, apesar de os Estados continuarem protagonistas na UE, a sua soberania é diluída nos processos colectivos de fazer política. Neste modelo, «ao invés de serem explicitamente desafiados, os Estados na União Europeia são moldados numa política multi-nível pelos seus líderes e pelas acções dos actores supra-nacionais» (Marks e Hooghe, 2001: 27).

Muito embora a transferência de competências e autoridade continue a ser tabu para os mais conservadores realistas, o facto é que não só os movimentos de desconcentração, descentralização e regionalização são cada vez mais aprofundados no interior das democracias ocidentais, como se tem assistido a processos de ampla reconfiguração do papel dos Estados. Para manter o seu papel, estes têm aceitado actuar como simples animadores (Donzelot, 1994), reguladores ou "activadores" (Kolher-Koch, 1999) dos tecidos sociais e económicos. A consequência é a de que mais intervenientes participam nas tarefas tradicionalmente atribuídas ao Estado, dando-lhes pretensões crescentes a aparecerem nas arenas supranacionais, como a UE, enquanto figuras de pleno direito das tomadas de decisão.

O modelo de *governança multi-nível* que daqui resulta não corresponde a uma imagem de equilíbrio estático, nem a um enquadramento institucional hermético, antes procura enfatizar os múltiplos e paralelos canais que ligam os actores subnacionais às instâncias comunitárias – Conselho de Ministros, Comissão e Parlamento. Efeito visível, a instalação de gabinetes de "auscultação" por parte de grupos de interesse ou colectividades territoriais junto das instituições europeias, bem como a crescente filiação de actores de diversas proveniências (Norte e Sul, local e regional, público, privado e associativo) em redes e agrupamentos transnacionais de pressão no quadro europeu.

O leque alargado daqueles que hoje influenciam o "agenda-setting" e o processo decisório na Comunidade faz assim voltar a atenção para uma perspectiva centrada no actor, ao mesmo tempo que flexibiliza as abordagens do novo institucionalismo, também elas interessadas no processo europeu.

Efectivamente, o novo institucionalismo constitui uma das correntes analíticas que mais se tem debruçado sobre a construção europeia. O seu contributo visou, entre outros aspectos, refutar os postulados simples das abordagens intergovernamentalistas, para os quais os avanços nas políticas europeias e no sistema político da Europa estão reféns dos acordos inter-estatais. Recuperando a noção de "instituição" e a ideia segundo a qual o quadro organizacional da vida política (agências burocráticas, comités legislativos, tribunais) é decisivo – não só disponibiliza as arenas para as forças sociais em confronto, mas impõe procedimentos estandardizados e estruturas que defendem determinados valores, normas, interesses, identidades e crenças (March e Olson, 1989: 17) –, determinados autores, como Bulmer (1983), têm mostrado que a emergência das problemáticas europeias é, por vezes, longa e casuística, fruto de conflitos ou cooperações entre diversos actores, nem sempre estatais, que acabam por preferir uma regulação transnacional dos problemas. Nesse sentido, o direito comunitário, a institucionalização de entidades reguladoras a nível europeu ou a criação de instituições como a Comissão e o Tribunal de Justiça Europeu, não só inviabilizam uma renacionalização das questões públicas, como consolidam espaços de decisão propriamente europeus.

Para os neo-institucionalistas, o contexto institucional existente acaba sempre por moldar as preferências dos actores, mesmo tratando-se de poderosas figuras como os Estados-nação. Estes têm de lidar com agentes supranacionais, detentores de importantes recursos, como a Comissão Europeia, que não conseguem controlar e a cujas prerrogativas não podem, pura e simplesmente, furtar-se. Por outro lado, o facto de o direito definir, para os intervenientes em presença, modos de comportamento "adequados" nos diversos domínios é também importante. O jurídico é assim visto não só enquanto constrangimento ou sanção, mas também como fonte de orientações, sentido e práticas a partilhar pelos actores – e responsáveis por aquilo que neles se considera o comportamento "natural", ou "normal", em determinadas circunstâncias.

Como seria de esperar, as abordagens neo-institucionalistas têm sido também contestadas ou alvo de propostas complementares. É o que faz Andy Smith (2000; Smith e Genieys, 2000), quando considera que elas pecam por várias razões. Desde logo, atribuem um peso excessivo às regras comunitárias, desvalorizando a sua plasticidade no terreno. O exemplo que o autor fornece é a obrigação de consulta aos parceiros sociais inscrita no regulamento dos fundos estruturais e outras políticas comunitárias. Dado que a legislação europeia não define, nem os parceiros sociais, nem a substância do verbo consultar, a aplicação das regras de consulta redundou em práticas político-administrativas diferentes de país para país, ao mesmo tempo que incapacitava os agentes da Comissão Europeia para lhes fazer associar os actores que consideravam mais credíveis (2000: 235). Igual falha têm os neo-institucionalistas ao atribuir um amplo potencial de mudança às políticas comunitárias. Socorrendo-se ainda do exemplo dos fundos comunitários, Smith alega que muito embora a Comissão tenha difundido um grande número de palavras de ordem a enquadrar estes fundos (concentração, partenariado, programação, avaliação, subsidiaridade,...), «não se deve confundir a mobilização dos actores em torno destes termos com a demonstração de mudanças efectivas nas práticas políticas e nas hierarquias entre os actores interdependentes. Com efeito, em boa parte dos territórios franceses, os actores que dominam os palcos das transacções em causa são os mesmo que em 1988 e é o mesmo tipo de ajuda pública que se aplica» (2000: 236).

A causa mais relevante destes equívocos é a tendência para negligenciar uma compreensão sociológica do funcionamento das instituições e dos actores, ocultando a relação entre política e sociedade. Por conseguinte, e para Smith e Genieys, na análise das políticas públicas (neste caso europeias), tem de se integrar o importante factor cognitivo. Por um lado, porque as preferências dos actores não podem ser tomadas na sua estrita componente racionalista ou económica. Na realidade, são precedidas pelas maneiras de pensar o mundo, em geral, e a percepção específica que os actores têm dos problemas – fortemente marcadas pela sua socialização profissional e política. Por isso, os autores defendem que é preciso «investir no trabalho de terreno para apreender as singularidades societais dos territórios onde são aplicadas as intervenções comunitárias» (2000: 47). Por outro lado, como exprime Friedberg, «uma coisa é mostrar a homogeneização progressiva das 'formas' e dos 'quadros' num dado campo, outra é supor que esta homogeneização se aplique igualmente às práticas»[51]. Tal significa, por exemplo, que a percepção do interesse dos actores tende a evoluir à medida que eles se apropriam das normas produzidas pelos escalões superiores, neste caso comunitários, o que obriga a avaliar as condições de recepção das regras institucionais. Ou seja, o papel das ideias, dos valores, das representações sociais, enfim, daquilo que define a cultura dos agentes e confere identidade aos territórios onde eles se movem. Em consequência, Smith propõe que a investigação empírica discrimine sucessivamente quem são os actores (pessoas e organizações) que se mobilizam com as políticas comunitárias (bem como os respectivos recursos e constrangimentos), que tipo de interdependências se estabelecem entre

---

[51] Cit. in Smith e Genieys, 2000: 47

QUE INTEGRAÇÃO EUROPEIA? 49

eles no terreno e quais as mudanças que a intervenção europeia produz nas ideias e práticas da ordem institucional em causa.

A Europa tem sido também analisada sob o prisma das "policy networks", considerando muitos que o sistema político-administrativo europeu é dominado por actores, estratégias, modos de representação e acção que reproduzem um modelo tipo "rede". Como refere Balme (1995: 289), «a estrutura 'em rede' pode ser tida como a característica do espaço público europeu». Ou Keohane e Hoffman, para quem "a Comunidade Europeia não opera, nem como um 'mercado político – caracterizado por frias transacções entre entidades independentes – nem como uma 'hierarquia', na qual o modo de regulação dominante é a regra de autoridade. A CE exemplifica antes aquilo que os sociólogos designam como 'uma forma de organização em rede', na qual as unidades individuais são definidas, não por elas próprias, mas em relação a outras unidades»[52]. Um dos defensores desta ideia é Peterson (1995), ao postular que, não tendo a UE instituições formais que facilitem a negociação entre os interessados nos seus "outputs", a acção informal das *policy networks* preenche esse espaço fundamental. Peterson (1995) divide a União Europeia em três patamares (super-sistémico, sistémico e sub-sistémico, a que chama nível meso). Afirma em seguida que as redes políticas estão particularmente activas ao nível meso – onde as políticas europeias ganham a sua formulação concreta (*policy-shaping*). Ao contrário da maioria dos sistemas nacionais, o nível meso de decisão é fundamental no sistema europeu, sendo o grande responsável pela feição que as políticas comunitárias acabam por tomar.

Peterson parte assim de uma homologia entre a União Europeia e os quadros nacionais onde se aplicou a noção de *policy network*[53]. Todavia, como é menos estruturada que nos sistemas nacionais, mais marcada pela complexidade e heterogeneidade dos intervenientes, e mais aberta no seu "agenda setting" (Peters, 1994), a governança europeia apresenta diferenças nos tipos de configuração reticular que nela tendem a dominar[54].

---

[52] Cit. in Josselin, 1995: 207. Um dos primeiros autores a tratar a integração europeia com recurso à noção de rede foi Helen Wallace (1984: 14), referindo-se «à emergência de redes políticas horizontais que atravessam as fronteiras nacionais».

[53] Utilizada nomeadamente nos trabalhos de Wilks e Wright sobre as relações overno--indústria (1987), ou central-local (Rhodes, 1992), na Grã-Bretanha.

[54] A tipologia das redes vai desde as "Policy communities", mais estáveis, integradas e fechadas, às "issue networks", fluídas, permeáveis e onde a interdependência dos seus membros é menor. Pode ainda referir-se as "epistemic communities" e as "advocacy coa-

Ainda assim, a noção de rede é igualmente apropriada para dar conta do seu funcionamento. Não só ilustra os padrões da tomada de decisão em cada sector da política europeia, como ilumina os relacionamentos e os laços entre os diferentes actores, tantas vezes cultivados informalmente, responsáveis pela coordenação das políticas comunitárias. Se ao nível super-sistémico (onde se tomam as decisões "históricas", em particular a quando das Conferências Intergovernamentais), as macro-teorias, como o neo-funcionalismo ou o neo-realismo, tendem a ser mais explicativas, e ao nível sistémico, dominado pela racionalidade político-administrativa no Conselho de Ministros, o institucionalismo encontra boa aplicação, ao nível sub-sistémico, onde reina a racionalidade tecnocrática e a busca de consensos, a explicação pelas redes constitui-se como a mais apropriada[55].

Em síntese, dado o carácter jovem, fluído, pouco consolidado, das instituições comunitárias ao nível sistémico, as redes políticas tendem a instalar-se ao nível meso, de modo a assegurarem-se de que os processos de decisão têm um mínimo de estabilidade e previsibilidade. Ou seja, é a este nível que diferentes constelações de actores trocam recursos e chegam a compromissos, informais por norma, para se certificarem de que a agenda política é previsível (Peterson, 1995: 83). Menos que a intervenção e os contactos ao nível mais elevado do sistema, são os processos desencadeados nas fases preparatórias da legislação os mais importantes, aqueles que tendem a determinar toda a evolução subsequente. É, no entanto, de assinalar que, muito embora alguns interesses ou grupos marginalizados a nível nacional encontrem possibilidades de expressão no nível sub-sistémico europeu, geralmente os recursos e a especialização necessários para intervir a este nível fazem com que sejam os grupos que já controlam as agendas políticas nacionais os que melhor aproveitam o *policy networking* na Europa, o que assim amplia a sua capacidade de expressão.

Para alguns (Dehousse: 1996, por exemplo), o funcionamento reticular da governança europeia é decisivo para a fragmentação crescente dos Estados membros, ao permitir que através das suas fronteiras, ignorando-as mesmo,

---

liations", que partilham algumas características com as redes propriamente ditas, embora não possam ser consideradas como tais.

[55] Refira-se que o recurso a pareceres especializados, de actores privados o mais das vezes, é aqui maior. A pressão lobbyística também tende a concentrar-se a este nível – inclusivamente o *lobby* de certos interesses nacionais –, que conhece a afluência empenhada de grupos com as mais variadas agendas.

actuem redes de instituições da mesma natureza funcional. No entanto, o mesmo autor reconhece que, longe de agir uniformemente sobre todas as estruturas dos Estados membros, a integração europeia tende a enfraquecer algumas dessas estruturas (os parlamentos, os governos nacionais, os partidos políticos) e a fortalecer outras, mormente os corpos administrativos ligados por incumbência funcional e culturas técnicas partilhadas aos segmentos da administração de Bruxelas. Num cenário de despolitização das políticas públicas europeias (que muito contribui também para um "défice democrático"), as interacções estreitas entre burocratas europeus e nacionais, unidos pela mesma linguagem e orientações tecnocráticas comuns – verdadeiro "companheirismo tecnocrático", orientado pragmaticamente e alheio à discussão política (Majone, 1994: 258) –, tendem a tornar opacas as intervenções comunitárias. Estas são dirigidas essencialmente aos grupos de interesse sectoriais e não revelam preocupação pela opinião pública. Dessa forma, as agências europeias são essencialmente redes que ligam as administrações nacionais e comunitárias responsáveis por determinado sector, servindo como instrumento de alargamento da regulamentação europeia, ao mesmo tempo que reforçam e legitimam redes especializadas de funcionamento independente.

A temática das redes é muito utilizada no estudo das mudanças político-administrativas induzidas nos quadros nacionais pelos fundos estruturais e política regional europeia em geral. Tem sido mormente um instrumento para relacionar as políticas de coesão com a emergência de um sistema de governança multi-nível na Europa, onde um papel de destaque caberá às entidades locais e regionais (cf., por exemplo, os contributos reunidos em Hooghe, 1996). Gary Marks (1993), defensor da tese de que a política estrutural, nomeadamente o FEDER, criou redes políticas que englobam administrações sub-nacionais e grupos privados nas regiões, desse modo alterando as tradições centralizadoras nos Estados membros e conferindo às redes territorialmente ancoradas saliente protagonismo, é um dos mais conhecidos popularizadores da tese da *multi-level governance*. Para Marks (1993), podendo inserir-se em redes políticas de longo alcance, que ligam o centro de Bruxelas aos confins territoriais, as autoridades locais tornam-se desse modo elementos fulcrais do sistema decisório multi-nível da administração europeia. Submetidos a um denso tecido de comunicações, atravessado por relações verticais e horizontais, os agentes territoriais teriam assim tudo, desde apoio material a reconhecimento institucional, para sairem ganhadores.

A ideia de uma Europa das Regiões, velha conhecida dos debates sobre a construção europeia, não anda longe destes pressupostos. Todavia, parece evidente que as fragilidades do projecto regionalista/federalista para a Europa não se aligeiraram no período em análise. Como não se aligeirou o papel dos Estados na condução dos assuntos europeus. De facto, ainda que os Estados de tradição federal tenham apoiado o desígnio de uma Europa multi-nível ou das Regiões, é a figura do Estado-Nação que continua a protagonizar a organização política e o imaginário sociológico da Europa. Marcou (2000) refere a este propósito dois exemplos de como a integração europeia, embora albergue elementos neofuncionalistas e por vezes ambições federalizadoras, tende a dar primazia aos Estados.

O primeiro refere-se aos limites jurídicos da integração europeia, que decorrem das reservas constitucionais que os Estados impõem às directrizes comunitárias. O segundo mostra-nos como a Carta Europeia do Regionalismo (1988) não foi, em termos práticos, viabilizada por nenhum Estado – apesar de o discurso sobre o regionalismo fazer parte da *doxa* comunitária. Mesmo os países da coesão, como Portugal, onde a pressão da Comunidade é mais forte, adoptaram funcionamentos a nível regional que estão muito longe dos padrões defendidos pelo Parlamento e pela Comissão Europeia. Por isso, análises como as de Gary Marks, que propõem a ideia de governança multi-nível apoiada em convicções sobre a participação crescente das autoridades locais e regionais nos processos decisórios da UE, têm de ser confrontadas com a sua tradução em cada experiência nacional. À luz dos trabalhos comparativos disponíveis, o cenário está longe de evidenciar a confirmação dos passos em direcção a uma hipotética Europa das Regiões.

CAPÍTULO 3
POLÍTICA REGIONAL COMUNITÁRIA

Introdução

Apesar de não ter sido instituída formalmente desde o início da construção europeia[56], a política regional converteu-se numa dimensão central da actividade comunitária, indispensável à viabilidade da integração europeia e à constituição da União como um bloco coeso, tanto em termos políticos, como em termos económicos, no seio do mapa-mundo.

A génese e o trajecto da política regional são marcados pela necessidade de adaptação da Comunidade às realidades com que foi sendo confrontada no processo da sua construção[57], sobretudo no que concerne aos seus sucessivos alargamentos. Para a compreender, há que analisar factores e conjunturas que concorreram para a tornar possível e fizeram, gradualmente, consolidar.

No essencial, foi a convergência de argumentos de carácter económico, social e político que, ao longo dos anos, sustentaram a política regional comunitária. No que se refere ao domínio social, ela inscreve-se numa cosmovisão imbuída de valores cristãos e da social-democracia. O "argumento solidário" (Martin, 1999), segundo o qual os Estados Membros mais desfavorecidos, não conseguindo por si próprios resolver os seus desequilíbrios em

---

[56] Analisando a questão do ordenamento territorial comunitário, Husson (2002), por exemplo, demonstra o difícil reconhecimento da dimensão territorial por parte das políticas europeias. Em grande parte da história da construção europeia, a dimensão territorial foi restringida por derrogações várias dos tratados respeitantes ao princípio de concorrência, ou associada a eventuais catástrofes naturais. Mais, em todas as derrogações, a questão territorial submetia-se ao meta-objectivo do Mercado Comum. Husson conclui, assim, que a primazia do princípio de concorrência – indispensável para a concretização desse grande objectivo –, inviabilizou a importância das implicações territoriais das medidas políticas preconizadas. Exemplo disso foi o episódio da proposta de Paul-Henry Spaak sobre o estabelecimento de planos regionais de desenvolvimento. Proposta que foi rejeitada pelos Estados Membros, cuja tutela exclusiva sobre os seus territórios desde sempre constituiu um pilar fundamental da soberania nacional.

[57] De acordo com Martin (1999:7), durante a primeira fase da UE, a política regional não era assunto político importante porque, em termos da distribuição espacial de rendimentos, os membros fundadores da UE (França, Itália, Alemanha, Bélgica, Holanda e Luxemburgo) eram um grupo relativamente homogéneo.

termos de desenvolvimento regional, deviam ser o alvo das ajudas preferenciais da UE, constituiu o princípio fundador. Assim, e muito embora as considerações sociais possam não ter aparecido explicitamente no debate acerca da política regional, elas já estão presentes enquanto «valores subjacentes», permitindo contrapor os argumentos da integração social aos valores do mercado (Hooghe e Keating, 1994: 370).[58]

Na ordem política e económica, a ambição para o espaço da UE passou essencialmente pelo reforço da regulação supranacional (comunitária) e sua aceitabilidade pelos Estados Membros. Além dos outros domínios de intervenção comunitária nos quadros nacionais, a política regional configurou um conjunto de práticas e regulamentações propriamente europeias, a que os Estados Membros tiveram de se adaptar. Por outro lado, teve de apresentar razões suficientemente válidas para os Estados Membros contribuintes, de forma a que estes viabilizassem o esforço financeiro em causa. Isso seria conseguido porque o papel das administrações nacionais na definição e execução dos investimentos regionais nunca foi posto em causa. Do ponto de vista económico, associado ao primado da integração europeia, propriamente dito, a política regional beneficiou também da ideia de que a solução para os problemas regionais num Estado Membro seria benéfica para os outros Estados Membros. Muito embora os Estados ricos não usufruíssem necessariamente do facto de outras regiões se saírem melhor, são levados a admitir que sem a compensação para aquelas regiões que obtêm menos do que a sua "justa" parte do conjunto dos ganhos de riqueza, uma integração europeia mais avançada seria impossível, o que por sua vez causaria no conjunto perdas de riqueza acrescidas (Martin, 1999: 74).

O Tratado de Roma não assumiu como prioridade o desenvolvimento regional em termos comunitários. As disparidades regionais no seio da Comunidade eram tratadas como assuntos do foro interno de cada Estado. No entanto, os propósitos desta primeira etapa da construção europeia acabaram por dirigir, ainda que marginalmente, a atenção para a problemática do desenvolvimento regional e para o papel que não só os Estados Membros, mas também a Comunidade, poderiam desempenhar na sua abordagem. Na medida em que o Tratado de Roma se centrava sobretudo na regulação

---

[58] Diga-se que a dimensão social da política regional comunitária, relacionada com a legitimação do projecto comunitário, tem sido, ao longo dos anos, fortemente promovida no plano discursivo, mas também no que se reporta às medidas criadas, como é o caso do Fundo de Coesão.

da livre concorrência nos mercados de cada Estado Membro, a principal questão colocada referia-se à necessidade de regulamentar os auxílios estatais às empresas nacionais, por forma a que a dita concorrência não fosse falseada.

Vamos, pois, encontrar aqui uma primeira abordagem comunitária às questões do desenvolvimento regional. A autorização dos auxílios estatais, dependente da Comissão Europeia, constituiu um importante factor de configuração das políticas de apoio regional dos Estados Membros. Por outro lado, a centralização na Comissão dos procedimentos de verificação, aprovação e regulamentação dos apoios nacionais era justificada, dada a complexa heterogeneidade das realidades nacionais e regionais, bem como dos sistemas de apoio vigentes em cada Estado Membro. O papel da Comissão Europeia correspondia a uma função de coordenação e de normalização, de forma a assegurar o princípio da competitividade. Para regularizar os auxílios estatais às economias sub-nacionais introduziu-se uma derrogação ao princípio da incompatibilidade entre mercado comum e ajudas públicas aos tecidos produtivos nacionais (artigo 92º do Tratado de Roma). Esta excepção apenas se aplicava aos apoios que visassem explicitamente o desenvolvimento de regiões oprimidas por atrasos estruturais. Foi também com o objectivo de auxiliar estas últimas que se criou o Banco Europeu de Investimento (BEI). Concebido como um primeiro instrumento de correcção dos desequilíbrios regionais, este tinha como objectivo financiar projectos ou investimentos nas regiões menos favorecidas.

Uma concorrência saudável dependeria, assim, da construção de um universo normativo comum, caracterizado pela primazia do enquadramento comunitário sobre os apoios nacionais ao desenvolvimento regional. A sua aceitação por parte dos Estados Membros passaria, então, pelo reconhecimento de certos regimes de apoio às regiões mais desfavorecidas. Nesta óptica, a construção da Comunidade e das suas áreas de intervenção dependiam do consentimento dos Estados Membros – e não da livre iniciativa de qualquer entidade supranacional com poderes de intromissão no nível nacional.

Tal circunstância é especialmente visível na crise internacional dos anos 70. Neste período, dava-se prioridade à lógica de colaboração entre os Estados, em detrimento dos propósitos integracionistas que motivaram a constituição da Comunidade Europeia. Em consequência, verificou-se um "regresso" dos Estados como protagonistas da cena internacional.

Uma das áreas em que o carácter intergovernamental da construção europeia mais se fez sentir refere-se precisamente ao desenvolvimento regional. A assunção de uma política de desenvolvimento e ordenamento territorial comunitária interferia severamente com a soberania dos Estados Membros.[59] De qualquer modo, a utilização da política regional para dar resposta a sucessivos objectivos – negociações dos alargamentos, por exemplo –, será um factor decisivo na sua consolidação. Doravante, sobretudo a partir do Iº Pacote Delors, ela tenderá a assumir um cariz relativamente transversal, facilitando a articulação de várias intervenções sectoriais. No entanto, o seu carácter transversal dificilmente foi instituído como tal. Muitas vezes, a política regional seria tão só interpretada como subsidiária de outras políticas europeias. E as suas instituições (caso do Comité das Regiões) acabaram por não encontrar um espaço relevante na arquitectura institucional da Comunidade.

As razões prendem-se, seguramente, com o facto de a coesão territorial – dimensão pouco enfatizada da coesão económica e social – não ter sido instituída à partida, como referido, como área de intervenção da Comunidade, sendo um dos últimos redutos do modelo clássico de soberania nacional. Em consequência, os territórios não apareceram como objectivos primordiais, mas unicamente como "peças de montagem" do Mercado Único. Logo, o modelo da política regional deve ser distinguido do de uma intervenção decorrente de políticas globais de ordenamento territorial, que aliás a Comunidade está praticamente impossibilitada de executar. Com efeito, a política regional em pouco mais consiste do que na «justaposição de acções pontuais sobre fragmentos dispersos do território comunitário», participando no ordenamento de territórios, mas ordenando apenas de forma indirecta aquele que deveria ser o seu na sua globalidade (Husson, 2002: 81).

---

[59] Em 1969, a Comissão Europeia, apoiada pelo Parlamento e pelo Comité Económico e Social, apresenta a 'Proposta de decisão do Conselho relativa à organização de modos de acção da Comunidade em matéria de desenvolvimento regional'. Sugeria-se a elaboração em comum, pelos Estados Membros e Comissão, de planos de desenvolvimento regional, que a Comissão utilizaria para tentar alargar o âmbito das suas competências. Todavia, os Estados Membros, embora concordassem com o conteúdo do documento, recusaram a proposta, por recearem o fortalecimento da Comissão.

3.2. A via *FEDER*

A década de 70 é uma fase relativamente estagnada na construção europeia, dada a premência dos desafios colocados no plano internacional pela crise petrolífera. Esta ideia, no entanto, pode ser apenas uma entorse provocada pela leitura exclusivamente intergovernamental da integração europeia. Inúmeras iniciativas tiveram lugar nos anos setenta, as quais foram produzindo novos sistemas de referência e de acção para os actores envolvidos no processo europeu (Smith, 1996; Mazey, 1996).

Em 1972, por exemplo, celebrou-se um acordo de princípio orientado para a criação de um Fundo de Desenvolvimento Regional[60]. Dois factores da maior importância encontravam-se presentes. Por um lado, a crise económica, juntamente com a expansão do neo-liberalismo anglo-saxónico, consciencializava a Europa das suas inúmeras fragilidades em termos de concorrência internacional, pondo em causa a viabilidade do projecto comunitário. Por outro lado, as ansiedades relativamente a duas perspectivas de futuro próximo: o alargamento ao Reino Unido, Dinamarca e Irlanda, e o ambicioso objectivo da instauração da União Económica e Monetária (UEM).

O alargamento da Comunidade a países com índices de desenvolvimento desiguais colocava em primeiro plano os problemas das disparidades territoriais no seio do espaço comunitário. A União Económica e Monetária não poderia pactuar com o desenvolvimento desequilibrado dos Estados e das regiões europeias, o qual implicaria fortes desigualdades no aproveitamento dos seus potenciais benefícios. Uma Europa construída a partir da ideia de integração não deveria converter-se num espaço de exclusão, sob pena de falhar o seu desiderato. Além disso, os objectivos de concorrência internacional da Comunidade não se compadeceriam com debilidades do foro interno.

Ainda assim, a maioria dos Estados Membros opunha-se a uma política de desenvolvimento territorial: a Alemanha, porque os custos poderiam ser demasiado altos; os países do Benelux, confrontados com conversões indus-

---

[60] Refira-se que os elementos mais antigos da Política Regional Europeia são o Fundo Social Europeu (FSE) e o FEOGA – Orientação. O FSE procurava promover o emprego e aumentar a mobilidade ocupacional e geográfica dos trabalhadores na Comunidade (Art. 123º, Tratado da Comunidade). A sua prioridade eram os problemas que as regiões mais desfavorecidas, afectadas por desemprego estrutural, enfrentavam. O FEOGA – Orientação (Art. 40º do Tratado da Comunidade) intervinha, por sua vez, em acções de desenvolvimento regional no domínio agrícola.

triais, não encontravam razões para aderir; a França, ciosa da sua política agrícola, não desejava, tal como a Alemanha, mais despesas. As propostas da Comissão de avançar com medidas sistemáticas no plano do desenvolvimento regional encontraram, por isso, forte resistência.

O único Estado que defendia uma política de ajudas para o desenvolvimento territorial era a Itália, por causa da situação do seu *Mezzogiorno*. As suas pretensões às ajudas comunitárias eram apoiadas por uma Inglaterra que temia, após a adesão, financiar a política agrícola, benéfica essencialmente para os franceses, em detrimento do desenvolvimento industrial britânico. Este desacordo, a juntar à aliança entre Itália, Inglaterra e Irlanda, veio a alterar a relação de forças entre os Estados, forçando à criação do FEDER (Fundo de Desenvolvimento Regional). Na realidade, a verdadeira razão do FEDER pode ter sido dar à Grã-Bretanha a possibilidade de usufruir de transferências orçamentais da Comunidade, uma vez que, não sendo grande produtor agrícola, não poderia colher benefícios da Política Agrícola Comum (Pastorel, 1993: 34). O FEDER assumia-se, pois, como uma compensação satisfatória, quer para britânicos, quer para italianos.

Foi, por conseguinte, instituído o FEDER, instrumento financeiro vocacionado para dar resposta às necessidades do desigual desenvolvimento no espaço comunitário[61]. De acordo com o primeiro regulamento, o Fundo suportaria os custos do alargamento da Comunidade e das mutações socioeconómicas, fazendo com que o processo de integração fosse atractivo para os Estados menos prósperos.

A criação do FEDER inscreve-se num período marcado ainda pela concepção keynesiana das políticas públicas. A política regional, assim como o FEDER, eram interpretados como uma forma de redistribuição do investimento (Moore e Potter, 2002). Caracterizado pela transferência de verbas para investimentos-chave nas regiões elegíveis, o Fundo tinha como objectivo financiar projectos seleccionados previamente pelos Estados Membros para as respectivas economias nacionais. Neste mecanismo, estavam presentes a Comissão Europeia – que detinha o poder de aprovação de tais financiamentos – e os Estados Membros, responsáveis pela boa aplicação das verbas concedidas. Fá-lo-iam em função das suas necessidades especí-

---

[61] Para além do Comité da Política Regional, composto por altos-representantes dos Estados membros, responsáveis pelo desenvolvimento regional nos seus países. Este comité tinha por missão coordenar as políticas regionais nacionais e avaliar a evolução socioeconómica das regiões nos seus problemas específicos.

ficas e no âmbito das orientações nacionais de desenvolvimento regional. Ou seja, entre 1975 e 1979, «a Comissão não pode tomar iniciativa de acções particulares, nem entrar em contacto com as regiões, nem financiá-las directamente»[62].

Subjacente a estes desenvolvimentos, a lógica intergovernamental presidiria também à modificação do primeiro regulamento do FEDER, em 1979. O Fundo seria então dividido em duas secções. A primeira consistia numa secção quota destinada a apoiar as políticas regionais dos Estados Membros. O peso orçamental desta secção (95% das dotações financeiras do Fundo) revela bem a primazia do interesse intergovernamental, outorgando-se a promoção do desenvolvimento regional aos Estados Membros. A segunda secção era extra-quota. Englobando 5% da dotação do Fundo, obedecia, não a estratégias nacionais, mas a critérios comunitários. Embora constitua o embrião da política regional europeia – era a própria Comunidade que respondia a questões territoriais –, é de salientar o seu baixo grau de "comunitarização", se comparado com o significado dos elevados montantes adstritos à secção quota. Verifica-se também que a política regional continuava a ser subsidiária de outras políticas comunitárias, pois a secção extra-quota do FEDER apenas visava atenuar as consequências potencialmente negativas da aplicação de outras políticas comunitárias.

A revisão deste regulamento foi posteriormente influenciada por uma avaliação realizada em 1981, respeitante aos efeitos da aplicação do FEDER. A constatação do agravamento contínuo das disparidades territoriais, a falta de mecanismos de coordenação das políticas regionais nacionais, a perspectiva sectorial e desarticulada dos vários instrumentos financeiros, a crise financeira da Comunidade e a permanência de factores endógenos que bloqueavam a reconversão das regiões desfavorecidas, questionavam a eficácia das opções tomadas e o próprio funcionamento do FEDER.

Uma significativa reorientação foi, pois, efectuada. A Comissão Europeia passou a eleger prioridades específicas para o FEDER, definindo medidas para aumentar a eficácia da política regional[63]. Na linha dos argumentos

---

[62] Pascaillon, 1990: 686, cit. *in* Smith, 1996 : 45.

[63] Das várias medidas preconizadas, destacam-se: a valorização do potencial endógeno das regiões, mediante a realização de investimentos orientados para a produtividade, com recurso a tecnologias e sectores adaptados às características regionais; a concentração regional dos recursos, dada a disciplina orçamental colocada pela crise financeira da Comunidade; um novo protagonismo da secção extra-quota, e a criação de operações

avançados na altura pela economia regional, procurou-se apostar no potencial endógeno das regiões[64].

A preparação de um novo regulamento iniciou-se na Cimeira de Estugarda, em 1983. Nele são de frisar vários aspectos.

Em primeiro lugar, a manutenção do objectivo do desenvolvimento das regiões menos prósperas e das áreas industriais em declínio, agora enquadrado pela exigência de concentração territorial do esforço financeiro. Em segundo lugar, a inovação metodológica dos contratos-programa, segundo a qual os investimentos e os projectos a realizar deveriam ser co-financiados pelos Estados Membros e pela Comunidade[65]. Em terceiro lugar, a eliminação da distinção entre as secções quota e extra-quota e das quotas por países, resultando num acréscimo de poder da Comissão Europeia, doravante responsável em última instância pela afectação dos recursos financeiros. Tal medida significará um esforço importante de "comunitarização" da política regional. Ou seja, a Comunidade esforça-se por se apropriar das suas próprias políticas[66].

---

integradas de desenvolvimento, envolvendo um maior dirigismo por parte da Comissão Europeia; e a promoção da convergência entre a política regional europeia e as políticas nacionais. Sujeita a difíceis processos negociais e a críticas ferozes, nomeadamente quanto ao reforço do poder interventivo da Comissão Europeia e à redistribuição financeira do Fundo implícita na ideia de concentração territorial – que privava os Estados mais prósperos de boa parte das quotas atribuídas a cada país, gerando o receio, por parte dos Estados beneficiários, de uma não adesão daqueles à solidariedade comunitária –, esta reorientação não surtiu todavia efeitos práticos, pelo que o regulamento do FEDER de 1975 foi mantido.

[64] Rompendo com as concepções evolucionistas e estruturalistas do desenvolvimento, a partir dos anos 80 as dinâmicas internas dos territórios seriam consideradas o principal motor do progresso económico. A teoria evolucionista da economia é ilustrada pelas famosas etapas do desenvolvimento, que preconizam um esquema universal de evolução em fases sucessivas (pré-industrial, industrial e pós-industrial). Já a análise estruturalista, «inspiradora das gestões administrativas do território mais funcionais» (Benko e Lipietz, 1994: 7), apoia-se na ideia de que o espaço é homogéneo, sendo possível a estruturação hierárquica e funcional das suas componentes.

[65] Esta metodologia irá constituir um dos princípios basilares da política regional europeia.

[66] Outro exemplo deste esforço foi a proposta avançada, também em 1983, em Estrasburgo, por Paul-Henry Gendebien, deputado belga, que pretendia criar um esquema europeu de ordenamento territorial, exigindo uma coordenação das políticas com impacto territorial. A presidir-lhe, a Comissão, aspecto que, mais uma vez, levantaria os receios de uma ordem europeia federalista, sobretudo por parte dos britânicos.

Respondendo à necessidade de racionalizar a política regional e prevendo já que o alargamento a Portugal e a Espanha produziria um agravamento das disparidades territoriais[67], este segundo regulamento descreve o FEDER, não apenas como instrumento financeiro, mas como meio de coordenação das políticas nacionais e europeia de desenvolvimento regional. Esforço que se afigurava indispensável para que a União Económica e Monetária fosse suportada pelos esforços de convergência entre Estados Membros.

Todavia, o que a prática tem demonstrado é que a coordenação entre políticas nacionais e europeias não basta para produzir uma visão global, partilhada entre a Comunidade e os Estados Membros, do que possa ser um ordenamento de conjunto dos territórios europeus. Não deverá, por isso, confundir-se a afirmação da política regional comunitária, fruto de nego-ciações, cedências e intransigências dos Estados e da Comunidade, com uma política de ordenamento e desenvolvimento territorial comunitária propriamente dita. Ou seja, não possuindo a Europa território onde exerça a sua soberania, é difícil nela inscrever uma visão de conjunto, um desígnio propriamente dito (Husson, 2002: 39).

3.3. O novo ciclo

A partir da década de 80, assiste-se a um novo ciclo na construção europeia. Após as figuras emblemáticas de Monnet e Schuman, Jacques Delors, que pre-sidiu à Comissão entre 1985 e 1995, protagoniza os esforços mais consisten-tes pela afirmação de uma supranacionalidade europeia, denotando reais pre-ocupações integracionistas. De facto, o 'método' Delors caracterizou-se por uma lógica ambiciosa e de longo prazo, de acordo com objectivos claramente definidos. Depositava esperança nos efeitos *spillover*, procurando disseminar o enquadramento europeu nas práticas político-institucionais dos Estados Membros. Com Delors, as políticas comunitárias ganharam forte ascendente sobre as políticas nacionais e fez-se a reforma do sistema financeiro e orça-mental, bem como novos arranjos institucionais. O 'método' Delors poderá

---

[67] Registe-se que, aquando da adesão à CEE, o rendimento médio de Portugal alcan-çava apenas 50% do rendimento médio comunitário, enquanto que o da Espanha era 75% desse valor. Em nenhuma região destes dois países, o rendimento médio ultrapassava o rendimento médio comunitário, e a Comunidade a doze, quando comparada com a Comu-nidade a dez, passava a contar com o dobro de habitantes a viverem em regiões onde o PIB per capita era inferior pelo menos em 25 % à média comunitária (Palard, 1993: 55 ss.).

ser apelidado neo-institucionalista, sendo, simultaneamente, um neo-funcionalismo com um forte pendor programático e voluntarista (Covas, 2002). A presidência de Delors marcou, pois, um período em que certas políticas comunitárias se tornaram gradualmente autónomas em relação às políticas dos Estados Membros. A sua intervenção implicou uma ampla reestruturação do edifício europeu, com importantes ressonâncias ao nível da política regional comunitária.

No seguimento da Cimeira de Estugarda, a Cimeira de Fontainebleau, realizada em 1984, incidiu no aprofundamento do Mercado Comum. O objectivo era a abolição das fronteiras físicas, técnicas e fiscais entre os Estados Membros até 1992, de forma a viabilizar o Mercado Único. Esta meta levantava preocupações por parte dos Estados menos prósperos, já que o desigual aproveitamento do espaço económico europeu contribuiria para a dualização económica e social na Europa. Um dos receios diz respeito à possibilidade de os postulados que guiavam a política regional se verem subordinados a um projecto liberal, que diluiria os propósitos solidários que sempre marcaram o discurso político e que continuavam a ser indispensáveis para os Estados mais desfavorecidos. Além disso, a persistência de desequilíbrios territoriais e de experiências que revelaram a endogeneização não conduzir necessariamente ao desenvolvimento confirmavam os receios quanto aos efeitos da lógica liberal sobre os processos de integração europeia. Coloca-se aqui uma das questões mais prementes no que se refere à natureza endógena do desenvolvimento territorial, a do contexto político em que se inserem essas dinâmicas. Sabendo nós que a política regional se dirigia a regiões estruturalmente marcadas pelos seus sistemas produtivos locais, interessa saber se a componente política ligada a estes sistemas locais (em França, Itália e Portugal, por exemplo, falamos do universo de notáveis e suas relações com o estado central[68]) não terá funcionado como factor paralisante das ambições e virtualidades inscritas nessa mesma política regional. Voltaremos a esta questão.

A abordagem liberal da integração, baseada na capacidade de se promover espontaneamente uma melhoria dos níveis de vida, acabou mais tarde por ser posta em causa, sobretudo quando aplicada ao território. A abertura das fronteiras não reduziu significativamente as desigualdades regionais mais flagrantes e os programas europeus viram-se muito limitados, se não

---

[68] Analisadas por Grémion (1976), Tarrow (1979) ou Ruivo (2000a).

totalmente impotentes, na sua capacidade para obstar a estas tendências (Balme, 1997).

Na verdade, os constrangimentos com que a integração europeia é confrontada levaram a privilegiar a dimensão territorial nas intervenções comunitárias, de onde a região saiu reinvestida. No entanto, esta opção não decorre de preocupações particulares com as economias regionais. O território foi, na realidade, a resposta a uma construção europeia essencialmente inter-estatal, os seus grandes impulsos tendo sido dados em contextos de alargamento da UE e no horizonte da instauração do Mercado Único. O princípio da igualdade territorial aparece, antes de tudo, como uma estratégia para tornar aceitável e atractiva a pertença comunitária.

Um outro objecto de preocupação tinha a ver com a eficiência dos procedimentos do FEDER. Por um lado, na ânsia de absorver a totalidade das verbas que lhes eram atribuídas, os Estados Membros tendiam a comprometer a plena rentabilização dos projectos. Por outro lado, verificou-se que os Estados Membros utilizavam oportunisticamente os fundos para reduzir a despesa pública, financiando projectos que poderiam ser realizados sem a comparticipação comunitária. Concluiu-se que a integração europeia estava a ser orientada, não tanto para um projecto comum, mas sobretudo em prol de interesses nacionais. A resposta a esta situação irá ser posteriormente formulada no âmbito Reforma dos Fundos Estruturais, aquando da apresentação do Acto Único Europeu.

Das negociações levadas a cabo desde 1984 resultou a adopção, na Cimeira do Luxemburgo[69]– vésperas do alargamento a Espanha e Portugal –, do Acto Único Europeu. Introduzindo modificações significativas ao Tratado de Roma, o Acto Único celebra a instituição do Mercado Interno e o reforço da Coesão Económica e Social, noção que alerta para a necessidade de reduzir os desequilíbrios territoriais do espaço europeu[70]. Introduz-se,

---

[69] Dezembro de 1985.

[70] «Marcando uma nova etapa no processo de amplificação, institucionalização e de autonomização da política regional comunitária, o Acto Único Europeu insere deliberadamente este campo de intervenção no Tratado, instituindo as Comunidades Europeias e atribuindo-lhes a tarefa de auxiliar a realização da convergência (objectivo económico-financeiro) das regiões para melhor assegurar a coesão (objectivo sócio-político) do território comunitário» (Palard, 1993: 57) Assim, a noção de coesão económica e social foi introduzida na lei primária da Comunidade (Artigo 130a do Tratado) e a sua formulação, embora ambígua, encontra-se intimamente relacionada com os principais objectivos da política regional.

ainda que subtilmente, a dimensão territorial no conceito de coesão económica e social[71].

Pouco antes da sua ratificação, a Comissão Europeia apresentou o documento *Realizar o Acto Único – Uma Nova Fronteira para a Europa*, conhecido por Pacote Delors, o qual definia as principais orientações da política regional comunitária. Uma das ideias avançadas consistia no abandono do modelo atomizado dos três Fundos Estruturais e na adopção de uma utilização integrada destes fundos, obedecendo a um princípio de rigor orçamental e a uma clara diferenciação das regiões[72]. Advogava-se, de facto, que a diferenciação das regiões permitiria uma maior rentabilização dos esforços financeiros, melhor coordenação das estratégias de desenvolvimento e, ainda, mais apertada vigilância, por parte das instâncias comunitárias, do desenvolvimento global do espaço europeu. O problema desta reformulação é que as políticas regionais passaram a ser baseadas numa classificação que efectivamente coloca rótulos nas regiões, «produzindo uma forma interactiva de estigmatização que pode ter consequências políticas sérias. Ao definir os critérios de elegibilidade para as políticas comunitárias, é esboçada uma classificação das regiões na qual os territórios são ordenados numa hierarquia, através de

---

[71] Nas palavras de Jacques Delors, «Há neste tratado pontos muito importantes, sobretudo institucionais: o voto por maioria foi instituído para tudo o que se refere ao mercado interno, a dimensão monetária figura no tratado (...), o ambiente, a dimensão social, o que não é fácil, e, enfim, o atractivo daquilo que é a coesão económica e social através de referências explícitas a uma solidariedade activa entre as regiões ricas e as regiões pobres» (Jacques Delors, "L'Unité d'un homme", cit. in Husson, 2002: 64).

[72] O nível regional (NUT – Nomenclatura de Unidade Territorial – II) foi o único susceptível de permitir uma agregação de dados estatísticos para fins comparativos sem cair nas falácias decorrentes das caracterizações de âmbito nacional. No entanto, os limites de uma análise dos indicadores socioeconómicos em termos de regiões são diversos. Neste sentido, o Comité das Regiões alerta para a necessidade de repensar os instrumentos estatísticos: «O PIB per capita apresenta a vantagem de permitir a avaliação da situação das regiões do ponto de vista das pessoas singulares, mas tem o defeito de compensar a evolução da situação global de uma região com a evolução do número dos seus habitantes. Assim, uma região que enriquece e que passa a atrair mais pessoas em busca de actividade parecerá ter progredido menos em termos de PIB per capita do que em termos de PIB regional. O rácio PIB/população poderá, pois subestimar as desigualdades. Esta deficiência da análise baseada unicamente no PIB per capita é, no entanto, compensada pelo estudo pormenorizado dos factores que contribuem para a formação do PIB e pela competitividade das regiões...» (Comité das Regiões, 2000: 3 – 4)

um processo de qualificação e de desqualificação» (Balme, 1997: 69 ss.)[73]. Ou seja, o nível regional era tido como potencial dispositivo de regulação sócioeconomica (Galloul, 1995).

A classificação do nível de desenvolvimento das regiões é um processo dinâmico, na medida em que depende do posicionamento de cada região face a outras regiões, ao Mercado Único e a possíveis conjunturas políticas e económicas (alargamento, recessão económica, etc.). Daqui decorre que o espaço europeu deixa de ser encarado como mera reunião de territórios, passando a ser visto como um conjunto marcado pela interdependência das suas partes. Dá-se, por isso, uma crescente diferenciação no espaço europeu: cada território ganha novos posicionamentos ao definir-se face a múltiplos referentes, entre os quais as instâncias europeias. A política regional comunitária pode, assim, ser encarada como um instrumento que reconfigura centralidades e periferias, a pretexto de prover à convergência nos níveis de desenvolvimento dos seus territórios, podendo mesmo colocar rótulos estigmatizantes em certas regiões e obrigando todas elas a hierarquizar-se num quadro de competitividade internacional (Balme, 1997).

Mesmo a partir do Pacote Delors, a harmonização do espaço europeu consistiu sobretudo num esforço de convergência nominal entre os diversos Estados. A política regional tendeu por isso a funcionar como instrumento desse objectivo, o que se reflecte com especial gravidade na situação dos países mais desfavorecidos. A redução das discrepâncias de desenvolvimento em relação à média comunitária não se traduziu necessariamente na redução dos desequilíbrios territoriais internos, como veremos.

O Pacote Delors foi aprovado em 1988. Ainda no mesmo ano, procedeu--se à Reforma dos Fundos Estruturais. Uma nova arquitectura legislativa surgiu a enquadrar a política regional, enfatizando o desenvolvimento integrado e as especificidades de cada região. Baseou-se numa estreita articulação entre os Fundos e na rápida progressão dos seus recursos financeiros. Obedeceria a quatro princípios fundamentais: concentração[74]; par-

---

[73] Laborie e Taulelle apresentam a mesma argumentação: «a zonagem, ou seja, a cartografia de espaços diferenciados corresponde à produção de uma geografia de discriminação no acesso às ajudas» (1995: 69).

[74] Em termos práticos, a noção de concentração implica uma rigorosa aplicação dos fundos nas regiões menos desenvolvidas. A necessidade de evitar que os Estados Membros expandissem a elegibilidade dos seus territórios nacionais, (anteriormente a esta reforma, as áreas elegíveis para apoio nacional eram automaticamente qualificadas para os fundos estruturais), e de consolidar uma perspectiva comunitária sobre as dinâmicas de

ceria[75] entre UE, Estados e entidades locais ou regionais; programação[76] e adicionalidade[77].

---

desenvolvimento regional, levou a que a Comissão concentrasse em si o poder de definir os critérios de elegibilidade das regiões candidatas. Pretendeu-se assim ancorar a acção dos Fundos em redor de 5 objectivos prioritários: I – Desenvolvimento e ajustamento das regiões com atrasos estruturais; II – Reconversão das regiões afectadas pelo declínio industrial; III – Combate ao desemprego de longa duração; IV – Aceleração da adaptação das estruturas agrícolas; V – Promoção do desenvolvimento em zonas rurais. Nesta altura, as regiões europeias elegíveis eram constituídas pela totalidade do território de Portugal, da Grécia e da Irlanda, pelas regiões menos desenvolvidas de Espanha, Itália, Irlanda do Norte e pelos Departamentos Franceses no Ultramar. Dado que Portugal se situava, integralmente, até 2000, no Objectivo n.º 1, será neste que a atenção estará focada.

[75] O princípio de parceria baseia-se na necessidade de colaboração entre Comissão, Estados Membros e entidades sub-nacionais. No entanto, a boa aplicação do princípio é bastante problemática. A principal causa desta situação refere-se à primazia dada aos enquadramentos nacionais – que apresentam grande variabilidade – para a participação das entidades sub-nacionais. Desta forma, e como se verá no caso português, se a «parceria é a principal forma de alargar o círculo de poder e, consequentemente, para aumentar a participação regional (....), os Estados Membros, contudo, reservam para si próprios o direito de decidir quem deve fazer parte da parceria. A Comissão aceitou isto com desagrado, apesar de ter pressionado para uma definição o mais inclusiva possível» (Hooghe e Keating, 1994: 379)

[76] Enquanto que anteriormente, o apoio comunitário era proporcionado de acordo com projectos individuais, com esta reforma foi instituída uma abordagem por programação, a qual permitiria o estabelecimento de uma coerência entre as diversas intervenções individuais e uma melhor coordenação entre instâncias comunitárias, Estados Membros e entidades sub-nacionais. Nesta perspectiva, é adoptado o mecanismo dos contrato-programas como pilar de um modelo de gestão descentralizada que exige, como contrapartida, não só um maior envolvimento dos Estados Membros e das regiões, mas também uma crescente responsabilização destes no que se refere à gestão e ao controlo financeiro dos Fundos. Aqui encontra-se, de igual modo presente, a ideia da necessidade de promover uma maior participação no projecto comunitário. Um envolvimento sistemático dos actores nacionais e sub-nacionais, para além de fomentar sentidos de pertença e de responsabilidade, permite uma melhor gestão das intervenções da política regional, ao fomentar processos dialógicos e negociais mais equilibrados.

[77] O princípio de adicionalidade, por seu turno, já existia. Visa basicamente, garantir que os fundos comunitários sejam complementados pela despesa pública dos Estados Membros, de forma a aumentar o investimento no desenvolvimento estrutural. Para além disso, é claramente uma estratégia de responsabilização dos Estados Membros. Engendrando polémicas, o princípio é objecto de negociações entre os Estados Membros e a Comissão.

Do ponto de vista organizacional, a Reforma traduziu-se numa rigorosa estruturação do processo de candidatura dos Estados Membros[78]. Três aspectos são aqui especialmente importantes.

Em primeiro lugar, e especialmente para o caso português, saliente-se a importância do Plano de Desenvolvimento Regional (PDR), o qual reforçaria a centralidade do Estado, entidade encarregada da sua apresentação e das propostas de investimento nele contidas. Medindo-se a capacidade de um actor no espaço europeu pela sua capacidade de se posicionar num processo de produção de *know-how* público (Muller, 1997; Guérin, 1999), é o Estado que em primeira instância sai beneficiado, dadas as suas prerrogativas neste particular. Além disso, não obstante o PDR supor um debate nacional com os parceiros sociais e económicos sobre a definição das estratégias de desenvolvimento a adoptar, tal não permitiu contrabalançar a contínua (re)condução dos processos na mão dos serviços ministeriais.

Face aos agrupamentos subnacionais, por exemplo, o Estado renova a sua intransponibilidade, concentrando três ordens de conhecimento e legitimação essenciais no âmbito dos fundos comunitários: conhecimento intergovernamental (é o único interface legítimo com a Comissão Europeia); conhecimento racionalizado (que impõe uma coerência a nível regional), e conhecimento técnico (investido com neutralidade) (Smith, 1998a). Tal tem importantes consequências no que diz respeito às relações entre os governos central e local. Como nos diz Laffin a este respeito: «a política do governo central em relação ao governo local tem apresentado uma forte tendência no sentido da profissionalização dos serviços. Novamente, isto representa uma significativa preferência cultural, reflectindo parcialmente a visão segundo a qual o governo local pertence ao domínio do 'especialista' envolvido na execução, e não na criação, da política, e, parcialmente, a proclividade das elites políticas e oficiais nacionais para encarar o profissionalismo como uma força que se contrapõe às forças do localismo» (1986: 30).

Sendo a *expertise* constituída a partir dos referenciais comunitários, denota-se como o Estado renova o seu protagonismo, ao actuar, na qualidade de

---

[78] São elas: a apresentação pelo Estado Membro de um Plano de Desenvolvimento Regional à Comissão, no qual se encontra o elenco de objectivos e estratégias de desenvolvimento a médio prazo e o rol das acções candidatas a co-financiamento; uma primeira fase negocial destinada à fixação dos montantes e à definição do Quadro Comunitário de Apoio (QCA) que enquadra a intervenção dos Fundos nos contextos nacionais, e uma segunda fase de negociação dos programas operacionais que perfazem o QCA, após a qual, e na sequência da aprovação do QCA, se dá início à transferência das verbas.

interface, mediador e veículo, em dois tabuleiros distintos: o europeu e o nacional. É também a partir da percepção desta lógica que se inicia o vislumbrar dos contornos de um modelo de "two level game" já abordado (Moravscik, 1993, 1998.). Conclui-se, assim, que é a emergência das instituições de governo regional que se encontra bloqueada pela especialização europeia dos agentes estatais (Smith, 1996: 375)[79].

No que se refere mais precisamente aos Estados unitários, em que a tradição do centralismo se encontra enraizada há muito, a ligação entre a administração nacional e a comunitária tende a facilitar a subscrição do modelo de "two level game". Logo, há que considerar inexoravelmente a tradição política e administrativa de onde provêm os actores que se reúnem na arena europeia. A origem destes últimos condiciona largamente a sua actuação. Isto não significa, no entanto, que uma leitura neo-institucionalista peque por um excessivo determinismo (Thielemann, 1999), pois novas pertenças são elaboradas culturalmente e os objectivos do actor podem impor-se aos objectivos da sua missão. Mas implica que os actores nacionais envolvidos nas instâncias comunitárias podem "nacionalizar" a sua actuação. Ou seja, reproduzir naquelas a cultura política do Estado que os nomeia.

Interessa, assim, saber quais os impactos destas burocracias nacionais, inseridas em redes funcionais de âmbito europeu, a nível nacional. Será que é possível encontrar um "efeito boomerang", na medida em que a reprodução da actuação governamental a nível europeu produz impactos territoriais diferenciados nos seus domínios sectoriais? É que as "redes" não parecem anular forçosamente a condição central ou periférica dos seus interlocutores,

---

[79] Num cenário de despolitização geral das políticas públicas europeias (que muito contribui para o «défice democrático»), as interacções estreitas entre burocratas europeus e nacionais, unidos pela mesma linguagem especializada e orientações tecnocráticas comuns, tendem a tornar extremamente opacas as intervenções comunitárias. Estas são dirigidas essencialmente aos grupos de interesse sectorializados e não revelam preocupação pela opinião pública. Dessa forma, as agências europeias são essencialmente redes que ligam as administrações nacionais e comunitárias responsáveis por determinado sector, servindo como instrumento de alargamento da regulamentação europeia, ao mesmo tempo que reforçam e legitimam redes especializadas de funcionamento independente. Assinale-se, todavia, que longe de capacitar uniformemente todas as estruturas dos Estados Membros, a integração europeia tende a enfraquecer algumas delas (os parlamentos, os governos nacionais, os partidos políticos) e a fortalecer outras (os corpos administrativos ligados por incumbência funcional e culturas técnicas partilhadas aos segmentos da administração de Bruxelas).

mesmo quando se formam em função de políticas específicas de combate a assimetrias de tipo centro/periferia. (Ruivo, 2000a). Considere-se o caso, por exemplo, das políticas de coesão europeias. Smith (1997: 298) não cessa de recordar que «na maior parte dos casos, são os territórios politicamente fortes que chegam a dominar a aplicação dos fundos estruturais, sendo aquela uma consequência das traduções locais dos princípios comunitários, assim como da fragilidade da Comissão Europeia. Por conseguinte, longe de favorecer o objectivo estabelecido da 'coesão económica e social' na Europa, em muitos casos, os fundos estruturais tendem a aprofundar o fosso que separa as 'regiões fortes' das 'regiões fracas'».

Um segundo aspecto consiste na concentração dos poderes de aprovação e controlo na Comissão Europeia. As suas funções de fiscalização desempenham um importante papel político, na medida em que fazem incidir sob os países mais desfavorecidos uma vigilância reforçada. Tal decorre da necessidade, já mencionada, que os países contribuintes sentem em assegurar a rentabilização das suas contribuições.

A política regional poderá ser encarada, então, como um instrumento heurístico para analisar as relações de poder entre países contribuintes e países beneficiários, pois o sucesso das negociações dependerá de um acordo tácito entre as partes envolvidas: a aceitação do risco de investir em estratégias de desenvolvimento de outros Estados Membros pelos países contribuintes e a aceitação de um controlo que incide sobre os Estados beneficiários.

O corolário destes dados aponta, por tudo isto, não tanto para um protagonismo autónomo da Comissão, mas sim para o facto de esta se instituir, em certas matérias, como o actor melhor situado para encetar e mediar as negociações entre os Estados Membros a serem realizadas em Conselho de Ministros.

Um último aspecto refere-se à complexificação da máquina comunitária, a qual, num esforço de racionalização, se burocratiza. A verdade é que o elenco das acções, dos programas operacionais, a sobreposição de objectivos, a multiplicidade das iniciativas[80], constituem um universo legislativo, administrativo e financeiro de difícil domínio (Muller, 1997). Daqui podem

---

[80] As intervenções operacionais do QCA, no âmbito do FEDER, por exemplo, poderiam assumir a forma de programas operacionais, quer da iniciativa do Estado Membro, quer da iniciativa comunitária, os quais poderiam envolver mais do que um Fundo Estrutural, de regimes de auxílio de finalidade regional, de projectos de investimento individual em, v.g., infra-estruturas, de subvenções globais para o desenvolvimento local e de medidas de assistência técnica.

resultar impasses que dificultam os processos negociais e a concretização dos apoios comunitários. É que, para além da necessidade de considerar uma vasta legislação exterior à tradição jurídica nacional, levantam-se outras dificuldades advindas de problemas de interpretação das regras comunitárias. Tal poderá conduzir a um problema de dissonância, dada a ausência de correspondência clara entre o direito nacional e o direito comunitário, o que potencialmente gera inúmeras controvérsias[81] (Mathiot, 1998).

Se aplicarmos, neste ponto, o modelo de "two level game", verificamos que a socialização preferencial das administrações nacionais (apoiadas por alguns sectores de peso da sociedade) relativamente à Europa limita os canais de acesso à Europa a outros potenciais actores, para quem as condições de acesso continuam a ser de difícil descodificação. Esta espécie de "privatização" das negociações entre Estado e UE, assim como a ausência de debate público alargado sobre as questões discutidas, facilitam a apresentação dos resultados como "vitórias" por parte da administração nacional.

3.4. Os desafios

O Tratado de Maastricht, assinado em 1992, preparou a instauração da União Económica e Monetária (UEM). Consciente dos receios suscitados pela UEM, o Tratado reforçou o princípio da Coesão Económica e Social. Princípio este que se materializou, essencialmente, na criação de um Fundo de Coesão[82] e na criação do Comité das Regiões, órgão consultivo composto por representantes eleitos das colectividades regionais e locais europeias[83].

Não obstante, o peso dos Estados Membros, através do Conselho de Ministros, continuaria incontornável nos processos decisórios em matéria de desenvolvimento territorial, forçando a Comissão a adoptar posições que mantivessem a concórdia geral[84].

---

[81] Por exemplo, a questão da repartição dos financiamentos dos projectos entre a UE e o Estado suscita diversas interpretações do conceito de adicionalidade.

[82] O Fundo de Coesão destina-se a investimentos nas áreas do transporte e do ambiente a serem realizados nas regiões que apresentem um PIB per capita inferior a 90% à média comunitária.

[83] De referir ainda que o Tratado de Maastricht instituiu ainda o Fundo Europeu de Investimento – linha de crédito organicamente ligada ao BEI e que pretende facilitar o financiamento de projectos em regiões desfavorecidas e que envolvem um risco financeiro significativo.

[84] Como exemplo, veja-se o caso do estudo Europe 2000, publicado em 1991. Os ministros que detinham a tutela do desenvolvimento regional, pediram à Comissão para esta elaborar um documento que, na ausência de uma política de ordenamento, esboçasse

No seguimento do Tratado de Maastricht, a Comissão Europeia, condicionada pela preocupação em dar continuidade ao Acto Único e responder às questões levantadas pela UEM, apresentou o documento *Do Acto Único ao Pós-Maastricht: os Meios para Realizar as Nossas Ambições*, o qual viria a ser conhecido por Pacote Delors II. O documento incidia, entre outros temas, sobre as questões relativas às políticas de solidariedade para com os Estados Membros menos desenvolvidos, no âmbito do princípio da Coesão Económica e Social[85].

O Tratado de Maastricht reacendeu as inspirações de cariz federalista patentes na emergência do debate sobre a viabilidade de uma Europa das Regiões. E a política regional constituía um fórum por excelência para discutir as modalidades de implantação daquele desígnio. Defendido pela Comissão Europeia e pelo Parlamento Europeu – instâncias comunitárias de carácter supranacional –, o modelo de governança multi-nível consistia

---

aquilo que poderia ser uma perspectiva comunitária sobre este tema. Pretendia-se construir um quadro de referência comunitário, reunindo informações sobre as diversas unidades geográficas europeias. Todavia, ao invés de indiciar a emergência de uma lógica supranacional, o estudo evitava discutir concretamente o que significaria a noção de ordenamento territorial do espaço europeu. Em vez disso, enfatizava a importância da cooperação entre os Estados na promoção de uma lógica de desenvolvimento. Assim, declara Bruce Millan : «Evidentemente, a Comissão não tem a intenção de assumir as funções de planificação que são exercidas legitimamente e muito eficazmente no interior dos Estados Membros, seja a nível nacional, regional ou local» (cit. in Husson, 2002 : 48).

[85] Na realidade, o Pacote Delors II pretendia, basicamente, reforçar as dotações financeiras dos Fundos Estruturais, sobretudo no que concerne às regiões de Objectivo nº 1. A criação do Fundo de Coesão que beneficiaria apenas Portugal, Espanha, Irlanda e Grécia, colocou estes países numa posição muito favorável, na medida em que, para além do reforço financeiro decorrente do estatuto de regiões de Objectivo nº 1, viria duplicar a dotação financeira global com fins estruturais. Portugal, assumindo, no primeiro semestre de 1992, a presidência da UE, exerceu especial pressão, no sentido de fazer aprovar pela Comissão o Pacote Delors II e uma nova reforma dos Fundos Estruturais que aquele documento já esboçava. Foi neste sentido que, logo em 1991, na preparação da presidência, o Ministério do Planeamento e Administração do Território organizou o seminário Fundos Estruturais – Que Futuro? O debate realizado centrou-se em redor de dois temas relacionados: o facto de que a UEM iria produzir diferentes impactos nas economias regionais, as quais deveriam ser alvo de uma política de solidariedade e o facto de que a integração na UEM, dependente da convergência nominal e da redução do défice orçamental, iria gerar maiores dificuldades no cumprimento da comparticipação pública nacional aos investimentos co-financiados, pelo que se preconizava uma revisão das regras de funcionamento introduzidas pela Reforma de 1988.

na estratégia mais adequada para relativizar o peso dos Estados e das administrações nacionais, ao reconhecer os actores subnacionais como parceiros do projecto europeu. Relembre-se que o modelo de governança multi-nível teoricamente não assume como princípio que os Estados terão uma importância menor, mas sugere que a complexa interdependência entre actores constrange o exercício do poder e que isso deverá favorecer a valorização dos níveis de governo subnacionais.

O compromisso que daqui resultaria seria a admissão das ambições destes actores como dimensões estruturantes da política regional. Assim sendo, os renovados princípios que passariam a guiar a política regional (como por exemplo, a parceria e a subsidiariedade), assim como a criação do Comité das Regiões, seriam orientados, no sentido da instauração de um modelo de governança multi-nível, assim como de uma noção de capitalismo regulado. Refira-se aqui que a ideia de capitalismo regulado consiste teoricamente no modelo de sociedade e de desenvolvimento proposto pelas reformas dos fundos estruturais de Delors. De acordo com este modelo, o mercado único deve ser regulado para garantir o respeito pelos valores da parceria, solidariedade e diálogo. Mas até que ponto se poderia exercer essa função de regulação nunca chegou a ser uma questão consensual (Hooghe, 1998).

A Europa das Regiões significaria, na visão de Delors, o envolvimento participativo das "forces vives" da Europa, isto é, dos poderes e entidades locais e regionais. A reforma dos fundos estruturais deveria, por isso, conduzir à real atenuação das disparidades territoriais, à interiorização do princípio de solidariedade, à constituição de estruturas de co-decisão e de "problem-solving", e, ainda, à reformulação do papel dos governos nacionais no sentido de incluir os poderes subnacionais nas suas estruturas de decisão.

De facto, a política de coesão passa a pautar-se explicitamente por três objectivos para além da redução das disparidades territoriais. O desenvolvimento de redes "self-governing" é um dos objectivos. Este requer que o Estado encoraje os grupos sociais organizados para a mobilização de recursos endógenos. Um segundo objectivo consistiria na manutenção da aliança conceptual entre capitalismo regulado e solidariedade activa, a qual pretendia produzir a legitimação necessária às políticas de mercado adoptadas. O terceiro objectivo – e simultaneamente corolário – consiste na criação e consolidação de um sistema político multi-nível (Hooghe, 1998). Trata-se aqui da rejeição de uma governação centrada unicamente no Estado, mediante a promoção da participação dos poderes subnacionais nos processos decisórios.

A reconstrução da arquitectura política da UE fez com que o conceito de governança, tal como foi desenvolvido nos domínios das Relações Internacionais e da Política Comparada, assumisse, pois, um novo protagonismo: «a agenda da governança nas Relações Internacionais centra-se na reestruturação do comportamento do Estado através de instituições internacionais. Os regimes internacionais desempenham um papel de liderança na explanação da cooperação entre actores. No domínio da política comparada, o conceito de governança é uma resposta à crescente segmentação da sociedade e do Estado, enquanto resultado de dinâmicas sócio-económicas. A crescente autonomia dos actores sociais e a crescente complexidade das constelações de actores, atraíram a atenção de grande parte da literatura sobre 'policy networks', governos subnacionais e sistemas de negociação que privaram o Estado da sua posição peremptória» (Eising; Kolher-Koch, 1999: 4). De modo concordante, Hooghe e Marks (2001), explorando os caminhos e as razões para os processos de descentralização e de capacitação dos poderes subnacionais, procuram estabelecer um enquadramento teórico capaz de explicar o surgimento e a disseminação do modelo de governança multi-nível.

No próximo ponto, procurará analisar-se a forma como dois importantes desenvolvimentos da política regional contribuíram, ou não, para a instauração de uma governança multi-nível conducente à afirmação dos poderes infranacionais públicos. A ideia a verificar é se o envolvimento do Poder Local no projecto europeu, pela mão de algumas das propostas do modelo de governança, permite e conduz a uma efectiva socialização política e a uma real e participada integração europeia.

3.4.1. A subsidariedade
Uma das mais importantes propostas consistiu na introdução do princípio de subsidariedade. Subsidariedade é, hoje em dia, uma palavra de ordem da vida política contemporânea. Constitui o instrumento por excelência da territorialização das políticas públicas – modelo de acção pública que tende a instituir um regime de governança, pelo qual a Europa se poderia afirmar como ordem política supranacional, e em função do qual os Estados recuam como princípio único de organização social.

A noção surgiu, em primeiro lugar, como solução para a complexa delimitação e equilíbrio de competências entre instâncias comunitárias, Estados Membros e, posteriormente, entidades subnacionais (Marcou, 1993). Assim sendo, ela apresenta uma polissemia não negligenciável. Tem-se assumido, por isso, como um recurso fortemente contestado e negociado entre uma míriade de configurações de actores (Smith, 1997: 279): «a subsidariedade dá oportunidade de se abrir, como enquadramento vago, a múltiplas interpretações cognitivas e operacionais sobre o seu conteúdo prático». Como Peter Haas evidenciou no campo das Relações Internacionais, «por serem de culturas políticas e estratégicas diversas, os parceiros são levados a 'inventar' as regras de linguagem partilhadas que servem tanto de base para a formação de consenso como de conflitos. Assim, a subsidariedade em acção é, simultaneamente, uma forma de redução de incertezas, pelo quadro que fixa, como também é fonte de novas incertezas, dadas as práticas divergentes que assume em seu nome» (Négrier, 1997: 255).

A ambiguidade do seu significado faz com que o princípio falhe a sua missão de directriz comunitária. No domínio da acção pública, ele actua mais como um indutor de incerteza não estruturada (Thoenig, 1996), no sentido de as suas regras não serem claras ou suficientes, o que deixa uma margem de manobra significativa para a produção de interpretações conflituantes. Logo, o apelo à subsidariedade pode ser analisado como um acto de legitimação. Nesta perspectiva, os sistemas políticos usam-no como uma forma de construir relações de poder e dominação. A análise de Smith (v.g., 1997) é especialmente pertinente para ilustrar este ponto de vista. Aqui a subsidariedade é instaurada como jogo comunitário que organiza controvérsias sobre as diferentes formas de interpretação possíveis. O princípio é, por isso, um instrumento de estruturação de conflitos, mas não de resolução destes entre os três actores principais envolvidos (Comissão, Estados Membros, entidades subnacionais).

Para a Comissão Europeia, a introdução do princípio de subsidariedade foi motivada por duas ordens de razões. Do ponto de vista dos fundos estruturais, havia que intensificar a articulação entre as políticas comunitárias. A coordenação estreita entre os diversos pilares de governo evitaria a duplicação desnecessária das acções e do esforço financeiro envolvido. Reconhecido, desta forma, no Tratado, o princípio de subsidariedade «Convida a preservar e a reforçar as competências dos diferentes níveis de poder, para que as decisões sejam tomadas o mais próximo possível dos cidadãos. A Comunidade deve exercer as suas competências apenas quando os objectivos de uma medida não possam ser suficientemente alcançados a nível nacional ou regional. Esta interpretação do princípio deve, pois, constituir um dos pilares principais de todo o processo de integração da União Europeia» (Comité das Regiões, 2000a)[86].

Mas a procura de novas fontes de legitimação é, talvez, a principal motivação para a introdução da ideia de subsidiariedade. Num contexto de recuo do socialismo, de transversalidade do pensamento neo-liberal, de hegemonização do princípio do individualismo como pilar societal, o princípio de subsidiariedade evoca as condições potenciais para a existência de um liberalismo enriquecido por concepções específicas de solidariedade e de participação.

A ambição supranacional da UE implica contornar a função de "gatekeeper" dos Estados e alcançar o público de modo mais efectivo. É precisamente nesta óptica que Smith e Smyrl interpretam o desenvolvimento da política regional como uma «vontade por parte da Comissão de contornar, de uma forma ou de outra, a passagem obrigatória pela administração central dos Estados Membros» (1995: 41-42).

Mas será este contornar do Estado e da administração central realizado predominantemente em função de poderes públicos locais ou incluirá de modo hegemónico actores de outra natureza? Analisando a formação de redes europeias de *expertise*, determinados autores verificam que, ao invés de entrar em contacto com os partidos políticos – mediadores clássicos da democracia representativa –, a Comissão acede à *res publica* local, criando laços estreitos com organizações, públicas ou privadas, susceptíveis de intervir na implementação das políticas comunitárias. Para isso, por exemplo, a Comissão dispõe de programas específicos (Programas de Iniciativa Comunitária) que pode utilizar para, em nome do princípio da subsidiariedade, financiar redes de *expertise*, compostas por aquelas organizações civis, que contribuam para a criação e implementação de medidas de desenvolvimento local. O princípio de subsidiariedade, associado a um modelo de governança que, correspondendo às reconfigurações neoliberais de um Estado

---

[86] Assume-se, pois, normalmente, que a subsidiariedade se refere à clara definição de competências de cada pilar de governo. Mas Landy e Teles (2001: 414) argumentam que «o problema das relações intergovernamentais não é de descobrir quais é que são as questões que são intrinsecamente locais, nacionais ou supra-nacionais, mas sim um de coordenação do envolvimento dos diferentes actores em assuntos de interesse comum». Assim sendo os autores propõem a substituição da noção de subsidiariedade pela de mutualidade, já que esta não se restringe à ideia de simples devolução de competências.

concentrado em funções de regulação, abrangerá, por conseguinte, quer actores públicos, quer actores privados. São estas redes que, por seu turno, se assumem, pois, como importantes interlocutores da Comissão em relação ao local. A sua importância para a Comissão cresce ainda mais quando se observa que o processo de integração europeia privilegia muito mais a criação destas redes e organizações do que a transformação dos enquadramentos institucionais dos Estados.

De facto, referindo-se originariamente às relações entre os Estados Membros e as instâncias europeias[87], o princípio de subsidiariedade não tem introduzido importantes alterações nos padrões de interacção política vigentes ao nível nacional. Os Estados continuam a deter a primazia da aplicação do princípio de subsidiariedade relativamente aos poderes subnacionais. Aliás, a possibilidade de restringir a acção da Comissão constituiu precisamente a principal razão pela qual os Estados Membros apoiaram a sua introdução.

Enquanto princípio organizador do político, a subsidiariedade poderá, teoricamente, prefigurar a emergência de um novo sistema político. No entanto, diversos estudos (dos quais destacamos os de E. Négrier e de Eveline Ritaine sobre a Europa do Sul) demonstram claramente que o princípio é interpretado de modos muito diferentes nos diversos regimes políticos que compõem a UE. A subsidiariedade surge, assim, como um princípio de "geometria variável".

Numa óptica substancialista, verificamos também que o princípio é intrinsecamente político e que, no que toca às práticas por ele suscitadas, permite realizar uma distinção analítica entre duas categorias de sistema político. Por um lado, «aqueles que, com características culturais, sociais, económicas ou religiosas, possuem uma capacidade superior para concretizar a subsidiariedade em acção». Por outro lado, «aqueles que são dotados de traços (hierárquicos, por exemplo) que os torna inadequados às virtudes da subsidiariedade» (Faure, Négrier e Smith, 1997: 12 ss.).

Do ponto de vista subnacional, por exemplo, encontram-se entidades políticas infra-nacionais, regionais ou locais, que são ardentes defensoras da subsidiariedade. Elas estão numa posição desconfortável, na medida em que são directamente afectadas pelas políticas europeias, não possuem nenhum acesso directo ao poder de decisão europeu e têm cada vez maior dificuldade

---

[87] De acordo com Pastorel (1993), o art. 3ºb do Tratado de Maastricht que incide sobre o princípio de subsidiariedade, tem por objectivo principal o reforço dos estados e não dos poderes sub-nacionais.

em manter o seu poder de influência política pelas vias nacionais (Kohler--Koch, 1995: 12). Mais fragilizados ainda estão os poderes locais que se inserem em Estados cuja cultura político-administrativa não favoreceu a sua autonomia. Nestes casos (como é o de Portugal), observa-se que a introdução dos fundos estruturais continua a realizar-se em benefício das instituições clássicas (nomeadamente o Estado), o que gera novas dependências.

Quer no que diga respeito a entidades da sociedade civil, quer no que se refere ao Poder Local, a subsidiariedade permanece como "contested policy", enquadrada em termos comunitários, mas negociada caso a caso. Por exemplo, no caso das redes de *expertise* de intervenção local, estudadas por Guérin em França, observa-se que o Poder Local as utiliza enquanto instrumentos de complexas estratégias de valorização dos seus territórios, e não tanto como princípio estruturante da sua acção. O princípio de subsidariedade tende, então, a reduzir-se a acções locais que procuram, nomeadamente, complementar a fraca intervenção do Estado – o que é especialmente visível no domínio do social.

Globalmente, o que a reflexão académica tem constatado é que a conversão à Europa através da subsidiariedade para estes actores é racional e pragmática. Trata-se de uma aculturação à Europa que se liga menos à constituição de novos sistemas de acção, do que à incorporação no sistema existente "daquilo que se deseja da Europa" para aparecer em Bruxelas como um parceiro fiável (Mathiot, 1998: 88).

Neste ponto, de facto, somos confrontados com a possibilidade de analisar a subsidariedade como factor de europeização, o que implica observar a forma como a administração nacional se abre aos contributos de potenciais parceiros, respondendo assim ao apelo da Comunidade. No que toca ao sistema político português, a interrogação sobre a aplicabilidade do princípio, sobretudo no que se refere à organização das relações entre Estado e poderes subnacionais, torna-se imperativa[88].

---

[88] A pluralidade de interesses, activada pela subsidiariedade, pode resultar em redes que aumentam a diferenciação da arena pública. Uma estrutura político-administrativa descentralizada reforçaria aquela diferenciação. A partilha de competências com outros actores – embora seja quase inconcebível para os realistas –, é reconhecidamente uma estratégia do Estado para redefinir o seu papel providencial, reforçando o seu papel de regulador. Mas do ponto de vista de um Estado de tradição unitária e napoleónica, a quantidade de novas estruturas e actores não pode aumentar indefinidamente, pois isso congestionaria o espaço público, provocando uma crise de regulação. Marcou (1993) levanta, a propósito do caso francês, esta mesma preocupação em três níveis distintos.

As ameaças à centralidade do Estado são, genericamente, respondidas por novos esforços de recentralização. Mesmo perante os apelos comunitários de descentralização e as pressões das entidades locais e regionais, a recentralização é conseguida. De facto, após a "euroeuforia" dos anos 80, o princípio de subsidariedade perdeu as oportunidades decorrentes da modificação das relações centro-periferia em muitos países (descentralização, regionalização, etc.).

Em contextos onde as lógicas de interacção política e de segmentação social se sobrepõem às persuasões comunitárias, poder-se-á afirmar que, enquanto princípio regulador, a subsidariedade não contribuiu para resolver o problema de competências concorrentes, não abriu outras arenas públicas, nem multiplicou os canais de acesso, mediação e regulação política. Ela constitui um *leitmotiv*, uma fórmula normativa para compreender os fundos estruturais como objectos ao redor dos quais se formam "cooperações antagonistas" entre actores diferentes. Assim, ao mesmo tempo que tal leitura questiona a possibilidade de se instaurar um sistema de governança multinível (Marks *et al.*, 1996), conclui-se que a concretização prática deste princípio raramente coincide na totalidade com a sua definição conceptual.

3.4.2. Comité das regiões: a representação subnacional na europa

A institucionalização dos fóruns de representação subnacional na Europa tem já uma longa história. Este movimento corresponde às ambições das regiões e das autoridades infranacionais de se verem reconhecidas como parceiros e actores de pleno direito no projecto comunitário, malgrado, por vezes, os seus enquadramentos político-institucionais nos respectivos países de origem.

Todas elas partilham entre si a defesa da participação dos territórios infranacionais no processo de integração europeia. Assim, apelando aos ideais federalistas, ou apoiando a emergência de um regionalismo à escala europeia, estes fóruns contribuem para a disseminação no imaginário colectivo do modelo de governança multi-nível, a ser encarnado por uma Europa das Regiões.

Em primeiro lugar, ao nível da possível emergência de um neo-localismo asfixiante, resultante da não aplicação de critérios de eficácia no que diz respeito ao exercício de competências partilhadas ou delegadas. Seguidamente, ao nível da crescente complexidade do corpo administrativo que, em face da interdependência entre múltiplos domínios de intervenção, torna muito difícil a clara repartição de competências (e, consequentemente, a possibilidade de atribuição de responsabilidade). E, em terceiro lugar, ao nível da própria arquitectura jurídica, pela qual o Poder Local e as entidades subnacionais partilham, de modo hierárquico, a administração local com os serviços desconcentrados do Estado.

No entanto, apesar de serem reconhecidos pelas instâncias europeias e nacionais, e embora algumas destas estruturas tenham uma participação activa enquanto consultores da Comunidade, verifica-se que a Europa das Regiões se tem desvanecido da agenda política. As razões para tal facto podem ser encontradas, ainda que de uma forma não sistematizada, no estudo de caso do Comité das Regiões. Um dos motivos prender-se-á com o pendor intergovernamentalista com que alguns Estados Membros e respectivas entidades subnacionais abordam a integração europeia.

O caso de Portugal é particularmente interessante neste ponto. A análise dos diversos fóruns de representação subnacional na Europa vem demonstrar a debilidade da participação portuguesa que tende, frequentemente, a resumir-se a uma presença formal, inócua no sentido de não gerar "inputs" significativos para os territórios que representam, e, tantas vezes, desempenhada pelas estruturas da Administração Central desconcentrada[89].

---

[89] O Conselho dos Municípios e Regiões da Europa (CEMR) foi criado em 1951. Inclui, actualmente, 44 associações de poderes regionais e locais de 31 países europeus. Do ímpeto dos seus esforços foram sendo criadas outras estruturas, tais como a Conferência Permanente das Autoridades Locais e Regionais da Europa (Conselho da Europa) e o Conselho Consultivo das Autoridades Locais e Regionais (Comunidade Europeia). O Conselho esteve na origem da Carta Europeia para o Governo/Autonomia Local que, posteriormente, foi perfilhada pelo Conselho da Europa. Participou igualmente na elaboração da Carta Europeia para o Governo/Autonomia Regional, a qual foi adoptada pelo Congresso das Autoridades Locais e Regionais da Europa. O parceiro português é a Associação Nacional de Municípios. A Conferência das Regiões Periféricas e Marítimas da Europa (CPMR) foi instituída em 1973. A sua actividade é regida pela necessidade de potenciar os recursos das zonas marítimas, reforçando a dimensão atlântica da Europa, de despertar as consciências para a necessidade de combater disparidades territoriais em termos de competitividade, e pelo imperativo de envolver o nível regional no processo de integração europeia. Os membros portugueses inscritos são apenas as regiões autónomas da Madeira e dos Açores, e as regiões administrativas do Centro, do Alentejo e do Algarve. Também na Conferência das Autoridades Locais e Regionais da Europa (CALRE), a presença portuguesa é exígua. Trata-se de uma organização destinada a Estados federados ou semi-federados. É composta por 74 regiões de 8 países detentoras de parlamentos com poder legislativo. Assim sendo, a participação portuguesa resume-se às regiões autónomas dos Açores e da Madeira. Criada em 1985, a Assembleia das Regiões da Europa (ARE), destina-se a reunir as regiões de forma a reforçar a sua participação e inclusão nos processos de integração comunitária. É composta por 250 regiões e por organizações interregionais. Os participantes portugueses são somente as regiões autónomas dos Açores e da Madeira, e as regiões continentais do Alentejo e do Norte. Estas duas últimas regiões são representadas pelas respectivas Comissões de Coordenação e Desenvolvimento Regional (CCDRs).

A motivação para construir ou participar em formas de representação subnacional junto às instâncias europeias depende, simultaneamente, das condições materiais que viabilizam tal esforço, e/ou da percepção e da convicção dos actores, de acordo com a qual a representação trará benefícios dificilmente alcançáveis de outra forma. A existência de conflitos entre os diversos níveis de governo, sendo uma característica dos modelos de governança multi-nivel, constitui outra motivação para a representação subnacional: os governos infra-nacionais podem mobilizar-se em Bruxelas para responder a diferenças de interesses, ou mesmo identidades, que possam vir a ocorrer entre os seus territórios de representação e os respectivos Estados (Marks, *et al*, 1996).

Outra ideia forte é a de que a representação subnacional proporcionará benefícios que resultarão de uma aprendizagem cultural, pela qual os actores atribuem valor à arena política onde se pretendem inserir. Por sua vez, tal facto, correspondendo à hipótese de «resource pull» (Marks *et al*, 1996), fundamenta-se numa postura pró-activa das entidades infra-nacionais relativamente ao universo comunitário. O corolário é que serão os territórios que detêm uma cultura associativa mais enraizada, e que são possuidores de maiores graus de autonomia, aqueles que maior probabilidade apresentam de desenvolver tais formas de representação e participação.

Como verificámos a partir dos exemplos de fóruns de representação subnacional apresentados, a participação portuguesa é exígua. Significará tal constatação que as entidades e os poderes subnacionais portugueses não partilham das condições (materiais e culturais) que incentivam o desenvolvimento dessas estratégias de participação e representação. Farelo Lopes (1994: 243 ss.) indica, por exemplo, a título do sector privado que, «As associações de negócios portuguesas – e também os sindicatos – são deficientes em termos da sua coesão interna. Existem facções antagónicas nos sectores industrial e agrícola, que se afastam da Guerra Norte-Sul – a rivalidade entre as associações do Porto e de Lisboa no que diz respeito ao investimento e aos fundos comunitários. As pequenas associações regionais têm dificuldade em denunciar o eixo Porto-Lisboa e argumentam que as organizações de grandes dimensões dessas áreas negligenciam os interesses regionais. Em suma, não há solidariedade entre as organizações de interesses e este faccionalismo cria problemas para o processo de consulta, coordenação e *lobbying* em Bruxelas». Nos casos analisados, os territórios portugueses são, na melhor das hipóteses, incluídos em estruturas já existentes, não desempenhando um papel de liderança nestas estruturas de representação.

Dada a diversidade de experiências de participação, conclui-se, por isso, que «a imagem da mobilização regional (...) é a de uma grande divergência entre governos regionais, ao invés de ser uma de convergência. Há poucas evidências de uma Europa das Regiões neste ponto. Em vez disso, vemos a emergência de uma Europa com Regiões, ou mais precisamente, uma Europa com algumas Regiões. Porque a governança multi-nível na UE engloba territórios com políticas democráticas fortemente contrastantes, sendo a própria noção de território uma fonte potencial de variação nas actividades dos grupos ao nível europeu" (Marks *et al*, 1996: 63).

Para além da afirmação destes fóruns, é a criação do Comité das Regiões que marca, institucionalmente, o reconhecimento da importância dos poderes subnacionais pelas instâncias comunitárias. Enquadrado pelos princípios de acção veiculados pela Comissão no âmbito dos fundos estruturais (dos quais destacamos a subsidiariedade e a parceria), a instituição deste Comité constitui o ponto alto de uma filosofia de carácter neofuncionalista que regeu o destino da UE durante o período Delors.

No que diz respeito ao Comité das Regiões, é de realçar que este surge num tempo marcado pela transferência de competências para órgãos supranacionais, pelo crescente número de actividades lobísticas junto às instâncias europeias e pela criação de redes e alianças transnacionais e transregionais. É neste contexto que as regiões – muito sob a influência dos *Lander* alemães – faziam pressão no sentido de se criar uma Câmara que representasse os interesses subnacionais na Comunidade e que permitisse o envolvimento dos poderes infra-nacionais nos processos de *policy-making* comunitários.

No seio da sua estratégia de afirmação para além dos Estados Membros, a Comissão vê a proposta de um Comité das Regiões como mais um pilar de legitimação. Instituídos, ainda que num plano apenas formal, como interlocutores do desígnio comunitário, os poderes subnacionais poderiam operar como uma plataforma privilegiada de disseminação do projecto europeu junto das populações, contornando os possíveis entraves tradicionalmente colocados pelos Estados.

Todavia, o Comité das Regiões redundou, não num órgão dialogante, com o qual as instâncias comunitárias teriam de negociar, mas num órgão consultivo que produziria pareceres sobre as matérias mais pertinentes do ponto de vista territorial. Embora este desenvolvimento tenha limitado o poder de influência das autoridades subnacionais, o certo é que, por esta via, a Comunidade ganhou mais um pilar de legitimação sem ser obrigada a acarretar com as consequências de ter que negociar com um actor que lhe colocasse dificuldades de peso. A ousadia de criar um canal de representatividade democrática fora do enquadramento do Estado parece ter ficado para segundo plano.

De qualquer modo, a formação deste órgão permitiria alianças de interesses que poderiam, ou não, colidir com os interesses nacionais veiculados pelos Estados. De facto, no que concerne aos Estados Membros, o Comité das Regiões apresentava-se como uma potencial instância de poder que poderia atrair para fora da sua esfera de influência um pertinente conjunto de competências, nomeadamente, a de representação de interesses internos.

Após a sua institucionalização, o Comité das Regiões procurou afirmar-se como uma importante instância nos processos de *policy-making* comunitários, obviando assim os constrangimentos do seu estatuto de órgão consultivo. Para tal, o Comité tem seguido essencialmente duas estratégias: a possibilidade de alargar as suas competências e uma interpretação alargada do princípio de subsidiariedade (Bourrinet, 1987).

Mas o que se tem vindo a observar é a diluição gradual das expectativas geradas em torno do Comité das Regiões e, consequentemente, da afirmação de uma Europa das Regiões de acordo com um modelo de governança multi-nível. Isto tem, no nosso entender, a ver com duas ordens de razões.

Em primeiro lugar, salientamos que uma mera actividade consultiva não é condição suficiente para a afirmação autónoma dos interesses das autoridades subnacionais. O elevado número de pareceres produzidos pelo Comité apenas poderia significar o seu sucesso, se aqueles tivessem alguma influência sobre o processo de *policy-making* comunitário. A razão mais evidente é que o Comité não tem autoridade formal. Este obstáculo não foi, entretanto, ultrapassado, porque o Comité é composto por membros muito diversos entre si. A noção de "região" aqui encontrada é muito ambígua, pois somos confrontados com territórios definidos a partir de diferentes parâmetros (por exemplo, descentralização do Estado; identidade cultural, etc.). Existem, pois, profundas clivagens entre as regiões que compõem o Comité, consoante o facto de serem do Norte ou do Sul da Europa, de serem ricas ou pobres, de terem uma escala mais regional ou local, de pertencerem a Estados unitários ou federais... Assim sendo, as opiniões produzidas pelo Comité reflectem o mínimo denominador comum entre os seus membros.

Uma segunda ordem de razões refere-se, não tanto ao facto de o Comité ser "pouco transnacional", mas sim ao facto de ser demasiadamente "nacionalizado". Tal significa que, em face da primazia do enquadramento nacional no que diz respeito à participação dos poderes subnacionais na Comunidade, a actuação do Comité das Regiões tende a restringir-se ao conceito de representação dos próprios Estados Membros. Logo, o Comité reconfigurou-se num órgão de representantes dos Estados. Para alguns autores, Christiansen (1996) por exemplo,o processo de nacionalização do Comité prende-se com o facto de a regionalização e da descentralização terem sido, nalguns países, estratégias que moldam os territórios como instrumentos para que o Estado se possa adaptar a novas realidades. Por outro lado, a "socialização burocrática", ou seja, o poder da sedimentação das tradições políticas nacionais faz com que, devido à lealdade, às práticas e aos enquadramentos legais, os deputados tendam a formar "delegações nacionais" que veiculam os 'interesses nacionais'. Assim, e indo ao encontro da perspectiva intergovernamentalista, os representantes no Comité tendem a actuar como "diplomatas acreditados" do interesse nacional, o que resulta na supremacia das administrações nacionais sobre a burocracia supranacional e sobre os interesses infranacionais. Esta leitura choca, pois, com a interpretação dos defensores da governança, para quem o Comité deveria funcionar como o espaço privilegiado de regulação e cooperação europeia.

O confronto entre as racionalidades comunitária e nacional e a pretensão de "nacionalizar" o Comité das Regiões, são bem visíveis no caso português. A inexistência de efectivos processos de descentralização reflectiu-se nas relações que a administração e o governo português mantinham com as instâncias comunitárias. Um exemplo ilustrativo deste confronto, foi protagonizado precisamente pelo Comité das Regiões, o qual inclui, segundo os estatutos, apenas representantes eleitos das colectividades locais.

Não dispondo de regiões (com a excepção das regiões autónomas dos Açores e da Madeira), e não sendo os autarcas suficientemente representativos, em termos de território e de população, o governo português pretendeu nomear os Presidentes das Comissões de Coordenação e Desenvolvimento Regional (CCDRs), juntamente com alguns autarcas e com os Presidentes dos governos das Regiões Autónomas. No entanto, não obteve ganho de causa, pois o Comité e a Comissão Europeia consideraram que essas personalidades não eram eleitas e sim nomeadas pelo executivo. Após um atribulado processo negocial, ficou assente que os representantes portugueses seriam compostos por 10 Presidentes de Câmaras do Continente e pelos dois Presidentes dos governos regionais. Nas palavras de um actor português que desempenhou as funções de eurodeputado:

> *Há dez anos, quando o Tratado de Maastricht foi aprovado, criou-se um órgão novo que é o Comité das Regiões, onde só podem estar eleitos regionais ou locais. Portanto, passou a haver um órgão que tem exactamente essa competência, que é o dialogante do Poder Local. O PE [Parlamento Europeu] é muito aberto à descentralização e à regionalização. Trabalhamos muito mais numa escala regional do que se trabalha... Portugal, como não tem regiões... Nós trabalhamos com uma ficção que são as CCDRs que depois são representadas por Presidentes de Câmara. É assim uma coisa... que não... Tirando a Madeira e os Açores, não temos regiões fortes em Portugal. Portanto, os nossos parceiros são pessoas muito representativas – porque foram eleitas a nível local – mas que não representam a região, porque não existe a região. Só existe a região como órgão desconcentrado do Estado a nível regional. Agora, as grandes decisões que nós tomamos são sempre tomadas a nível regional* (Entrevista 11).

3.5. Os dilemas: entre a convergência e a divergência ou a fragilidade da europa das regiões

O Pacote Delors II foi aprovado pela Cimeira de Edimburgo em 1992. Procedeu-se, então, à institucionalização progressiva do Fundo de Coesão e à revisão detalhada do regulamento dos instrumentos financeiros da política regional comunitária[90], cujos princípios basilares, acordados em 1988, se mantiveram na sua generalidade.

Em Março de 1999, o Conselho de Berlim deu o seu acordo a um novo quadro de referência das políticas da UE para o período de 2000-2006. No que se refere aos fundos estruturais, o documento, conhecido pela designação de Agenda 2000, previa um reforço de eficácia daqueles fundos, através de uma maior concentração temática e geográfica ao redor de três objectivos: I – Regiões menos desenvolvidas; II – Regiões em conversão; III – Educação, formação e emprego. Por seu turno, o regulamento dos Fundos

---

[90] De um modo genérico, foi aprovado, nessa Cimeira, a simplificação dos procedimentos administrativos e burocráticos, o aumento em 56% até 1997 da dotação financeira dos Fundos Estruturais para as regiões do Objectivo nº 1, a redução para um tecto máximo de 10% do orçamento dos Fundos destinados às iniciativas comunitárias, a criação do Fundo de Coesão com uma taxa de co-financiamento entre 80 a 85%, bem como a fixação das taxas de co-financiamento dos Fundos Estruturais de acordo com a prosperidade relativa de cada Estado Membro.

Estruturais e do Fundo de Coesão permaneceu basicamente idêntico ao que foi estabelecido com Pacote Delors II[91].

---

[91] Há, contudo, algumas alterações a registar. De um modo sumário, no que diz respeito ao Objectivo nº 1, a principal modificação verificou-se no método utilizado pela Comissão Europeia para seleccionar e definir as regiões abrangidas por este objectivo. De facto, se até 1999, a lista exaustiva das regiões elegíveis, elaborada pela Comissão, podia ser revista, a partir desse momento ela passa a ter um carácter definitivo, não podendo ser alterada. No que concerne à cobertura da população comunitária pelo Objectivo nº 1, assistiu-se à sua redução significativa, na medida em que de uma cobertura de 26,6%, observada no período de 1994-1999 (aumento significativo, justificado pela inclusão dos Lander alemães), passou-se para uma cobertura total de 22,2%. Refira-se também a redução progressiva das iniciativas comunitárias que, de um total de 15, entre 1989 e 1993, passou para 13 no período de 1994 – 1999, e, actualmente, para 4. Esta redução insere-se no espírito do princípio de subsidiariedade estabelecido entre as várias políticas comunitárias. De mencionar apenas, o alargamento do conceito de parceiro aos agentes económicos e sociais, os quais passariam, teoricamente, a participar, tanto da definição da estratégia de desenvolvimento, como do acompanhamento da execução do QCA. Esta participação seria enquadrada, não de acordo com as regras comunitárias, mas sim segundo os modelos institucionais de cada Estado Membro, o que conduz a uma grande diversidade de experiências nacionais e regionais de desenvolvimento: «As regiões belgas estão num dos extremos do *continuum*. Elas lidam directamente, sem supervisão federal, com a Comissão Europeia (...). No outro extremo do *continuum*, Grécia, Irlanda e Portugal não têm um pilar regional eleito. Nestes três casos, a Comissão Europeia pressiona, em nome da parceria, para uma maior participação dos actores locais e regionais e para uma maior descentralização» (Hooghe e Keating, 1994: 381-382). Por outro lado, a necessidade de reduzir o peso burocrático do aparelho administrativo que enquadra a política regional comunitária, foi também estabelecida, em termos formais, mediante a instituição do QCA como documento único. No entanto, «A aplicação pela Comissão desta disposição (...) acabou por não ser uniforme, considerando o executivo comunitário que só deveria adoptar documentos únicos de programação nos casos em que os montantes envolvidos fossem pouco elevados; trata-se de um tratamento objectivamente discriminatório em prejuízo dos países mais pobres, cuja justificação – os recursos financeiros envolvidos – parece pouco consistente.» (Pires, 1998: 150). No que diz respeito aos princípios basilares, refira-se que o princípio de parceria assistiu ao alargamento da base de concertação, agora composta pela Comissão, pelo Estado Membro, por autoridades regionais e locais, incluindo as autoridades ambientais, e por parceiros económicos e sociais, para além de outras entidades competentes em matérias de interesse comunitário (como, por exemplo, ambiente e igualdade entre homens e mulheres). A introdução do princípio de eficácia que, anteriormente, não apresentava disposições específicas sobre as responsabilidades dos Estados Membros, constituiu uma modificação significativa. De acordo com este princípio, é o Estado Membro que deverá assumir a responsabilidade geral pela execução e o acompanhamento, bem como pela eficácia das intervenções realizadas. Tal

As orientações estabelecidas para esse período visavam auxiliar os Estados Membros na elaboração dos documentos de programação dos investimentos dos fundos estruturais em coordenação com o Fundo de Coesão. Logo, a responsabilidade pela definição das estratégias de desenvolvimento continuou nas mãos dos Estados Membros.

Posteriormente, em 2001, foi apresentado no fórum do Parlamento Europeu, o segundo relatório sobre a coesão económica e social – *Unidade da Europa, solidariedade dos povos, diversidade dos territórios*. Sob a perspectiva do alargamento aos países da Europa do Centro e do Leste, o estudo acrescenta claramente à díade coesão económica e social, a dimensão territorial: «as disparidades na União reflectem uma realidade mais complexa do que aquela referente às diferenças de rendimento ou de emprego entre as regiões. Esta realidade afecta o potencial de desenvolvimento e está implícita no artigo 158º do tratado, o qual menciona a necessidade de promover um desenvolvimento harmonioso no conjunto da União».

A principal conclusão a ser retirada deste relatório é a de que um crescimento rápido não conduz necessariamente a uma maior integração regional, nem à redução das desigualdades. A ideia geral é que o desequilíbrio territorial persiste. E persiste, sobretudo, ao nível regional, quer entre Estados diferentes, quer entre regiões de um mesmo país, enquanto que as disparidades entre Estados Membros têm decrescido. Estes dados parecem acusar a existência de um "buraco negro" entre as economias nacionais e as regionais, ao mesmo tempo que confirmam a tendência para uma convergência nominal, em detrimento de uma convergência real.

Como manifestação destes desequilíbrios contínuos, poder-se-á destacar a recuperação desigual das zonas classificadas como sendo de Objectivo nº 1, e a continuidade de um crescimento acentuado no eixo urbano e industrial que atravessa a Europa em diagonal (Comité das Regiões, 2000). No que diz respeito a este último ponto, há que referir que é no eixo central europeu (Inglaterra, Alemanha, França, Suíça, Itália, Holanda, Bélgica etc.) onde se localizam as regiões de maior densidade populacional e economicamente mais activas. Neste âmbito, Ammon (1996), vem argumentar que

---

corresponde, efectivamente, à prossecução do objectivo de racionalização em que a metodologia adoptada consiste numa crescente responsabilização dos Estados Membros que se, por um lado, vêem o seu poder de intervenção e de definição reforçado, mediante o princípio de parceria, são, por outro lado, responsabilizados pela boa implementação dos programas.

a intensificação da competição socio-económica acarreta novos problemas no que se refere ao posicionamento das regiões e dos países relativamente a este eixo central[92].

No decorrer dos anos 90, assistiu-se ao declínio do modelo de capitalismo regulado que a era Delors defendeu, e ao aumento das pressões sobre a noção de coesão social e económica. Fortes restrições orçamentais levam a que os governos nacionais reduzam a despesa pública para cumprir os critérios do Pacto de Estabilidade. No plano europeu, igualmente, as relações entre países contribuintes e países beneficiários entram num estado de tensão. Por outro lado, a persistência das assimetrias territoriais e os princípios avançados por Maastricht não parecem ter contribuído significativamente para a sua diminuição. Por fim, o fortalecimento do princípio neo-liberal do mercado conduz a que a política de coesão seja reformulada em termos de competitividade regional e territorial.

Todos estes factores produziram uma situação de "disfuncionalidade política" (Hooghe, 1998). Na ausência de um destino comum e de uma identidade colectiva, a UE só pode adquirir legitimidade se conseguir responder a interesses comuns. A legitimidade comunitária continua, pois, a ter uma base utilitária (por exemplo, a política comunitária é mais eficaz do que as medidas nacionais), e não afectiva. Logo, num momento de tensão sobre uma política de coesão social e económica, esta tende a ser repensada para

---

[92] Em face deste cenário, o projecto de orientações para o período 2000-2006, no âmbito das acções inovadoras, estabelece quatro objectivos: 1 – Melhor qualidade das intervenções dos programas operacionais dos objectivos nº 1 e nº 2 que contam com a participação do FEDER; 2 – Desenvolvimento e reforço da parceria regional público--privada, incentivando a mobilização e a participação regional; 3 – Sinergia com outras políticas comunitárias; 4 – Melhor intercâmbio entre regiões e aprendizagem colectiva, fomentando o estabelecimento de redes temáticas e regionais de apoio ao desenvolvimento. Neste sentido, a economia regional assente no conhecimento e na inovação tecnológica, a sociedade da informação e o desenvolvimento regional e a identidade regional, bem como o desenvolvimento sustentável são os três domínios estratégicos definidos. Ainda no âmbito destas novas orientações, a crescente ênfase da dimensão regional leva a que o Comité das Regiões incentive o estabelecimento de contactos directos entre os poderes locais regionais e as instâncias europeias e recomende, no espírito da subsidariedade, que as regiões possam assumir-se como autoridades de gestão, controlo e pagamento dos programas aprovados. No entanto, a preponderância das mediações estatais inibe a capacitação quer das regiões, quer do próprio Comité, o qual deplora o facto de a Comissão se dirigir primordialmente aos Estados Membros e não ao Comité nas questões de desenvolvimento regional.

evitar uma crise de legitimação. É neste âmbito que Sharpf (2000) se propõe analisar as diferenças entre a "integração negativa" (acções de *market building*) e a "integração positiva" (acções de *market correction*), quer dizer, entre o grau de desenvolvimento das políticas europeias relativas ao levantamento das barreiras para a constituição do mercado único e o grau das políticas de natureza social, tendentes a criar uma verdadeira comunidade política, organizada e solidária, na Europa. Isto para concluir que foram essencialmente as primeiras que avançaram, as segundas permanecendo residuais e, por isso, muito contribuindo para o défice de legitimidade instalado na UE.

Um dos resultados destes desenvolvimentos é que a expectativa sobre a instauração de uma Europa das Regiões via governança multi-nível e via princípios de solidariedade e coesão se foi desvanecendo[93].

Do ponto de vista da política regional, observou-se uma constante ausência de ousadia e intencionalidade política que se projectasse a longo prazo. O que se tornava bastante conveniente para os Estados Membros, os quais receavam que aquela intencionalidade se convertesse num ponto de não retorno. Não é de surpreender, por exemplo, a proliferação de revisões de Tratados, derrogações e outros actos normativos, ou o amontoado de propostas e consultas a parceiros que raramente se concretizam de facto[94].

---

[93] A teoria neofuncionalista sobre a integração europeia, por exemplo, nunca visou explicitamente o território. Mas a sua aplicação à política regional significaria admitir a emergência de processos de *spillovers* funcionais de uma área para outra. Estes *spillovers*, por sua vez, criariam uma dinâmica que, gradualmente, tornaria obsoletas as tradicionais formas de autoridade e poder, nomeadamente o Estado, fomentando o surgimento de uma Europa das Regiões. Tal não aconteceu. As razões apontadas para isto são as de que «os governos nacionais retiveram um elevado grau de influência na política; e o input regional foi fragmentado e funcionalmente limitado. Os *spillovers* da política regional/ /estrutural em outros domínios políticos foram restritos. Apesar de haver algum debate sobre a reorganização das estruturas institucionais regionais em alguns Estados para melhor aproveitarem os fundos, a sua dimensão não justifica tal esforço. O recuo modesto da Comissão, na revisão de 1993, da política de coesão parece evidenciar o possível retorno dos Estados Membros. Os Estados nacionais ainda são os principais organizadores do processo de *policy-making*, o que apoia o modelo intergovernamental aplicado ao *policy-making* comunitário» (Hooghe e Keating, 1994: 384). Os mesmos autores argumentam também que a política regional não pode ser reduzida a um mero 'construct' intergovernamental, na medida em que se insere em tendências de fundo incontornáveis, nomeadamente a emergência das regiões como actores de pleno direito da nova economia política internacional e do debate sobre o regionalismo a nível europeu e nacional.

[94] Exemplo disso mesmo será o Esquema de Desenvolvimento do Espaço Comunitário (EDEC), documento sobre o ordenamento do território europeu que analisa as

A dimensão territorial, na realidade, confrontava-se com inúmeras dificuldades advindas, quer da persistência de modelos político-administrativos díspares – sintoma da ausência de compatibilização entre as culturas políticas nacionais e o universo da UE –, quer da fragilidade do próprio institucionalismo comunitário, como foi exemplificado pelo caso do Comité das Regiões.

Um outro ponto de tensão concerne precisamente à ideia fundadora da convergência. O objectivo económico da UE parece, assim, ainda associado ao pensamento económico neoclássico que postula que as regiões no seio de uma área economicamente integrada, tendem a convergir para um nível comum de rendimento *per capita*.

No que diz respeito às assumpções sobre a convergência, as ambições adstritas à política regional baseiam-se em expectativas contraditórias. De facto, a política regional continua a debater-se com um importante dilema: igualdade/coesão social e económica dos territórios ou eficiência económica?

A resposta formal parece ter sido no sentido de apoiar a igualdade (competitiva) dos territórios. Todavia, as teorias contemporâneas da geografia económica e do crescimento endógeno têm avançado com problematizações que revelam o carácter intrinsecamente complexo e mesmo paradoxal da política regional. Recordando mais uma vez o facto de as disparidades entre países estarem a diminuir, ao contrário do que sucede com os desequilíbrios entre as regiões, verifica-se que o impacto da política regional é bastante diferenciado e que as desigualdades regionais podem gerar inclusivamente efeitos positivos, sobretudo em termos do crescimento nacional. Martin (1999: 14 ss.) é dos autores que alerta para o facto, segundo o qual «entre o grupo dos países da coesão (...), os dois países que atingiram uma taxa mais elevada de crescimento e que convergiram, ao nível do rendimento *per capita*, em relação ao resto da Europa (Portugal e Espanha), experienciaram também a mais marcada divergência regional, sendo Portugal o país que apre-

---

disparidades territoriais e preconiza um desenvolvimento policêntrico da Europa. O caso do EDEC é extremamente interessante para ilustrar as dificuldades e hesitações da UE em assumir plenamente a dimensão territorial do desenvolvimento como sua área de intervenção. No documento de síntese é possível ler o seguinte: «Embora não justifique novas competências comunitárias em matéria de ordenamento do território, o Esquema de Desenvolvimento do Espaço Comunitário (EDEC) constituiu um quadro de orientação política a fim de melhorar a cooperação das políticas sectoriais comunitárias que possuem um impacto significativo no território (...). Trata-se de um documento de natureza intergovernamental, indicativo e não obrigatório».

sentou o maior aumento das desigualdades regionais (...). Neven e Gouyette (1994), contudo, argumentam que, durante o período mais recente, com início dos anos 80, o qual testemunhou significativos avanços na integração europeia, tem surgido um processo de divergência entre as regiões do Norte e do Sul. Para além disso, mesmo uma lenta e a longo prazo convergência a nível europeu pode mascarar um processo de divergência regional no seio dos países. (...) Logo, os diferenciais do rendimento *per capita*, durante os anos 80 e os anos 90, diminuiram entre países, mas aprofundaram-se entre as regiões de Estados individuais. Tal sugere que a Europa está a experienciar simultaneamente um processo de convergência entre países e um de divergência entre as regiões de países individuais.».

Ou seja, a prioridade dada à convergência entre os Estados Membros implica dar prioridade à taxa de crescimento dos países, o que tem, até agora, sido conseguido à custa de desequilíbrios regionais. Esta tem sido a estratégia da convergência nominal, fruto de uma abordagem universalista ao desenvolvimento. Se a opção política for pela harmonização dos níveis de desenvolvimento das regiões, há que dar prioridade ao crescimento das regiões desfavorecidas no seio de um país e pugnar por uma convergência real dos territórios.

A política regional comunitária tem defendido o reforço da competitividade e do crescimento, numa perspectiva a longo prazo, das regiões mais desfavorecidas como o seu principal objectivo. Nesta perspectiva, a UE recusa classificá-la como uma política redistributiva. No entanto, em face do exposto e perante a permanência e os agravamentos das desigualdades territoriais, conclui-se que, até então, os efeitos redistributivos da política regional foram bem mais visíveis e significativos do que as mudanças ao nível das dinâmicas económicas e sociais que era suposta gerar.

CAPÍTULO 4

O CASO PORTUGUÊS:
AS RECONFIGURAÇÕES POLÍTICO-INSTITUCIONAIS
NO SEIO DE HERANÇAS PESADAS

Introdução

A política regional comunitária tem desempenhado, para o conjunto dos Estados Membros, um papel crucial na sua reestruturação administrativa e na promoção dos níveis subnacionais de governo. Como foi sobejamente referenciado, os modelos comunitários de acção pública afectam substancialmente a estrutura institucional nacional, ao requererem o alargamento dos processos de *policy-making* a outros actores, sobretudo ao nível dos poderes subnacionais (Gettimis e Paraskevopolos, 2002).

Por conseguinte, há que suscitar a interrogação sobre o grau de envolvimento ou de mobilização subnacional no projecto europeu (Hooghe, 1995). Tal significa que é imperativo conhecer a natureza da europeização dos actores subnacionais. O conceito de europeização aqui utilizado baseia-se na discussão realizada por Peter John (2001) em torno de tal processo. Para este autor, a «europeização pode ser definida como o conjunto de processos que vão desde uma maior consciência sobre a legislação europeia, de uma maior vontade para procurar financiamento europeu, até ao estabelecimento de redes com outras autoridades locais e *experts* europeus, à realização de *lobbying* directo junto das instituições europeias e à influência das ideias comunitárias sobre o *policy-making* sub-nacional» (John, 2001: 133).

De facto, ao contrário de Lawton (1999), para quem a europeização consiste na transferência *de jure* da soberania nacional para um nível europeu (sendo a noção de "europeificação" a mera partilha efectiva de poder entre governos nacionais e a UE), aproximamo-nos deste modo da argumentação de Radaelli (2001: 110). Para este, o conceito de europeização refere-se aos «processos de (a) construção, (b) difusão e (c) institucionalização de regras formais e informais, de procedimentos, paradigmas politicos, estilos, 'modos de fazer as coisas' e crenças e normas partilhadas que são, em primeiro lugar, definidas e consolidadas no *policy-making* comunitário e, depois, incorporadas na lógica do discurso doméstico, nas identidades, estruturas políticas e políticas públicas». Esta definição enfatiza a necessária transformação ao nível do comportamento político, compatibilizando-se, consequentemente, com os dados que nos indicam ser a europeização um processo dinâmico, caracterizado por tensões múltiplas e por equilíbrios precários. Kassim (2000: 2 ss.) argumenta inclusivamente que «Se realmente se está a realizar um processo de homogeneização institucional entre os Estados Membros da UE, poder-se-á razoavelmente esperar encontrar evidências disso mesmo nos enquadramentos nacionais que foram criados para gerir as políticas comunitárias. Contudo, uma análise comparativa dos sistemas nacionais não revelou essa tendência (...). Primeiro, apesar de cada um ter adaptado os imperativos da pertença comunitária, permanece a variação e a diversidade dos enquadramentos criados para a coordenação; (....) segundo, não há evidências que comprovem a tendência contrária a este padrão de divergência, nem provas que atestem pressões no sentido de uma maior homogeneidade entre os Estados Membros; (...) terceiro, estas diferenças persistirão provavelmente indefinidamente».

Nos tópicos que se seguem, pretende-se retratar, durante o período em escrutínio, os principais impactos da política regional ao nível da reestruturação institucional do corpo nacional e, sobretudo, no que diz respeito às possibilidades de socialização e de interiorização do universo praxiológico europeu dos poderes subnacionais portugueses.

Uma análise sobre o grau de transformação das práticas nacionais pode ser vista, por exemplo, à luz da teoria neofuncionalista. O sucesso dos processos de *spillover* ao nível administrativo deveria construir uma ligação linear e inequívoca entre os polos supranacional e nacional. Mais: enriquecida com os contributos do Transacionalismo, a ideia de *spillover*, quer de natureza funcional, quer de cariz político, poderá criar certas condições de integração[95] que incluem solidariedades *de facto* para com o novo espaço público e, consequentemente, novos perfis sociológicos de actores. Nesta óptica, «a institucionalização é o processo pelo qual as normas e os procedimentos, ditados pelas organizações respectivas, nos indicam como as expectativas legais-racionais podem ser convertidas em padrões de comportamento, na medida em que, justamente, a norma é também um limite e uma sanção para o comportamento desviante" (Covas, 2002: 146). O que se pretende é

---

[95] O neofuncionalismo de Ernest Haas concilia os processos de *spillover* – que correriam o risco de automatismo e mecanização – com a importância dos actores. Assim, Haas (1968) define como condições para o processo de integração, entre outras, a existência de uma estrutura social pluralista que favorece o alargamento do quadro político de integração e o dinamismo de integração activado por conflitos entre actores, ou pelas suas coalianças, motivando a reorientação institucional e sociológica do ambiente político.

ver se tal hipótese se confirma, ou seja, se a integração (*spill-over*) jurídico-institucional é acompanhada por uma integração sócio-política.

Estes objectivos serão analisados de acordo com o processo de implementação do *modus operandi* comunitário, ou seja, a forma como o governo e a administração pública se organizaram para acompanhar o *policy-cycle* comunitário e como se disponibilizaram para integrar outros actores nesse processo.

4.2. A adesão

Ao contrário do que se poderia supor, o forte isolacionismo de Portugal durante o anterior regime autoritário, era contrabalançado por alguns factores que iam motivando a abertura da sociedade e da economia portuguesas ao exterior. Neste âmbito, poder-se-á destacar a entrada na Associação Europeia de Comércio Livre, embora sem grandes implicações políticas e institucionais num regime político que favorecia o proteccionismo económico. A entrada para a NATO e a adesão ao Plano Marshall, no final da década de 40 do século XX, foram outros momentos significativos, os quais permitiram a Portugal ter um surto de desenvolvimento, ainda que controlado e que viria a ser materializado nos Planos de Fomento durante a década seguinte.

Será de realçar o facto de as adesões a estas organizações não impedirem o Regime de seguir as suas opções políticas, dirigistas no plano interno, e atlantistas e africanistas, no plano externo. De facto, respondendo à questão sobre a razão pela qual Salazar não se abriu às então Comunidades Europeias, César Oliveira apresenta o seguinte argumento: «Oliveira Salazar pensava que a construção europeia (...) não passava de um mito, uma 'realidade efémera'. O continente europeu – porque completado pela África – a prosseguir num processo de integração não passaria de um movimento que surgia e morria em torno de frases literárias, de impulsos sentimentais que se esgotavam, de expedientes políticos de ocasião. 'Não convém, portanto, a Portugal empenhar-se nesse sentido, e envolver-se numa política da Europa Central ao arrepio do rumo permanente da política externa portuguesa'. Era para o líder do Estado Novo, a reafirmação do Atlantismo e da defesa do império colonial que o líder do regime definira como rumo essencial da política exterior de Portugal, que era, como Salazar considerava, na Europa um país periférico, 'voltado para o mar', razão essencial da sua preferência por uma estrutura internacional menos pesada e com menos exigências democráticas e menos formal como era a EFTA....» (Oliveira, 1996: 301)[96].

---

[96] Tal significou uma coexistência, que perdura, entre modelos de implementações tardias e lentas do capitalismo e formas pré-modernas de produção e sociabilidade (Santos, 1993).

Nos anos que se seguiram à Revolução de 74, com a vitória da facção política que ambicionava para Portugal um regime democrático e parlamentar e uma economia aberta de mercado, o país atravessava uma profunda crise sócioeconómica interna, agravada pela recessão económica mundial derivada da crise petrolífera dos anos 70[97].

Neste contexto de enormes fragilidades para a consolidação da democracia, a Europa representava não só uma oportunidade de obtenção de ajudas (financeiras, institucionais, políticas, etc.), como também encarnava o ideal democrático ambicionado para Portugal. Por conseguinte, a integração na Comunidade Europeia foi eleita como um objectivo político prioritário, tendo o primeiro governo constitucional apresentado, logo em 1977, a candidatura de Portugal à Comunidade[98]. A integração europeia representava, pois, uma tríplice garantia: um acordo entre forças políticas de peso que defendiam a democracia representativa; a protecção exterior necessária para a consolidação democrática e um novo posicionamento de Portugal no mundo.

Embora considerasse que a democratização de Portugal era um assunto de interesse europeu, a Comunidade Europeia não aceitou incondicionalmente a entrada de Portugal no seu seio (Barreto, 1999). De facto, impôs diversas condições (por exemplo, eliminação das barreiras alfandegárias, dos obstáculos administrativos à livre concorrência e da excessiva intervenção estatal no mercado), cujos custos para Portugal foram secundarizados pela primazia dada à integração na Comunidade[99]. As negociações foram,

---

[97] Marcada pelas consequências dos processos de descolonização que privaram Portugal de uma enorme fatia de mercado e que geraram o retorno empobrecido de milhares de portugueses.

[98] Há, no entanto, que sublinhar o facto de a integração de Portugal ter resultado sobretudo da vontade política de algumas individualidades e de certos sectores da vida política que se confrontavam com a forte oposição do PCP e com a indiferença generalizada do eleitorado.

[99] «Semanas depois, em 19 de Abril (1977), a comissão comunitária (...) entregou ao Conselho da CEE um relatório onde, entre outros pontos, se salientavam os seguintes: as negociações para a adesão deveriam iniciar-se nos prazos mais favoráveis; a CEE considerava que não poderia deixar Portugal à margem do processo de integração europeia; para a Comunidade a adesão teria uma incidência económica limitada dado o peso relativo da economia portuguesa, enquanto para Portugal as perspectivas de adesão impunham a necessidade de superar determinadas carências da sua economia com a ajuda da Comunidade» (Oliveira, 1996: 362).

decerto, difíceis, o que se deveu, em grande parte, ao clima de instabilidade política que se vivia entre 1977 e 1985.

Na preparação da adesão à CEE, Portugal apresentou, em 1980 e em 1984, duas propostas de apoio financeiro a fundo perdido para investir em sectores fundamentais da economia (estruturas produtivas; desenvolvimento das infra-estruturas). Essas propostas foram aceites pela Comissão e vieram a formar o programa de ajudas da Pré-Adesão, o qual foi gerido por um Fundo criado no âmbito do Ministério das Finanças.

O governo português pretendia também que, logo a partir de 1986, Portugal usufruísse da política regional europeia em pé de igualdade com os outros Estados Membros, o que foi posteriormente aceite pela Comissão Europeia[100]. Esta demanda requeria obviamente toda uma reorganização institucional da administração pública.

Um acesso eficaz e imediato aos fundos comunitários exigia a criação de estruturas capazes de ultrapassar os constrangimentos advindos da ausência de uma tradição nacional de desenvolvimento regional. A agravar, registava--se uma organização governamental que separava os órgãos centrais de planeamento (integrados no Ministério das Finanças e do Plano) dos organismos regionais existentes (Comissões de Coordenação Regional, inseridas no Ministério da Administração Interna).

Em face da necessidade da integração das então Comissões de Coordenação Regional (CCRs[101]) e dos municípios no esquema de acesso ao FEDER, o então governo do Bloco Central criou, no seio do Ministério da Administração Interna, em 1983, a Direcção Geral de Desenvolvimento Regional (DGDR), à qual competiria coordenar a aplicação do FEDER. No seguimento destas iniciativas foi elaborada uma primeira versão do Plano de Desenvolvimento Regional 1986/90 (PDR), a qual foi apresentada à Comissão[102].

---

[100] Para além disso, argumentando com a provável dificuldade em absorver a totalidade dos fundos que lhe seriam adscritos – dadas as restrições orçamentais vigentes –, Portugal conseguiu que, ao invés das taxas de co-financiamento de 50 a 55%, lhe fosse assegurado, em regime transitório, até finais de 1990, uma taxa máxima de apoio do FEDER de 70%, o que constituiu um feito inédito.

[101] As CCRs foram criadas em 1979 tendo por objectivos iniciais o planeamento económico. Actualmente (CCDRs), são a base da identificação das regiões administrativas portuguesas, em detrimento das antigas províncias.

[102] Este documento, onde estavam presentes os projectos a desenvolver numa perspectiva integrada e a médio prazo, ao visar a justificação de todos os projectos propostos,

A mudança de governo, nesse mesmo ano, determinou a realização de uma outra modificação institucional importante. Esta consistiu na criação do Ministério do Planeamento e da Administração Interna, o qual, reunindo os órgãos nacionais de planeamento e os órgãos regionais, veio a tutelar a Direcção Geral de Desenvolvimento Regional (DGDR), as CCRs e os municípios, incentivando, ainda que de uma maneira meramente formal, um maior envolvimento destes actores na política regional comunitária. O objectivo era facilitar o acesso ao FEDER.

A discussão sobre a repartição do FEDER foi, por seu turno, caracterizada pelo confronto entre duas filosofias distintas: uma de cariz descentralizador (protagonizada pelo anterior Ministério da Administração Interna) que valorizava o papel dos municípios, e outra mais centralizadora defendida pelo Ministério das Finanças e do Plano e que, atribuindo prioridade à Administração Central e às empresas públicas, veio a prevalecer. Tal opção, como se irá ver aquando da discussão sobre o Poder Local português, limitará significativamente a integração comunitária daquele. Antevê-se, portanto, aqui um importante desequilíbrio ao nível do processo de institucionalização das práticas e respectiva europeização[103]. Ou seja, o facto de a integração jurídico-institucional, inescapável dadas as exigências comunitárias, não ser acompanhada pela integração sócio-política da sociedade portuguesa e dos seus actores infranacionais.

Aquando da Reforma dos Fundos Estruturais, em 1988, procedeu-se a uma alteração metodológica de relevo, a qual consistiu em dar prioridade às regiões com um nível de vida muito inferior à média comunitária (objectivo nº 1)[104]. No que diz respeito a Portugal, a Comissão Europeia elegeu como

---

pecava por ser extremamente genérico. Para além disso, não se encontrava marcadamente fundamentado em dados estatísticos, pois, nesta altura, optou-se por repartir o território nas cinco áreas de actuação das CCRs, quando a unidade estatística tradicional era o distrito. Só em 1986, foram definidas para o território nacional as NUT, sob proposta do Ministério do Planeamento e da Administração do Território, para normalizar a análise estatística de Portugal, compatibilizando-a com o sistema comunitário.

[103] O que poderá corresponder aos limites da teoria neofuncionalista sobre a integração europeia.

[104] A Reforma dos Fundos estruturais de 1988 implicava, numa perspectiva legal, o aprofundamento da afirmação do enquadramento comunitário dos instrumentos de política regional. Desta forma, as regras comunitárias de 1978, que enquadravam os regimes de auxílio nacionais de finalidade regional, foram, ainda em 1988, revistas, o que teve especial importância para Portugal. Essa modificação consistiu numa metodologia

critério único a situação portuguesa global relativamente ao grau de desenvolvimento sócio-económico comunitário. Daqui decorreram uma série de importantes posicionamentos da Comissão.

Um deles consistiu em admitir a utilização simultânea de auxílios de carácter contínuo destinados a fazer face a desvantagens especiais (nomeadamente auxílios ao funcionamento de empresas). Como consequência, Portugal tornou-se no beneficiário máximo (75%) ao nível da intensidade de auxílio nos regimes de apoio nacional às empresas.

O facto de a Comissão considerar Portugal como uma única região (relativamente homogénea a nível interno) está bem patente na fraca modulação regional na aplicação dos fundos – isto apesar de a Comissão poder utilizar o seu poder discricionário para o fazer. A universalização conceptual do território português por parte das instâncias comunitárias reforçou, ao nível interno, a reprodução das tendências que continuariam a suportar as assimetrias regionais. Assim, por exemplo, registou-se, uma subida das taxas de incentivo ao investimento no litoral, em detrimento da atractividade do interior[105]: mais uma vez, se reencontra a primazia dada à convergência de Portugal em relação à média europeia, tendo como consequência a secundarização da convergência interna das regiões portuguesas.

Em consonância, a ideia que prevaleceu na elaboração do PDR era a de que o investimento concentrado nas zonas mais prósperas e desenvolvidas, tidas como propulsores de posteriores investimentos, seria a estratégia adequada para que Portugal concorresse numa "Europa sem Fronteiras". O domínio da lógica sectorial em relação a uma perspectiva de desenvolvimento regional integrado – manifesto no pouco peso dos contributos das regiões na elaboração do PDR, cujo poder de influência é minorizado pela inexistência de órgãos regionais eleitos com visibilidade política a nível

---

dicotómica que aponava para dois tipos de regiões elegíveis para estes regimes. No que concerne ao primeiro tipo, a gravidade dos atrasos estruturais de certas regiões, onde se verificava um nível de vida muito inferior à média comunitária e problemas de emprego levou à aceitação, por parte da Comissão, da inclusão de auxílios de carácter contínuo que pudessem fomentar desenvolvimento regional. Tal medida veio a beneficiar as regiões de Objectivo nº 1, dada a correspondência das situações sócio-económicas.

[105] «O Sistema de Incentivos do PEDIP (SINPEDIP) foi, a este título, exemplar e percursor, visto que previa taxas de apoio até 40% (em casos especiais, 45%) na faixa litoral entre Porto e Lisboa, o que retirava boa parte da localização de empresas no interior menos desenvolvido» (Pires, 1998: 80)

nacional –, proveniente da forte influência das propostas ministeriais-sectoriais, constituiu outro factor que permite a compreender a desvalorização da componente de desenvolvimento regional.

No plano institucional, as negociações que conduziram à aprovação do PDR foram pautadas por um confronto entre uma racionalidade comunitária e outra nacional. A Comissão Europeia incentivava, em nome de uma maior eficácia na gestão e aplicação dos fundos, a participação de entidades subnacionais, o que não correspondia de todo à tradição e à cultura política nacional assente na obediência a um "Estado centrípeto" (Ruivo e Veneza, 1988). E embora possua um peso crescente nos contextos nacionais, a UE não pode, nem pretende, reformular os aparelhos nacionais. Apesar dos apelos da Comissão no sentido de se proceder a uma maior descentralização das funções do Estado, venceu a ideia dos Estados centralizados de que «em todo o caso, é melhor a tirania de uma burocracia do que a tirania de pequenos chefes (...). Esta apreensão lúcida dos efeitos perversos da autonomia social evoca a longa história do pensamento centralizador, ao mesmo tempo que denota um espírito particular neste fim de século» (Million-Delsol, 1993: 237 ss.). Tal mentalidade mantém-se presente como um dos principais quadros mentais no âmbito da acção pública. Vejamos o seguinte excerto de uma entrevista a um actor do Poder Central:

Entrevistado: (O autarca) *por exemplo, acha que não deve fazer saneamento básico, porque as pessoas estão habituadas a terem o saneamento que têm e que o que é prioritário é alindar o centro urbano. Torna-se muito difícil para a administração central, tendo 300 municípios para lidar, impor que ele vai ter que fazer aquilo que não quer – que é fazer uma rede de saneamento básico – e abdicar de fazer o alindamento da praça central. Porque, localmente, até para ele, é capaz de ser mais interessante fazer aquilo. (...) Isso acontece muitas vezes. Outras vezes acontece, por exemplo, uma vez que é a fundo perdido a comparticipação do FEDER, haver excessos naquilo que é uma programação municipal. Por exemplo, um município vai fazer um pavilhão. Mas ele só paga 25% do pavilhão. O resto a fundo perdido. Ora, isso é um espaço fantástico para que o empreiteiro que vai fazer a obra diga: 'Mas, então, já agora, faça um equipamento que sirva para sempre'. Portanto, em vez de fazer aquilo que precisa, faz um pavilhão que dá para o campeonato de mundo de volei ou de basquete... Mas que ali não haja nenhuma equipa, nem que nunca mais isso vá acontecer...*

Entrevistador: *Portanto, houve alguma megalomania...*

Entrevistado: *Houve uma tendência... Não estou a dizer que isto é típico. Isto é o lado negativo de uma coisa boa* (Entrevista 12).

Fruto das negociações entre o Estado Português e a Comissão, o I QCA era composto por seis eixos[106]. Apenas o sexto eixo – Desenvolvimento das potencialidades de crescimento das regiões e desenvolvimento local –, que englobava somente 19% dos recursos envolvidos, representou o instrumento mais apto para a correcção das assimetrias regionais na medida em que incluía iniciativas de investimentos dos municípios e das regiões autónomas. Para além do predomínio de uma típica visão sectorial-nacional, há que sublinhar ainda que uma parte significativa da percentagem referente à gestão regional (Regiões Autónomas, CCRs, associações de municípios, gestores nomeados pelo Governo) dos fundos foi adscrita a empreendimentos da Administração Central, cuja decisão era primordialmente do foro nacional (Pires, 1998), o que menorizou o potencial da autonomia regional e local no âmbito da política regional comunitária.

A questão é que a crescente europeização das leis nacionais não significou, pois, a modificação das relações clássicas entre centro e periferia no plano interno. A introdução das directrizes comunitárias no direito nacional implicaram, antes de tudo, mudanças no *timing* com que os governos locais tentam influenciar os processos de decisão. O poder de influência destes deve ser agora exercido antes da promulgação das directrizes europeias. Isto significa que os governos locais devem tentar influenciar o Poder Central num estádio inicial do processo de *policy-making* na UE. Na ausência de contactos nas instâncias europeias ou da presença em redes transnacionais de peso, os governos locais, sujeitando-se ao poder discricionário do Poder Central, continuam a recorrer ao capital relacional e ao património de contactos e conhecimentos sobre o mundo da política, para verem as suas reivindicações concretizadas (Ruivo, 2000a).

A necessidade de garantir a absorção das verbas do QCA nos prazos definidos implicou um enorme esforço para a Administração central e local. Procedeu-se, então, a uma significativa produção legislativa destinada a definir a estrutura de gestão, acompanhamento, controlo e avaliação. Para além disso, impunha-se, sob apelo comunitário, descentralizar a gestão, cumprindo, por essa via, os princípios de parceria e subsidariedade. A adopção destes princí-

---

[106] I – Criação de infra-estruturas económicas; II – Apoio ao investimento produtivo e infra-estruturas directamente ligadas; III – Desenvolvimento dos recursos humanos; IV – Desenvolvimento agrícola e rural; V – Reconversão e reestruturação regional; VI – Desenvolvimento das potencialidades de crescimento das regiões e desenvolvimento local.

pios significaria, do ponto de vista da Comissão, que os governos nacionais iriam implementar os programas financiados pela UE em parceria com os governos locais.

Definiram-se, pois, dois níveis de gestão e de acompanhamento: um nível global que era representado pela Comissão de Gestão do QCA (órgão máximo de coordenação, constituído pelos dirigentes interlocutores nacionais dos Fundos Estruturais e presidido pela DGDR), e um nível que visava especificamente as diferentes intervenções operacionais e que consistia nas Unidades de Gestão de cada programa. As Unidades de Gestão eram responsáveis pela gestão técnica, administrativa e financeira daqueles. Enquanto que nos programas sectoriais, as unidades de gestão eram presididas pelo Ministério em causa, nos programas regionais, a presidência era atribuída aos governos regionais ou às CCRs. No caso dos programas de iniciativa municipal, as unidades de gestão eram compostas por representantes das autarquias locais.

Contudo, o princípio de descentralização que parece estar na base da criação das unidades de gestão – sobretudo no que diz respeito aos programas regionais e de iniciativa municipal –, foi desvirtuado, logo em 1991, por um despacho do Ministro do Planeamento e da Administração do Território[107] que obrigou a que todos os projectos aprovados pelas unidades de gestão fossem sujeitos à homologação governamental. Esta decisão intensificou a burocratização de todo o processo e tornou praticamente ineficaz qualquer tentativa de descentralização[108]. Como consequência, um processo político tão rigidamente organizado em redor do Estado não será provavelmente um forte veículo para a mobilização regional ou inter-regional. Os interes-

---

[107] Despacho MPTA nº 10/91, de 8 de Janeiro de 1991, (DR II Série, nº 19 de 23/1/1991).

[108] A excepção a esta situação foi, nesta altura, protagonizada pela Associação de Municípios do Oeste, a qual, candidatando-se a gerir o programa operacional regional da sub-região do Oeste, celebrou o contrato-programa necessário. Na verdade, a possibilidade de gestão dos programas pelas associações de municípios foi consagrada pelo Decreto-Lei nº 121 – B/90. No que diz respeito aos órgãos de acompanhamento, foram instituídos uma Comissão de Acompanhamento do QCA – órgão de cúpula do acompanhamento comunitário, presidida pela DGDR e composta pelos membros da Comissão de Gestão, pelos presidentes de todas as unidades de gestão, e por representantes da Comissão Europeia e do BEI, e unidades de acompanhamento ao nível de cada intervenção operacional, constituídas pelos membros da unidade de gestão e por representantes da Comissão Europeia. De realçar que, no caso dos programas regionais, apenas uma unidade de acompanhamento para todos os programas operacionais de NUT II foi criada.

ses regionais/locais são, assim, "chamados" à arena europeia dentro de um nicho nacional fortemente protegido (Hooghe e Keating, 1994: 379).

Este facto reflecte-se inclusivamente no estatuto que foi atribuído aos parceiros sociais. Na verdade, de modo similar, o Governo decidiu que apenas as instituições públicas (a nível central e local, assim como empresas públicas) deveriam participar nos órgãos de gestão e que só as Administrações nacionais e comunitárias estariam presentes nos processos negociais. Os parceiros sociais obtiveram, por isso, apenas um estatuto consultivo, não se registando, ao longo do I QCA, uma efectiva participação daqueles: os órgãos consultivos não foram criados, os parceiros sociais não exerceram pressão eficaz nesse sentido e o Conselho Económico e Social nunca foi ouvido em nenhum relatório.

A reprodução dos obstáculos, quer ao nível da organização do sistema político e administrativo português, quer do foro da cultura política de matriz napoleónica, confronta-se, em toda a evolução dos quadros normativos da UE e da integração de Portugal na Comunidade, com o princípio de autonomia regional e local (e, por arrasto, com o princípio de subsidariedade), consagrado, pelo Conselho da Europa, na Carta da Autonomia Regional. O reconhecimento deste princípio implicava a instituição de um patamar intermédio entre o local e o nacional e a clarificação das competências e formas de participação nos processos decisórios[109], factor que nunca foi cumprido.

Como balanço genérico do I QCA, verificou-se uma dificuldade de absorção dos fundos por algumas regiões[110]. Este facto levou a que algumas regiões,

---

[109] A observação do Comité das Regiões parece ser de extrema pertinência para o caso português: «O princípio da subsidariedade deve estar mais estreitamente vinculado aos princípios da proximidade e da independência e não ser entendido como princípio hierárquico de distribuição de poderes entre níveis verticais, podendo o poder regional e local ser interpretado como 'inferior' e logo, menos importante; preconiza, sim, uma redefinição baseada numa parceria horizontal e equitativa entre esferas de governação, pensada para assegurar um processo de decisão eficaz e integrado. Alerta para o facto de a falta de transparência e a incapacidade de repartir as responsabilidades políticas poderem pôr em risco a aceitação da União Europeia pelos cidadãos». (Comité das Regiões, 2000b: 3).

[110] A fim de avaliar a convergência real das regiões portuguesas foi construído um índice sintético que permitiu ultrapassar as insuficiências de cálculo através do PIB per capita. Aplicado às NUT III, este índice revelou uma convergência regional ao longo dos anos 80 e comprovou que o investimento em infraestruturas nas regiões mais desfavorecidas, quando não é acompanhado por crescimento da riqueza e do emprego e pelo reforço da atractividade económica, não se traduz em desenvolvimento.

como, por exemplo, o Algarve e o Norte e alguns sectores de actividade fossem prejudicados. A análise comparativa revela desvios significativos a favor de Lisboa e Vale do Tejo, estando todas as outras regiões continentais em desvantagem clara.[111] A existência de sistemas de incentivos[112], enquanto instrumentos da política regional, ao favorecerem a localização das actividades produtivas, exerceram uma inegável influência do investimento realizado em termos regionais. Esta influência, como a que foi verificada, pôde inclusivamente reforçar processos de dualização do desenvolvimento regional, ao privilegiar projectos modernos e inovadores no litoral, em detrimento dos projectos de desenvolvimento, assentes nos recursos tradicionais e endógenos, do interior.

A partir do início dos anos 90, começaram a sentir-se algumas consequências negativas da integração europeia, advindas, sobretudo, da liberalização da economia portuguesa, as quais eram especialmente fortes para quem não se encontrava preparado para lidar com a competição de um mercado aberto, ou seja, para a esmagadora maioria do tecido produtivo português, tradicionalmente composto por micro-empresas ou por PME, de cariz familiar e pouco internacionalizadas (Santos, 1993). Fenómenos como o desemprego e falências sucessivas, para além da crescente presença de capital estrangeiro, marcavam, então, o quotidiano.

Muitos consideravam que esta era uma situação inevitável, decorrente da indispensável internacionalização da economia portuguesa. E para a opinião pública, estes impactos negativos eram causados pela reestruturação do mercado, e não pela integração europeia, pelo que o ideal europeu se manteve a salvo das convulsões sociais. Contudo, levantaram-se algumas reservas por parte de alguns sectores da sociedade portuguesa que não tiveram eco, nem na opinião pública, nem em resultados eleitorais[113].

---

[111] Esta discrepância poderá ser atribuída ao Eixo II (Apoio ao investimento produtivo). Na verdade, enquanto que inicialmente a parte do QCA para Lisboa e Vale do Tejo era de 33%, esta passou a usufruir de 42% do investimento total apoiado. Tal resultou do facto de terem sido atraídos para a Península de Setúbal, onde o investimento privado beneficiava de majorações significativas, vários investimentos estrangeiros de grande vulto, como é o caso da AUTOEUROPA.

[112] Tal como o Sistema de incentivos de base regional (SIBR) em articulação com o sistema de incentivos financeiros do PEDIP (SINPEDIP), o sistema de incentivos financeiros ao investimento no turismo (SIFIT) e o sistema de incentivos à modernização do comércio (SIMC).

[113] Os sectores mais sensíveis eram a agricultura e as pescas. Por outro lado, actores de relevo – como a Confederação da Indústria Portuguesa, a Confederação dos Agricultores

Os impactos negativos da integração europeia não se restringiam, todavia, ao plano económico. Em termos políticos, registaram-se também determinados fenómenos que, ao invés de produzirem uma europeização da democracia portuguesa, geraram novos processos de centralização do Estado e de alheamento político nacional relativamente à Europa.

Destes fenómenos, poderá salientar-se o facto de a necessidade de cumprir as directrizes e as regulações comunitárias ter eliminado o debate político interno, pois os compromissos assumidos pelo governo português em Bruxelas não podiam ser renunciados em Lisboa. Esta desigual geografia dos centros decisórios conduziu a que o parlamento português funcionasse mais como um órgão passivo de ratificação das directrizes comunitárias, com a agravante de o Parlamento Europeu – e a participação portuguesa neste órgão – não compensar a fragilidade das funções parlamentares nacionais[114]. Vejamos o seguinte exemplo:

Entrevistado: *Nós estamos mal organizados. Estamos mal organizados e melhorou com o governo socialista, porque não havia contactos com a REPER[115], mas não ficou bem. A REPER é a representação portuguesa. Portanto, todos os Estados da UE têm uma representação, que é quem dá apoio ao governo no Conselho e no Parlamento.*
Entrevistador: *Portanto, os poderes descentralizados não têm grande contacto com eles...*
Entrevistado: *Podem ter. Eles são a representação do Estado Português. Mas a gente diz-lhes: 'Vocês são representantes não do governo, mas do Estado Português.' Eu quando fui para Bruxelas, estava ainda o governo do (...) e eles estavam proibidos de falar connosco... mas connosco, não nós (...), que os (...) era a mesma coisa. Quer dizer, em vez de termos um trabalho profundíssimo juntos – que é, por exemplo, o que os espanhóis têm – os portugueses não têm. Eu tentei estabelecer contactos com a REPER permanentemente. É muito difícil, é muito, muito difícil.*
Entrevistador: *Obstáculos de que natureza? Quer dizer, onde é que a porta se fecha?*
Entrevistado: *A porta fecha-se... Uma das dificuldades é o timing e outra é eles não estarem habituados. Eles estão habituados a trabalhar com o governo, não estão habituados a trabalhar connosco. Eu penso que... Antes de entrar para o PE, portanto, antes de 94, antes de entrar em execução Maas-*

---

de Portugal e a Confederação do Comércio em Portugal –, que outrora defendiam a total integração de Portugal, passaram a preconizar um certo proteccionismo económico para os sectores menos desenvolvidos. Inclusivamente, durante as negociações do Tratado de Maastricht, as confederações eram particularmente críticas, chegando, em alguns casos, a defender a realização de um referendo nacional.

[114] «Esta potencial solução não produziu os efeitos desejados. Em Portugal, tal como no resto da União Europeia, a eleição directa dos membros do Parlamento Europeu aumentou a distância entre as instituições europeias e os parlamentos nacionais, apesar de aparentemente ter forjado um novo elo com o eleitorado» (Barreto, 1999: 113).

[115] Representação portuguesa na UE.

tricht, o PE não tinha co-decisão a não ser em matéria orçamental. Ou seja, nós dávamos parece-res. No orçamento não, nós eramos autoridade orçamental, mas, depois de Maastricht e, sobretudo, depois de Amesterdão e ainda mais depois de Nice, o PE é co-decisor em quase tudo. E o que é que significa co-decisão? (...) Ora bem, as REPERs foram criadas antes da co-decisão. Portugal entrou em 86 e isto aconteceu em 94. Antes, o Parlamento só dava o parecer e, portanto, não valia a pena tomar conta da posição do Parlamento. Era meramente consultivo. Agora que é co-legislador... é um desperdício, é um desperdício. Porque se nós fossemos utilizados, nós podemos estar a defender a mesma coisa – não eramos obrigados, mas se nós achássemos bem.. portanto, nós temos muita pouca informação sobre a posição de Portugal no Conselho. (...) A REPER ainda não percebeu como é que funciona o PE e nós funcionamos mal em conjunto, o que é pena. Eu acho francamente uma pena. E depois, há também falta de relação entre os funcionários da Comissão portugueses. Eu supunha, por exemplo, quando eu fui eleita e quando fui pela 2ª vez (...), que nós devíamos ter uma reunião com os 3 embaixadores que Portugal tem na Bélgica. Todos os países têm 3 embaixadores que é um no reino, outro na UE e outro na NATO. Julgava que, como membros de um órgão de soberania, fazia parte... nem era tanto para fazermos coisas, mas para falarmos da situação, dos diversos aspectos... Nunca, jamais. Temos uma reunião com um embaixador umas vezes, outras vezes com outro embai-xador, mas isso é uma coisa que é muito esporádica. E, portanto, há ali uma força que se perde, mas que faz parte do individualismo português. (Entrevista 11)

4.3. A continuidade

Aquando da finalização do I QCA, o governo português pretendia criar uma certa continuidade dos fluxos financeiros comunitários, de maneira a que os investimentos não sofressem um retrocesso. Assim, o PDR de 1994/99 come-çou a ser elaborado logo em 1992 e o governo português foi o primeiro a apre-sentar este documento[116], o qual foi aprovado um ano depois.

Ao contrário do que sucedeu com o primeiro PDR, este era um exaustivo documento que apresentava já projectos, entidades responsáveis e beneficiá-rias e indicadores para cada programa operacional. Esta estratégia baseava--se na ambição de simplificar o processo burocrático, fazendo com que a Comissão considerasse o PDR um documento completo. Nesta perspectiva, o II PDR incluía todos os sectores elegíveis, não deixando claro, no entanto, quais as reais prioridades do futuro QCA[117].

---

[116] A apresentação do PDR foi anterior à fixação dos montantes que caberiam a cada Estado Membro, o que significava o risco de uma possível derrota política.

[117] Tal justificava-se pela assunção de que este seria o último pacote a beneficiar Portu-gal, face às dificuldades sentidas pela Alemanha em incluir os novos Lander e face ao alar-gamento da UE a Leste. A estratégia de desenvolvimento do II QCA assentava na moderni-zação do tecido produtivo, mediante a valorização dos recursos humanos e da melhoria de infraestruturas, e encontrava-se organizada em redor de quatro eixos. De todos os eixos definidos, o eixo IV (Fortalecer a base económica regional) foi especialmente destinado

Embora mantenha as principais prioridades definidas no anterior PDR e apesar de continuar a privilegiar uma perspectiva nacional-sectorial[118], o PDR 1994/99 introduziu algumas modificações, ao nível da participação dos parceiros sociais, de novos sectores a privilegiar (ambiente, saúde, exclusão social, mundo rural e renovação urbana), e de novas regras de afectação de recursos, entre outras mudanças.

Do ponto de vista da participação dos parceiros sociais, as críticas levantadas no anterior QCA motivaram o desenvolvimento de um processo de auscultação dirigido às regiões autónomas, autarquias, associações patronais, sindicatos, associações e personalidades ou especialistas da vida política, económica e financeira, levado a cabo pelo Ministério do Planeamento e Administração do Território[119]. Contudo, apesar dos esforços, levados a cabo pela Comissão Europeia, no sentido de incentivar e promover a participação dos parceiros sociais na Comissão de Acompanhamento, Portugal assumiu uma posição intransigente que inibiu avanços significativos nesta matéria.

Na realidade, a metodologia de auscultação constituiu um fraco substituto para a desejável participação dos parceiros sociais. Receando, simultaneamente, que um debate nacional produzisse resultados ou apreciações negativas sobre assuntos europeus, o que poderia diminuir o poder negocial do Governo face ao Conselho de Ministros e face à Comissão Europeia, e que os compromissos assumidos em Bruxelas fossem internamente per-

---

às autoridades locais e regionais. Este eixo era composto por um programa nacional para o desenvolvimento local e regional, o qual incluía empreendimentos como o Alqueva, sistemas de incentivos para as PME em regiões desfavorecidas, o programa LEADER com a participação de agentes locais e cinco programas correspondentes às cinco NUTs II do Continente e dois para as regiões autónomas. No que concerne aos programas regionais do Continente, há que mencionar que estes visavam essencialmente a criação de infraestruturas públicas de iniciativa municipal.

[118] O que conduziu ao desaparecimento formal das OID (Operação Integrada de Desenvolvimento), na medida em que estas foram consideradas como não sendo compatíveis com o sistema administrativo português. No entanto, este conceito veio a ser retomado no quadro do desenvolvimento local, através do programa LEADER II, e através do Programa Operacional de Promoção do Potencial de Desenvolvimento Regional.

[119] «O governo socialista de António Guterres, que iniciou o seu primeiro mandato em Novembro de 1995, mostrou alguns sinais de mudança, particularmente através do compromisso de discutir perante o parlamento, antes e depois das cimeiras europeias. Ainda no poder no final de 1998, Guterres manteve mais ou menos a sua palavra; ele discute assuntos europeus no parlamento menos vezes do que o que tinha prometido, mas fá-lo, todavia, de um modo regular» (Barreto, 1999: 121).

cepcionados como derrotas, o governo português desde sempre revelou a tendência de centralizar em si, não as publicitando, as relações de Portugal com as instâncias comunitárias: «os membros do executivo português usam o segredo como um método de trabalho. Por exemplo, até as decisões serem tomadas a nível comunitário, virtualmente nada se sabe sobre a posição portuguesa em assuntos importantes» (Barreto, 1999: 112).

No que se refere às novas regras de afectação de recursos, foi fixado um limite mínimo de 50 mil contos para projectos municipais, de forma a reduzir o endividamento público. Tal medida tinha como objectivo promover a cooperação inter-municipal e o desenvolvimento de acções integradas – estratégia esta que pretendia não só garantir a capacidade de absorção, o cumprimento do princípio de parceria, como também visava uma maior vigilância sob os poderes subnacionais[120].

Curto-circuitando o incentivo ao associativismo e à cooperação, os inúmeros bloqueios de ordem cultural (egoísmo, atomismo, visão paroquialista) e de ordem política (competição pelos fundos, privatização de acessos e canais privilegiados) persistiam e inibiam, de um modo significativo, o estabelecimento de lógicas colaborativas territorialmente situadas, como veremos mais adiante. O próprio QCA[121] foi também objecto de jogos políticos

---

[120] Neste sentido, o PDR 1994/99 apresentava também uma subvenção global ao investimento autárquico, destinada a dar continuidade à linha de crédito bonificada do BEI e da CGD, criada no I QCA para financiar a contrapartida municipal. Contribuindo para a bonificação dos juros de empréstimos a médio e a longo prazo a conceder pela CGD, a subvenção global de apoio ao investimento autárquico consistia, basicamente, num complemento às comparticipações a fundo perdido do FEDER para investimentos municipais aprovados no âmbito dos programas operacionais do QCA e das Iniciativas Comunitárias para o período 1994-99.

[121] De facto, no que concerne aos aspectos organizacionais e institucionais, Portugal queria reforçar a sua autonomia em relação à Comissão, através de um processo de descentralização de competências dirigidas, não a entidades sub-nacionais, mas sim a instâncias que apresentavam maioritariamente um cariz governamental-administrativo. Assim, ficou estabelecido que os documentos técnicos de fundamentação, cujo crescente peso se torna cada vez mais visível, dos programas operacionais fossem regulados pelas unidades de acompanhamento, as quais, não alterando o quadro genérico de Bruxelas, poderiam alterar os programas sem necessidade de ratificação posterior por parte de Bruxelas. Este processo de descentralização administrativa, e não propriamente territorial ou regional, foi também aplicado ao nível do acompanhamento e da gestão de cada sector ou sub-programa, não se registando qualquer alteração do formato de acompanhamento e de gestão no que se refere aos programas regionais

nacionais, denotando-se a sua importância como instrumento de fortaleci-mento político dos partidos.[122].

Tem sido, assim, evidente a forma como os recursos comunitários são apropriados pelo sistema político nacional que tende a apresentá-los como uma questão interna, numa lógica de partidarização ou de governamentali-zação. Tal não facilitou, certamente, a criação de uma consciência colectiva disseminada e democratizada sobre o espaço comunitário.

Outra dimensão refere-se às consequências da crescente complexidade da fundamentação técnica de projecto. O reforço das funções de acompa-nhamento, controlo e avaliação, levaram a que as medidas de assistência técnica[123] se tornassem cada vez mais relevantes. A importância crescente da assistência técnica advém essencialmente da sua função de aconselhamento directo e prático junto dos beneficiários ou promotores. Quando essa fun-ção é ministrada por agentes que não pertencem à esfera estatal, verifica-se uma "relativização da centralidade do Estado" (Mathiot, 1998). No entanto, dada a dependência da esmagadora maioria dos poderes locais portugue-ses em relação à Administração Central e às suas estruturas de assistência técnica – como é o caso das CCDRs ou dos anteriores GATs[124] –, assiste-se, como iremos ver, à reconfiguração do centralismo do Estado. Disto nos dá conta Farelo Lopes ao considerar que «a governamentalização do regime é provavelmente reforçada pela pertença à Comunidade Europeia; o executivo e o primeiro-ministro são os únicos representantes de Portugal presentes nas principais instituições comunitárias, como o Conselho de Ministros e o Conselho Europeu; eles comandam a administração nacional e são os únicos responsáveis pela implementação das decisões comunitárias» (1994: 233). Ou seja, a governamentalização do acesso à Europa transfigura-se em nova dependência dos poderes subnacionais em relação ao Estado. A consequên-cia, do ponto de vista dos actores e do ponto de vista da sua europeização e autonomização, é bastante perversa: este elevado grau de governamen-

---

[122] Nesta perspectiva, destaca-se o facto de o governo ter pretendido concentrar nos dois primeiros anos de execução (até 1996) 53,6% do montante previsto, dado que 1995 seria ano de eleições legislativas. No entanto, o perfil anual das despesas e a programação estabelecida não eram compatíveis com tal intento, pelo que a Comissão Europeia definiu que o primeiro triénio do QCA concentrasse apenas 44,5% das verbas.

[123] As medidas de assistência técnica são acções de apoio, tais como estudos sobre a viabilidade dos projectos, contratação de serviços especializados para a gestão e controlo, apoio na aquisição de material informático, etc.

[124] Gabinetes de Apoio Técnico.

talização produz estratégias defensivas por parte dos actores subnacionais que empreendem uma "fuga para a frente", isto é, procuram refúgio no protectorado do Estado, apoiando assim a governamentalização da integração europeia e minando as suas possibilidades de autonomização.

O II QCA[125] foi caracterizado por uma grande continuidade em relação ao modelo utilizado pelo I QCA[126]. Também aqui os caminhos para uma progressiva descentralização foram também tortuosos[127]. No que se refere mais precisamente, à participação social, «não houve uma evolução significativa em relação ao figurino anterior: o Conselho Económico e Social manteve-se a sede por excelência de auscultação dos parceiros sociais relativamente à

---

[125] O II QCApresentou uma estratégia de desenvolvimento baseado na valorização dos recursos humanos, na modernização do tecido produtivo e no melhoramento das infraestruturas, na redução das disparidades regionais, tendo em vista a coesão nacional, bem como na melhoria do ambiente e da qualidade de vida. Contudo, a orientação desta estratégia manteve predominantemente uma lógica nacional-sectorial, em detrimento de uma óptica regional. Esta opção foi justificada pelas assunções já mencionadas, segundo as quais as disparidades de desenvolvimento em Portugal relativamente à média comunitária eram mais elevadas do que as que se registavam entre as regiões menos prósperas e a média nacional, de que o desenvolvimento global do país e das regiões mais desenvolvidas teria um efeito de alavanca muito importante em relação às regiões mais desfavorecidas, e de que, considerando a dimensão do país, o esforço específico com carácter regional deve constituir um complemento das acções estruturantes de âmbito nacional (Comissão de Gestão dos Fundos Comunitários, 2000).

[126] As poucas alterações legislativas decorreram de factores vários, tais como a criação do Fundo de Coesão, a nova estrutura do PDR, uma relativa descentralização de competências para sectores e regiões, com o reforço da coordenação política e técnica nacional e comunitária, e uma desejável maior participação social e envolvimento dos parceiros sociais na aplicação dos fundos, entre outros factores. Estas alterações traduziram-se, no plano da orgânica de gestão, acompanhamento, controlo e avaliação, nas seguintes modificações: criação da Comissão Governamental de Coordenação dos Fundos, presidida pelo Ministro do Planeamento e da Administração do Território, de forma a reforçar o envolvimento governamental; criação do supervisor financeiro do QCA e da Comissão de Coordenação do FSE. Destaque, ainda, para a integração de representantes de associações empresariais regionais nas unidades de gestão dos programas regionais do Continente. A motivação para fazer com que o sector privado participasse na gestão dos recursos decorria da necessidade de o responsabilizar pelos projectos que eram da sua iniciativa.

[127] Apesar de se instaurar a possibilidade de celebração de contratos-programa para a gestão técnica, administrativa e financeira de partes dos programas operacionais com associações de municípios, (na medida em que a experiência do I QCA com a associação de municípios do Oeste foi alargada para a Área Metropolitana de Lisboa, Lezíria, Médio Tejo e Algarve)

execução do QCA, pronunciando-se sobre os relatórios anuais do QCA e dos programas operacionais; foram, para além disso, previstos órgãos consultivos específicos para o acompanhamento dos programas de incidência regional, de apoio à actividade produtiva e de formação profissional. Embora com algum progresso em relação ao período anterior, os primeiros anos de execução do segundo QCA não levam a pensar que se avançará para uma verdadeira participação e tomada em conta das posições dos parceiros sociais no processo de implementação do Quadro Comunitário de Apoio». (Pires, 1998: 189-190).

De acordo com o relatório *Portugal no contexto da UE. Dinâmica de Convergência*, publicado em 1999, pelo Departamento de Prospectiva e Planeamento do Ministério do Planeamento, durante o período 1994-98, Portugal apresentou uma significativa convergência[128], tanto em termos nominais, como em termos reais, apesar de a convergência em termos reais se ter processado num ritmo mais lento. Os progressos da convergência nominal possibilitaram a entrada de Portugal no grupo do euro. No que se refere à convergência real, o relatório indica que «apesar de uma situação de partida desfavorável, conseguiu-se um importante movimento de convergência real em direcção à Europa Comunitária, representando, em 1998, o PIB *per capita* de Portugal medido em ppc, 72,5% da média comunitária (55,1% em 1986) (...). Contudo Portugal continua a apresentar-se como o Estado Membro, depois da Grécia, que regista dentro da UE o PIB *per capita* mais baixo» (Departamento de Prospectiva e Planeamento, 1999: 11).

É, porém, importante frisar que este movimento de convergência real não se registou de uma forma idêntica em todas as regiões do país[129]. Assim,

---

[128] No final do primeiro triénio (1996), registou-se mais uma vez uma discrepância entre valores de investimento previsto e realizado – discrepância essa que tornou a beneficiar a região de Lisboa e Vale do Tejo, em detrimento de todas as outras regiões continentais. Conclui-se, portanto, que, até 1996, a gestão dos diferentes programas operacionais não conduziu a resultados aceitáveis no que se refere à distribuição regional dos fundos comunitários. No final desse triénio, a tendência de convergência real da economia portuguesa é favorável (de um índice de 66,6% em 1993, passou-se para um de 67,2% em 1995) verificando-se também uma maior aproximação entre os níveis de desenvolvimento das regiões (o quociente de variação relativo ao PIB por habitante das sete regiões, medido em paridade de poder de compra, desceu de 20,94%, para 20,92% em 1994 e para 20,91 em 1995).

[129] Embora todas as regiões, com a excepção do Algarve, se tenham aproximado, entre 1993-96, da média comunitária.

por exemplo, as regiões do Centro e do Alentejo, as quais apresentavam os valores do PIB *per capita* mais baixos, foram aquelas em que se observou um processo de convergência mais intenso, não sendo este último, todavia, suficiente para ultrapassar os atrasos estruturais destas regiões. Um outro indicador que será de interesse apresentar concerne ao desenvolvimento da actividade económica baseada em actividades de inovação e desenvolvimento (I&D). Neste ponto, é a região de Lisboa e Vale do Tejo que continuou a deter a maior concentração deste género de actividades.

A experiência portuguesa, marcada pela permanência e reprodução das desigualdades estruturais entre as suas regiões, vem, por tudo isto, ao encontro de várias constatações já realizadas a nível europeu. Em primeiro lugar, os incentivos regionais não podem compensar totalmente as regiões sem fontes de competitividade e de atracção de factores produtivos (v.g., ausências de políticas macro-económicas e de políticas especialmente concebidas para casos específicos, falta de mão de obra qualificada, inexistência de infra-estruturas e equipamentos, etc.). Em segundo lugar, os processos que decidem a localização destes sistemas de incentivos devem estar direccionados para o reforço da competitividade das regiões menos desenvolvidas, em detrimento da noção de que o investimento das regiões mais desenvolvidas servirá de propulsor à generalidade do desenvolvimento regional nacional. Em terceiro lugar, só tendo em mente esta última orientação é que os incentivos regionais podem ser configurados como instrumentos políticos de convergência interregional, tanto ao nível nacional, como comunitário.

4.4. III QCA

A análise que fundamentou o III QCA[130] registou a permanência de diferenças significativas nas condições de vida, na densidade e eficiência do tecido produtivo e na capacidade de oferta de emprego entre as várias regiões e sub-regiões do país. Era evidente, por exemplo, a elevada concentração da

---

[130] Para o período de 2000-2006 (III QCA), Portugal beneficia de um aumento de 20,6% na dotação dos fundos estruturais. O Objectivo n.º 1 que visa a promoção do desenvolvimento e ajustamento estrutural das regiões menos desenvolvidas, cujo nível de PIB por habitante é inferior a 75% da média comunitária, é aquele que mais relevância tem para o contexto português. No III QCA, as regiões do Norte, Centro, Alentejo, Algarve, Madeira e Açores continuam a ser elegíveis para este objectivo. Já a região de Lisboa e Vale do Tejo, ao apresentar actualmente um nível de PIB por habitante superior a 75% da média comunitária, deixou de ser elegível para este objectivo. No entanto, beneficiou, até 2006, de um apoio transitório

população e das actividades económicas no litoral, bem como a forte diversificação regional ao nível da densidade populacional[131], do perfil dos recursos humanos[132] e da distribuição do VAB[133], entre outros aspectos. Observemos a tabela seguinte, que resume os principais indicadores de desenvolvimento de acordo com as regiões:

TABELA 1 – Desenvolvimento Humano em Portugal, 1997

Região	Índice composto do desenvolvim. humano	Índice de esperança de vida	Índice de Alfabetização (15 e + anos)	Índice de conforto	Índice do PIB per capita
Norte	79,7	84,2	92,2	93,7	48,9
Centro	78,8	86,0	88,3	93,3	47,4
LVT	86,8	85,6	93,5	97,4	70,9
Alentejo	76,0	86,2	80,5	91,5	45,8
Algarve	80,3	83,0	89,4	93,1	55,6
RA Açores	78,0	82,8	93,1	96,9	39,3
RA Madeira	76,4	82,7	87,7	93,9	41,4
Portugal	81,6	84,9	91,1	94,7	55,6
Índice de dispersão	0,046	0,019	0,050	0,023	0,213

Fonte: Ministério do Planeamento, 1999a

Dos 4 eixos que estruturam o III QCA[134], a análise será focada, fundamentalmente, no último deles, o qual é dedicado à promoção e ao desenvolvimento sustentável das regiões e da coesão nacional. Neste âmbito, os Programas Operacionais Regionais do Continente apresentam, por seu turno,

---

[131] Existência de regiões com elevada densidade populacional (Norte – sobretudo o Grande Porto – e LVT) em contraposição a áreas menos densas que apresentam elevados índices de envelhecimento populacional e de êxodo populacional, como é o caso do Alentejo).

[132] Os recursos humanos apresentam características etárias muito diferenciadas, sendo o Norte a região mais jovem do País.

[133] Em termos da distribuição sectorial do VAB em cada região, as regiões do Norte, de Lisboa e Vale do Tejo e do Algarve apresentam um peso do sector primário inferior à média do país. No Alentejo, o sector primário afasta-se mais da média nacional (13,4% do VAB regional). O Norte e o Centro são as regiões onde o sector secundário apresenta um maior contributo para o VAB regional, sendo o Algarve a região com a menor participação do sector secundário no VAB total. Nas regiões de LVT e do Algarve, o peso do sector terciário é bastante superior ao que se verifica noutras regiões.

[134] Eixo I – Educação, Emprego, Formação e Desenvolvimento Social; Ciência, Técnica e Inovação; Sociedade da Informação; Saúde e Cultura; Eixo II – Agricultura, Desenvolvimento rural e pescas; Eixo III – Acessibilidades e meio ambiente.

um carácter inovador relativamente aos QCA anteriores, quer ao nível do modelo institucional, quer ao nível do volume de meios financeiros dos I e II QCA. Trata-se de uma nova orientação política e organizativa, cujo objectivo é o de garantir, pela aplicação do princípio de subsidariedade, ganhos de eficácia. Tal traduzir-se-ia, teoricamente, na aproximação entre os diferentes níveis de governo, na coordenação sectorial da administração pública, e na articulação entre administração central e municípios e organizações representativas dos agentes económicos e sociais.

Assim, no que concerne ao Poder Local, e na medida em que este QCA presta especial atenção às questões associadas ao desenvolvimento territorial, foram criados e reforçados diversos instrumentos de auxílio financeiro e de assistência técnica.

De facto, no plano das orientações básicas do PDR (2000-2006), há que referir que em face dos atrasos estruturais, e do ponto de vista do Poder Local, «a descentralização possível e necessária tem agora de traduzir-se numa transferência acentuada de competências, acompanhada dos respectivos recursos, para os Municípios e as Associações de Municípios. Para além da descentralização de competências e de recursos para os Municípios e Associações de Municípios, é necessário – sem Regiões Administrativas e sem o impulso que dariam à reorganização e modernização da Administração Central – promover um fortíssimo estímulo à eficácia dos serviços desconcentrados regionalmente, que serão responsabilizados por novas e mais relevantes funções, que funcionarão de forma concertada na concretização da estratégia de desenvolvimento e colocar-se-ão, portanto, ao serviço efectivo das populações, da sociedade e das actividades produtivas, numa lógica de eficácia e de humanização. A estratégia prosseguida no âmbito da Administração Pública visa atacar os pontos cruciais das interacções entre a administração e a sociedade civil – actuando com toda a energia, clarificando regras, simplificando processos e gerando, assim, uma dinâmica modernizadora que progressivamente influenciará de forma positiva toda a gestão pública, contribuindo de forma decisiva para modernizar Portugal, favorecer o aumento da competitividade da nossa economia e concretizar com maior eficácia a solidariedade nacional» (Ministério do Planeamento, 1999: III12/13).

Das diversas prioridades eleitas para este PDR[135], a atenção será apenas focada no único objectivo que diz respeito, de um modo mais imediato,

---

[135] As prioridades do Plano de Desenvolvimento são: 1 – Elevar o nível de qualificação dos Portugueses, Promover o Emprego e a Coesão Nacional; 2 – Alterar o Perfil produtivo

às questões do desenvolvimento territorial do país. O objectivo *Promover o Desenvolvimento Sustentável das Regiões e a Coesão Nacional* insere-se num quadro estratégico territorial, cuja concretização é marcada por diversos desafios, na medida em que a base económica e social regional continua a apresentar, sobretudo nas zonas mais periféricas, vulnerabilidades perante as transformações dos mercados internacionais e o futuro alargamento da UE. Este facto torna indispensável a criação de instrumentos que potenciem as vantagens regionais, a melhoria da base económica e social das cidades, e uma distribuição mais equitativa dos factores de desenvolvimento.

As *Intervenções Operacionais* deste objectivo corresponderam às formas privilegiadas de cooperação e articulação entre níveis político-administrativos diferenciados e entre parceiros públicos e privados. Nesta perspectiva, os programas regionais incluem, então, três eixos prioritários.

O primeiro, designado por *Apoio a Investimentos de Interesse Municipal e Intermunicipal*, correspondia ao tipo de medidas financiadas pelas intervenções operacionais regionais do QCA II e pretendia assegurar a continuidade do envolvimento dos municípios. Tendo em conta as atribuições e competências das autarquias, o apoio centra-se nos domínios do transporte, ambiente e renovação urbana. A filosofia subjacente consiste em «privilegiar um aumento da escala das iniciativas apoiadas, potenciando, por essa via, impactes mais significativos – mais participados – através de um maior e mais qualificado envolvimento dos Municípios e das Associações de Municípios na correspondente gestão e acompanhamento – e mais globalizantes – integrando mecanismos de cooperação entre os Municípios e a Administração Central, visando a prossecução de finalidades de interesse comum». (Ministério do Planeamento, 1999: III – 22).

De destacar que a contribuição comunitária é de maior relevo do que aquela que foi disponibilizada pelo II QCA, o que permite dar prioridade aos investimentos de maior escala territorial e importância financeira, geralmente propostos pelas associações de municípios. Nesta lógica de envolvimento e participação, a gestão do eixo é composta pelo recurso a formas contratuais que assegurem o envolvimento das associações de municípios à escala regional e subregional[136].

---

em Direcção às Actividades do Futuro; 3 – Afirmar a Valia do Território e da Posição Geoeconómica do País; 4 – Promover o Desenvolvimento Sustentável das Regiões e a Coesão Nacional.

[136] Este eixo integra também, em todos os programas regionais, uma subvenção global de apoio ao investimento municipal, visando o financiamento de bonificações de juros

As *Acções Integradas de Base Territorial* constituiam o segundo eixo prioritário e consistem, essencialmente, no financiamento de acções destinadas a superar dificuldades de desenvolvimento particularmente acentuadas, e a aproveitar as especificidades de cada região, através da concertação de investimentos e capacidades organizativas

Preconiza-se que a exploração de potencialidades que são territorial e tematicamente selectivas, seja realizada mediante parcerias público-privadas. Para além disso, estas acções dividem-se em acções integradas de desenvolvimento urbano e em acções de desenvolvimento regional. Em ambos os casos, a atenção é focada no desenvolvimento local como meio de redução dos desequilíbrios e disparidades regionais[137].

O último eixo, *Intervenções da Administração Central Regionalmente Desconcentradas*, implica a concertação estratégica entre finalidades sectoriais e territoriais e uma importante inovação: a transferência para Intervenções Operacionais Regionais de uma parte significativa dos investimentos e acções de desenvolvimento até agora enquadrados em Intervenções Operacionais Sectoriais.

Resta colocar, neste momento, uma série de questões: será que a fraca socialização dos poderes subnacionais relativamente ao mundo europeu, registada neste período, não se repercutirá negativamente? Será que a ênfase numa perspectiva regional na distribuição dos fundos estruturais não tenderá a reproduzir, ainda assim, as assimetrias de desenvolvimento dos territórios registadas até este momento? Será que a intensa dependência destes actores relativamente à Administração Pública não inibe uma "atitude próactiva" (Goldsmith e Klausen, 1997) por parte dos poderes locais em relação às instâncias e aos ideais europeus?

---

relativas a empréstimos a longo prazo, concedidos por instituições de crédito às Câmaras Municipais. para o desenvolvimento de projectos financiados no âmbito de QCA III. Inclui, de igual modo, o apoio a acções de formação dos funcionários e agentes da administração local e da administração pública central.

[137] Nesta perspectiva, o III QCA atribui grande importância às cidades como elemento motor do equilíbrio e reorganização territorial.

CAPÍTULO 5

PODER LOCAL E EUROPA: ENTRE O DIZER E O SENTIR

Os estudos sobre o Poder Local em Portugal têm adoptado perspectivas que raramente escapam aos discursos que, de forma avulsa e mais ou menos convencional, é corrente ver na sociedade portuguesa a propósito do tema. A oscilação entre a apologia desmesurada das virtudes autárquicas e a recriminação pura e simples dos factores que corroem "por dentro" a possível manifestação dessas virtudes, é a tónica dominante das análises sobre a política local. Aí encontramos desde a exaltação do programa de desenvolvimento e aprofundamento democrático que se deve ao Poder Local, nomeadamente após o 25 de Abril, até ao dedo acusador que nele vê o centro predilecto da deriva clientelista, caciquista, corrupta e despesista que definirá o exercício do poder político em Portugal[138]. De permeio fica toda uma abundante literatura a glosar as incontornáveis tensões entre as administrações local e central, quase sempre para denunciar o centralismo do Estado e nele ver o óbice à verdadeira materialização das capacidades e dinamismos socioeconómicos locais.

Além do viés político-ideológico que preside a muitas destas análises, o problema reside na excessiva atomização dos estudos existentes. Daí a sua inaptidão para veicular um debate contínuo, organizado e estruturante, não só sobre o Poder Local que queremos ter, mas, muito especialmente, sobre o Poder Local que temos.

Uma das metodologias utilizadas para conduzir a pesquisa empírica consistiu no envio de um inquérito semi-aberto à totalidade das Câmaras Municipais de Portugal Continental[139]. A necessidade de traçar um quadro estrutural sobre as percepções, os interesses e as limitações que o Poder Local enfrenta na sua adaptação ao espaço institucional e relacional europeu, tornou esta técnica uma prioridade a ser seguida

---

[138] Miguel Sousa Tavares chegou a asseverar que o Poder Local era a "história mais triste" dos anos da democracia em Portugal, enquanto Saldanha Sanches considerou que "não há nada de mais corrupto em Portugal do que as autarquias, mas até que isso chegue à opinião pública vai levar tempo" (Focus, nº 125, Março de 2002: 43). Entre outros, são figuras que se têm destacado neste tipo de denúncia.

[139] Dada a especificidade que caracteriza as regiões autónomas, o estudo centrou-se apenas em Portugal Continental.

Os inquéritos recebidos perfazem um total de 109. Em termos da sua distribuição nacional, a região Norte foi aquela que mais respondeu (33,9% do total). Segue-se a região Centro (31,2%), a região de Lisboa e Vale do Tejo (LVT) com 15,6%, a região do Alentejo (13,8%) e a região do Algarve (5,5%).

Para a análise dos resultados obtidos, foram isolados dez parâmetros. O primeiro a ser apresentado refere-se às representações que os autarcas portugueses criaram relativamente à União Europeia. Trata-se basicamente de tentar compreender as percepções e expectativas que este grupo de actores deposita na integração europeia, e qual a importância que atribui ao projecto comunitário para o desenvolvimento local e para o cumprimento das suas obrigações territoriais (Goldsmith e Klausen, 1997).

O grau de familiarização em relação ao projecto comunitário demonstrado por estes actores, proporciona um indicador a dever ser levado em conta quando se pretende retratar os processos de socialização de que são alvo, assim como os de europeização das políticas públicas que levam a cabo. Neste sentido, a avaliação da distância, ou da proximidade, que os autarcas eventualmente sentem relativamente à Europa constitui um segundo parâmetro de análise.

O terceiro parâmetro tem como objectivo a identificação dos esforços que as autarquias têm vindo a desenvolver, no sentido de reforçarem a sua capacidade para captar os benefícios provenientes da UE, mais precisamente da política regional comunitária. Os resultados obtidos traduzem tipologias de investimento que, por seu turno, se baseiam nas expectativas que os autarcas alimentam sobre a possibilidade de os seus territórios serem integrados em políticas de coesão e desenvolvimento (v.g., Marks *et al*, 1996).

Daqui surgem várias questões: como é que os autarcas avaliam a política regional comunitária? Quais os suportes da função de autarca relativamente ao acesso às políticas comunitárias? Como é realizada a socialização europeia destes actores? Será que esta está marcada pela condição periférica dos autarcas no plano nacional? Será que se podem observar novas práticas político-administrativas que denunciam a emergência de um modelo de governancia? Ou será, pelo contrário, que se verifica uma reprodução da tradição personalista que, privilegiando a resolução das situações através de contactos personalizados, facilita a apreensão estratégica da UE, criando-se, por esta via, formas de compensação ao estado de periferia dos autarcas? (Ruivo, 2000a).

Assim sendo, um quarto ponto de análise dirá respeito à avaliação que o Poder Local faz da aplicação da política regional comunitária. A complementar este ponto, há que ter em conta, de um modo mais concreto, a forma como o processo de candidatura aos fundos estruturais é realizado a nível nacional. A avaliação deste processo constitui o quinto parâmetro.

Sabendo-se que a introdução da política regional implica mutações ao nível das práticas e dos princípios que as fundamentam, há que analisar a maneira pela qual os novos enquadramentos da acção pública são absorvidos e aplicados localmente. A questão da cooperação inter-municipal surge, assim, como uma das mais importantes, na medida em que teoricamente consiste num princípio indutor de práticas de governança. Quais as vantagens e quais os obstáculos sentidos pelos autarcas na implementação desta forma de acção pública desvela-se, assim, como um conhecimento crucial. Estas questões são agrupadas no sexto parâmetro de análise (v.g., Duran, 1999).

Um dos obstáculos poderá referir-se à integração diferencial dos diferentes territórios nas políticas de coesão social e económica. Os efeitos que a captação diferencial dos benefícios comunitários produz deverá, pois, ser analisada do ponto de vista do sentimento de privação relativa que os autarcas sentem – análise esta que será realizada no sétimo parâmetro.

Ainda na perspectiva de conhecer as modificações introduzidas pela política regional europeia, torna-se necessário saber quais foram os apoios e os suportes de que o Poder Local usufrui para cumprir os novos requisitos da acção pública. A atenção será especialmente focada na questão dos mediadores e dos canais utilizados preferencialmente pelos autarcas. Este ponto será explorado no oitavo parâmetro.

As respostas às questões apontadas até este momento, descrevem o processo de europeização do Poder Local português, suas potencialidades e constrangimentos. Deste ponto de vista, há que procurar identificar as razões que permitam compreender o tipo de papel que o Poder Local se atribuiu a si próprio no âmbito desta temática. Este será o nono ponto de análise.

E se as instâncias comunitárias têm, através da política regional, advogado uma filosofia de territorialização da acção pública, pela qual o reforço dos poderes infra-nacionais permitiria a instauração de um modelo de governança multi-nível, impõe-se saber qual é a viabilidade desse modelo de acordo com o Poder Local. Esta problematização será realizada no décimo parâmetro (v.g., Bennington, 1994; Hooghe, Marks, 2002).

5.1. As representações sobre a europa

As pesadas heranças da tradição política portuguesa reflectem-se ainda hoje nas dificuldades em instaurar dinâmicas transformativas na estrutura política e social de Portugal (Ruivo, 2000a). Localizada na segunda metade do século XIII, a génese de uma política centralizadora começou, desde cedo, a marcar o declínio da autonomia e da força política dos concelhos portugueses. Para Monteiro (1996: 22), «a ideia de centralização precoce (ou o paradigma da centralização contínua e interminável, como lhe chamámos), a utilização dos conceitos de Estado e de Nação num sentido quase contemporâneo para falar da história portuguesa desde os finais da Idade Média, e a imagem da atrofia de todos os poderes que não os da monarquia constituíam património comum dos historiadores portugueses»[140]. São precisamente esses remanescentes que continuam a enquadrar, não tanto no plano jurídico de regulação social, mas no plano sócio-antropológico e simbólico, as práticas de um Portugal, na Europa, mas de problemática europeização.

Na forte ligação a um imaginário colectivo sobre uma identidade auto-providencial, Portugal tem recuperado as quase milenares imagens e discursos que alimenta sobre si mesmo. Revê-se e reconstrói-se nos novos contextos materiais da sua existência, mas continua a ancorar o seu sentido existencial hiperbólico nos seus mitos fundadores. Estando «inteiramente fora de nós» e «por reacção, mais do que nunca, miticamente ou simbolicamente, na nossa 'ilha-Portugal'», a relação com o mundo padece do desfazamento entre o "dito" e o "vivido" (Lourenço, 2003).

No diagnóstico sobre a autognose portuguesa, Eduardo Lourenço traça o constante «autismo hermenêutico» de Portugal: «A 'identidade portuguesa', se teimarmos em utilizar tão ambíguo e temeroso conceito ou pseudo-conceito, é intrinsecamente *História*, continuidade e metamorfose, sucessão de 'identidades' e sempre, na medida em que Portugal é, ao mesmo tempo, o sujeito e o resultado dessa História, um actor no meio de outros, uma História confrontada com outras Histórias. As visões identitárias subjacentes às diversas 'Histórias de Portugal' reservam a essa situação e confronto com o *Outro* pouca atenção, como se estivéssemos sós no mundo» *(op.cit.)*.

Explorar, pois, a representação da Europa implica conhecer o significado da realidade comunitária e da construção político-institucional da União

---

[140] A excepção a esta corrente é protagonizada por Romero Magalhães, entre outros, cuja obra se centrou na autonomia e vitalidade municipal em contraposição ao absolutismo reinante desde a Idade Média.

Europeia para os municípios portugueses. O objectivo pressupõe que, através do mapeamento do universo simbólico do Poder Local sobre a Europa, seja possível verificar se existe uma relação de coerência (ou de causalidade) entre o que a Europa significa do ponto de vista cognitivo e a posição que os actores reconhecem como sendo a sua em relação a esse referencial. Implica também observar se a importância, simultaneamente política e afectiva, material e simbólica, do objecto "Europa", se traduz na re-imaginação do sujeito "Portugal". Ou seja, se a pertença e a crescente socialização dos actores portugueses relativamente à Europa, originam novas práticas passíveis de gerar novos sentidos de identidade.

Sabendo-se que a regulação social pelos cânones do direito estabelecido poucas hipóteses tem de se tornar na regulação vivida, se se mantiver alheio relativamente às práticas quotidianas, pretende-se saber se o domínio da representação formal da Europa e se a relação imperativa com esta, têm, ou não, conduzido à europeização da cultura política portuguesa, e, por esta via, à europeização dos seus actores territoriais.

A partir dos resultados obtidos, é possível afirmar que, quer em termos nacionais, quer em termos regionais, os municípios portugueses consideram que a UE é simultaneamente «o maior desafio colocado ao nosso país» e «um contexto privilegiado de novas oportunidades políticas e de desenvolvimento sócio-económico».

De facto, na hipótese apresentada de a UE ser «o maior desafio colocado ao nosso país...», a esmagadora maioria das respostas obtidas (83,2%) concorda plenamente com tal afirmação[141].

De modo concordante, a Europa como desafio ao qual urge responder surge aos olhos dos municípios portugueses como «Um contexto privilegiado de novas oportunidades políticas e de desenvolvimento sócio-económico». Na verdade, em termos nacionais, 88,8% das respostas consideram esta hipótese 'Muito Importante'[142].

---

[141] Em termos da distribuição regional das respostas, verifica-se que na região Norte 82,9% dos municípios classificam a afirmação como 'Muito Importante'. Na região Centro, encontramos a mesma tendência: 88,2% das respostas consideram a afirmação 'Muito Importante'. De igual modo, na região de LVT, 82,4% acham a afirmação 'Muito Importante'. Embora com uma percentagem ligeiramente inferior (73,3%), a região do Alentejo concorda plenamente com a afirmação. Por último, na região do Algarve, 83,3% das Câmaras Municipais pensam que a afirmação é 'Muito Importante'.

[142] Encontra-se o mesmo nível de consenso na distribuição regional das respostas. Na região Norte, 82,9% dos municípios concordam plenamente. Na região Centro, 97,1%

Aquando da apresentação das hipóteses que descrevem negativamente a UE, observamos uma significativa mudança nas respostas. Assim, ao descrever a UE como «Uma utopia vaga e abstracta dificilmente realizável», a esmagadora maioria dos municípios em termos nacionais, discorda da afirmação (88,5%)[143].

Por outro lado, quando apresentamos a UE como «Um projecto tecnocrático, feito demasiado longe dos cidadãos», verificamos que, embora uma percentagem significativa das respostas obtidas, em termos nacionais, discorde, o nível de discordância é bastante inferior ao que se verifica com a questão anterior. Desta forma, 46,7% dos municípios discordam da afirmação; 35,6% acham-na 'Importante' e 18,1% 'Muito Importante'. Se estes dois últimos valores forem agregados, observa-se que 53,7% concordam com a afirmação[144]. Na realidade, esta é a principal crítica realizada pelos municípios, a qual denuncia desde já, o que iremos observar de forma mais aprofundada: a existência de um significativo sentimento de distância ou de alheamento relativamente à UE.

Quando se descreve a UE como «Um espaço incorrigível de desigualdades entre países e territórios», a unanimidade é abandonada, apesar de, em termos nacionais, a maioria dos municípios (67,3%) não concordar com a

---

dos concelhos acham a afirmação 'Muito Importante'. De modo similar, na região de LVT, 94,1% concordam plenamente com a afirmação. Na região do Alentejo, 80% acham-na 'Muito Importante', e no Algarve, 83,3% dos concelhos pensam que a afirmação é 'Muito Importante'.

[143] Este cenário é reproduzido na análise da distribuição regional das respostas, pois a esmagadora maioria dos municípios de cada região discorda da afirmação: Norte – 88,2%; Centro – 90,9%; LVT – 94,1%; Alentejo – 86,7%; Algarve – 60%.

[144] A análise da distribuição regional das respostas revela, por sua vez, que existe um significativo equilíbrio entre os que concordam e os que discordam da afirmação, com a excepção da região de LVT, onde os que discordam (64,7%) ultrapassam os que acham a afirmação 'Importante' (17,6%) e 'Muito Importante' (17,6%). Assim, na região Norte, 44,1% dos municípios discordam, em contraposição a 35,3% que a acham 'Importante' e 20,6% que a acham 'Muito Importante', sendo o total destes dois últimos grupos de 55,9%. Na região Centro, aos 45,5% dos municípios que não concordam, sobrepõem-se 39,4% que pensam que a afirmação é 'Importante' e 15,2% que a consideram 'Muito Importante' (total: 54,6%). Na região do Alentejo, a tendência é para concordar com a afirmação: enquanto que 33,3% dos municípios discordam, 53,3% acham-na 'Importante' e 13,3% 'Muito Importante' (total: 66,6%). Na região do Algarve, as respostas dividem-se quase que equitativamente: 50% julgam a afirmação 'Pouco Importante', 16,7% 'Importante' e 33,3% 'Muito Importante' (total: 50%).

afirmação. Na realidade, 26% das respostas obtidas considera-a 'Importante' e 6,7% 'Muito Importante'[145].

Perante estes dados, a imagem da Europa aos olhos do Poder Local é essencialmente uma imagem na qual são depositadas as esperanças de modernização e de desenvolvimento. Uma Europa como o horizonte a que se aspira, como o referencial de desenvolvimento a atingir... A Europa como possibilidade. Sendo ao nível representacional uma espécie de "eu-ideal", o espaço europeu possui já uma certa e definida materialidade, no sentido de não ser apreendido como irrealizável. Mesmo enquanto projecto, a Europa detém já um grau de consolidação e de definição que é percepcionado pelos municípios, sobretudo ao nível do enquadramento jurídico-legal dos seus contactos com a UE.

As assimetrias territoriais são reconhecidas, mas, enquanto fiel depositário das esperanças de desenvolvimento, a Europa não é interpretada como um «espaço incorrigível» de desigualdades sócio-económicas. Pelo contrário, os municípios portugueses têm nela o principal referencial de desenvolvimento, assim como nela parecem ver um aliado, ainda que distante, para o reforço da dimensão local das estratégias de desenvolvimento.

E é precisamente o sentimento de distância que motiva um certo moderamento das expectativas do Poder Local em relação à Europa – distância esta que pode ser identificada de modos diversos, como iremos ver. Tal como se observou anteriormente, para uma percentagem significativa de municípios a Europa é «um projecto tecnocrático feito demasiado longe dos cidadãos». Como será possível fundamentar ao longo da reflexão sobre os dados resultantes do inquérito, a Europa é interpretada como um manancial de

---

[145] De facto, ao nível da distribuição regional das respostas, verifica-se alguma disparidade entre as regiões. Assim, os municípios da região do Alentejo dividem-se entre 53,3% que discordam da afirmação, e os 33,3% que a consideram 'Importante' e 13,3% que a julgam 'Muito Importante' (total: 46,6%). As regiões do Norte e do Centro aproximam-se destes níveis de dissenso, embora de forma mais mitigada: na região Norte, 61,8% dos concelhos discordam, mas 32,4% acham a afirmação 'Importante' e 5,9% 'Muito Importante' (total: 38,3%); na região Centro, enquanto que 71,9% dos municípios consideram a afirmação 'Pouco Importante', 25% acham-na 'Importante' e 3,1% 'Muito Importante' (28,1%). De modo semelhante, na região de LVT, 76,5% julgam a afirmação 'Pouco Importante' em contraposição a 17,6% que a acham 'Importante' e a 5,9% que a considera 'Muito Importante' (23,5%). A região do Algarve é aquela que se apresenta mais optimista e consensual: 83,3% dos concelhos discordam da afirmação, enquanto que apenas um município a acha 'Muito Importante' (16,7%).

novas possibilidades, cujo potencial se encontra cerceado por uma construção demasiadamente tecnicizada da própria Europa e, sobretudo, por um Estado que se entrepõe fortemente entre os actores territoriais e a UE.

Se, metaforicamente, considerarmos a adesão de Portugal à Europa como um aumento de escala da estrutura política nacional, será que poderemos encontrar um novo mapa político? Ou, pelo contrário, será que esse aumento de escala apenas agudizou a dimensão periférica e labiríntica em que já vivia o Poder Local português? Aos labirintos locais e local-central do universo político português (Ruivo, 2000a) parece, de facto, ter-se juntado agora um novo labirinto, o labirinto local-Europa.

E isto, na medida em que «os labirintos políticos podem apresentar-se ao longo de uma escala de graduação de mobilidade. Para muitos, em primeiro lugar, eles podem configurar-se como labirintos cegos, isto é, em que o olhar de quem se encontra neles inserido não permite (ou permite pouco) a aquisição de domínio topológico. Nestes, obviamente, tal mobilidade encontra-se dificultada (...), e a falta de acumulação de experiências espaciais de carácter positivo poderá, desta maneira, conduzir a um défice cumulativo dos sinais estratégicos e relacionais que deverão constar do mapa. (...) Para outros, em menor número mas com maior experiência, o labirinto poderá, em segundo lugar, apresentar alguma transparência. Não querendo este facto significar um total domínio topológico, dele decorre, no entanto, uma certa dominância visual do campo que se encontra mais próximo (...). Esta ocorrência pode acentuar a motivação estratégica da mobilidade, a qual poderá passar a efectuar-se segundo objectivos visualmente detectados, sobre os quais se sabe, pelo menos, existirem possibilidades de serem atingidos» (Ruivo, 2000a: 27 ss.).

Consequentemente, a análise do distanciamento que os autarcas sentem em relação à UE poderá constituir um dos parâmetros a utilizar para responder a esta questão.

5.2. A distância à europa

Apesar da UE representar globalmente para os municípios portugueses um horizonte de oportunidades de desenvolvimento que se torna urgente alcançar, verificamos que, em termos nacionais, 65% dos municípios pensam que a sua região não se faz ouvir na Europa. Apenas 16,5% julgam que sim[146]. De modo semelhante, a análise da distribuição regional destes resultados

---

[146] 11,7% dos municípios inquiridos não sabem e 6,8% não respondem.

mostra que em todas as regiões, a maioria dos municípios pensa que a sua região não se faz ouvir na Europa[147].

Foram enunciadas vários tipos de razões pelas quais os municípios sentem que a região não se faz ouvir (Tabela 2) ou se faz ouvir na Europa (Tabela 4).

TABELA 2 – Resultados nacionais das razões pelas quais a região não se faz ouvir na Europa.

Razões	Nacional
Ausência de regionalização/falta de eleitos regionais	18,1 %
Centralização excessiva – dependência do poder central	13,9 %
Falta de peso económico/debilidade de desenvolvimento	12,5 %
Distanciamento-alheamento em relação à UE	5,6 %
Fragmentação/atomização municipal/ falta de unidade e liderança regional	5,6 %
Interioridade	4,2 %
Falta de identidade regional	2,8 %
Dificuldade de comunicação política: deputados, eurodeputados, governo	2,8 %
País periférico pouco presente na UE	1,4 %

O conjunto dos municípios que considera que a sua região não se faz ouvir na Europa enuncia principalmente três razões que explicam esse facto.

Em primeiro lugar, a *ausência de regionalização e de eleitos regionais* (18,1%). E, de facto, Portugal não tem vindo a acompanhar as principais tendências de reorganização do território a nível europeu. A inexistência de um enquadramento verdadeiramente político-representativo (e não apenas administrativo) de cariz regional constitui um contraste marcante em relação a grande parte da experiência europeia, onde o nível regional é reconhecido como um actor determinante nas estratégias de desenvolvimento sustentado e auto-determinado dos territórios.

O segundo factor mencionado é constituído pela *centralização excessiva e dependência* do Poder Local em relação ao Poder Central (13,9%)[148]. Como

---

[147] Norte – 63,9%; Centro – 66,7%; LVT – 56,3%; Alentejo – 80%; Algarve – 50%. No entanto, é de realçar que 31,3% dos municípios de LVT e que 33,3% dos do Algarve têm opinião contrária: a região faz-se ouvir na Europa. Nenhum município do Alentejo considera que a sua região se faz ouvir na Europa e apenas 19,4% dos concelhos do Norte e 10% do Centro pensam que a região se faz ouvir na Europa.

[148] Este factor de dependência encontra-se desenvolvido em Ruivo (2000a).

refe um dos inquiridos, segundo o qual a região precisamente não se faz ouvir na Europa:

> ...*em primeiro lugar, Portugal faz-se ouvir pouco na Europa. Em segundo lugar, a inexistência de uma região dificulta essa afirmação. Em terceiro lugar, a voz que se faz ouvir é a do governo central, porque o nosso país é muito centralizado»* (Entrevista 1).
> Outro inquirido, partilhando a mesma opinião, passa a afirmar: «*nem pouco nem mais ou menos. A minha região nem em Portugal se faz ouvir! Aliás, em Portugal, as regiões não têm peso político por si, nem suficiente autonomia para ter capacidade de intervenção. As regiões são apenas terminais das cadeias de comando do Terreiro do Paço, e, infelizmente, muitas vezes orientadas por técnicos com uma perspectiva de secretária, quanto muito de gabinete, da sua região. É uma pena...!* (Entrevista 2).

Em terceiro lugar, os autarcas acusam a *falta de peso económico e a debilidade de desenvolvimento* da sua região como principal factor de invisibilização da região na Europa (12,5%). Assim, os bloqueios advindos da excessiva centralização administrativa e política poderiam vir a ser contornados se os territórios em causa apresentassem índices de desenvolvimento suficientemente consolidados que lhes permitissem algum grau de auto-determinação nas suas estratégias de crescimento e de projecção. É nesta óptica, que a 'falta de peso económico', assim como a 'debilidade de desenvolvimento' se assumem como uma condição favorável ao reforço do papel do Estado.

Seguidamente, encontramos um outro grupo de razões: por um lado, o *distanciamento e alheamento dos municípios em relação à UE* (5,6%), por outro, a *fragmentação/atomização municipal e a falta de unidade e liderança regional* (5,6%). Denote-se aqui a escassa valorização destes motivos, a qual pode ser interpretada como resultado da atribuição de responsabilidade pela invisibilidade da região a nível comunitário ao Poder Central. Facto este que se relacionará com o fraco peso das regiões, estando estas delimitadas administrativamente e sob a alçada de responsáveis nomeados pelo Poder Central, ao invés de se instituírem como actores políticos legitimamente reconhecidos.

Os efeitos da *interioridade* são, igualmente, pouco mencionados (4,2%)[149], assim como a *falta de identidade regional* e a *dificuldade de comunicação* com a esfera política (deputados, eurodeputados e governo) (ambos com 2,8%). O facto de só 2,8% dos municípios terem referido, a nível nacional, a *falta*

---

[149] A fraca representação do factor Interioridade não poderá ser associada a um número baixo de respostas de concelhos do interior, pois 13 das NUTs III que responderam ao inquérito se encontram em tal posição.

de identidade regional parece surgir em concordância com a baixa votação do factor *fragmentação/atomização municipal e falta de unidade e liderança regional*. Tal não implica que, em termos regionais, não se registe o reconhecimento dos efeitos destes factores (sobretudo na região Centro, tal como se observará posteriormente); significa apenas que, a nível nacional, tais factores são, naquele contexto, relativamente desvalorizados perante os mais vastos constrangimentos exercidos por inúmeros bloqueios de ordem institucional, jurídica e política.

De modo similar, a fraca representatividade do factor *dificuldade em comunicar com políticos* parece sugerir a negação, por parte dos autarcas, de ausência de capital relacional e não tanto uma real aproximação destes em relação ao poder central.

A asseveração de um património relacional é, como se verá com maior profundidade, parte integrante do jogo político. Enquanto fonte de acesso aos códigos e racionalidades do político, o capital relacional (Ruivo, 2000a e b) é, na verdade, uma prática social concreta empregue, não só por grupos próximos do poder, por elites políticas, mas também por aqueles que se encontram nas margens do sistema sócio-político e sem o acesso (por motivos diversos) ao desempenho pleno da cidadania formal.

Na verdade, a noção de capital relacional assemelha-se ao conceito de capital social, ao referir-se, predominantemente, a determinadas características da sociedade (tais como, confiança, normas, redes) que podem optimizar a eficiência da acção. Todavia, e em contraste, o capital relacional possui uma natureza eminentemente privada: a «característica especial do capital social (...) é que é geralmente um bem público, ao contrário do capital convencional que é normalmente um bem privado. Enquanto atributo da estrutura social na qual a pessoa se inscreve, o capital social não é a propriedade privada das pessoas que dele beneficiam» (Putnam, 1993: 170). Neste sentido, «a 'rede relacional' é definida como um sistema generalizado de relações estratégicas, discretas e oficiosas, de troca imediata ou diferencial entre pessoas que usufruem de um poder político ou administrativo e outras que pretendem obter favores. Esta forma de troca é uma estratégia de re-apropriação do poder por aqueles que estão desarmados, ou uma estratégia de reforço do poder para aqueles que o dispõem (...). O capital relacional funciona de modo personalizado nas relações de troca diádica (...), ou se alarga a um grupo, como um partido, (...) onde se dilui a responsabilidade individual» (Becquart-Leclercq, 1995: 248 ss.).

Esta forma de relacionismo é consubstanciada conceptualmente naquilo a que Ruivo (2000a: 45) denomina de cidadania relacional, isto é, «cidadania sociologicamente olhada como informal e não oficial». A utilização do capital relacional por parte do actor político pode ser analisada a partir de duas perspectivas opostas que expressam a multidimensionalidade do social.

Por um lado, é possível descrever cidadania relacional como um fenómeno negativo, manifesto nas suas formas clientelares e de corrupção (Ruivo e Francisco, 1999). No entanto, o mesmo conceito pode corresponder a uma prática social que procura corrigir individualmente desigualdades, nomeadamente ao nível da democracia dos acessos. Na verdade, sendo uma activação de redes relacionais, a cidadania relacional consiste numa forma de reapropriação do Poder, numa acção estratégica do jogo político. É nesta ambiguidade fundamental, manifesta nos usos casuísticos dos contactos e conhecimentos, que reside a razão pela qual a posse de capital relacional não implica necessariamente uma aproximação real e democratizada em relação ao Poder.

No que diz respeito aos resultados regionais das razões pelas quais a região não se faz ouvir na Europa, observemos a Tabela 3.

Para os municípios da região Norte, os principais factores que explicam a falta de visibilidade da região nas instâncias comunitárias são a *ausência de descentralização e de eleitos regionais* (17,4%), a *centralização excessiva e a dependência do Poder Local em relação ao Poder Central* (17,4%), assim como a *falta de peso económico e a debilidade do desenvolvimento da região* (13%).

Apenas 8,7% indicam que o facto de a região não se fazer ouvir na Europa deriva do *distanciamento e do alheamento* desta em relação à UE. Já a *interioridade* e a *falta de identidade regional* são razões de ordem residual (cada uma com 4,3%). Por outro lado, nenhum concelho acusou a presença de lógicas de *fragmentação e de atomização municipal*, nem reconheceu haver *falta de unidade e de liderança regional*. De igual modo, nenhum concelho considera também o factor *País periférico pouco presente na Europa*.

Destes dados emerge o perfil de uma região que se apreende a si própria como tal, ou seja, como espaço regional amplo com identidade e recursos próprios. A ausência de uma maior projecção regional dever-se-á, sobretudo, do ponto de vista dos municípios nortenhos, a razões exógenas derivadas da estruturação do sistema político-administrativo nacional (v.g., ausência de regionalização/ falta de eleitos regionais; centralização excessiva/ dependência relativamente ao Poder Central), as quais parecem influir decisivamente na *performance* regional ao nível dos índices de desenvolvimento.

Ao contrário do que sucede com a região Norte, a principal razão apontada para a falta de visibilidade da região Centro na Europa não é tanto a *ausência de regionalização* (8,3%), mas sim a *centralização excessiva* (12,5%), a *falta de peso económico* (12,5%), a *fragmentação/ atomização municipal e falta de unidade e liderança regional* (12,5%).

TABELA 3 – Resultados regionais das razões pelas quais a região
não se faz ouvir na Europa

Razões	Norte	Centro	LVT	Alentejo	Algarve
Ausência de regionalização/falta de eleitos regionais	17,4%	8,3%	7,7%	75%	0%
Centralização excessiva – dependência do poder central	17,4%	12,5%	15,4%	0%	25%
Falta de peso económico/debilidade de desenvolvimento	13%	12,5%	15,4%	12,5%	0%
Distanciamento-alheamento em relação à UE	8,7%	8,3%	0%	0%	0%
Fragmentação/atomização municipal/ falta de unidade e liderança regional	0%	12,5%	7,7%	0%	0%
Interioridade	4,3%	8,3%	0%	0%	0%
Falta de identidade regional	4,3%	0%	7,7%	0%	0%
Dificuldade de comunicação política: deputados, eurodeputados, governo	0%	4,2%	0%	0%	25%
País periférico pouco presente UE	0%	4,2%	0%	0%	0%

Os valores dos factores *centralização excessiva e falta de peso económico* são relativamente próximos aos que a região Norte apresentou. Todavia, em radical oposição ao Norte, um grupo significativo dos municípios do Centro denuncia lógicas de *atomização municipal e ausência de unidade regional*. Assim, ao contrário da região Norte, onde é possível observar uma certa coerência entre a delimitação administrativa da região e a sua percepção como um "bloco" identitário, na região Centro assistimos a um desfazamento nítido entre as dimensões política e administrativa do espaço regional. Perante a diversidade de territórios/paisagens, e, em parte, devido à sua localização na charneira entre as duas Áreas Metropolitanas (Lisboa e Porto), existirá mais facilmente, portanto, uma região meramente física do que uma região com traços de cariz político.

Na verdade, composta por um mosaico de espaços com fracas articulações entre si, a identidade da região Centro afirmou-se como uma identidade também ela em mosaico, feita de pertenças territoriais à espera de um elemento aglutinador[150]. Mais: a falta de concertação interna, juntamente com os clássicos obstáculos do sistema político-administrativo, ao mesmo tempo que geram tendências centrífugas e factores de diferenciação intra-regional, tendem a interferir na qualidade da relação que estes municípios conseguem estabelecer entre si e com o universo comunitário. Nesta perspectiva, por exemplo, os factores *distanciamento-alheamento em relação à UE e interioridade* ressaltam especialmente (cada factor com 8,3%). No entanto, estes factores possuem um peso relativamente menor, o que indica que as principais dificuldades do Poder Local, na óptica dos concelhos do Centro, se mantêm no plano nacional. A crítica à centralização excessiva que trespassa o sistema político constitui outra das principais chamadas de atenção (12,5%), ou, a atentar nas palavras de um actor privilegiado do associativismo municipal:

> *As competências concretas dos municípios estão muito longe de ser aquelas que, porventura, constitucionalmente e, em termos de leis de base, poderiam ser. Mas o concreto, a vida do dia-a-dia, rege-se por aquilo que está regulamentado, e não pelos princípios constitucionais. (...) Não é por acaso que o tema do último congresso (da ANMP – Associação Nacional de Municípios Portugueses) foi o da autonomia do Poder Local. Pode parecer estranho: 'Mas então nós depois de 25 anos, estamos agora a discutir a autonomia?'. Mas chegamos à conclusão que se tem que discutir, porque nos últimos anos, inclusivamente, isto andou para trás. Passou a haver muito mais interferências da administração central na vida do Poder Local do que aquilo que havia. (...) No plano financeiro, com o sistema de contratos-programa e a utilização dos próprios fundos comunitários etc, claramente a opção que os municípios tinham e têm que ter, em termos de autonomia, de decidir o que vão fazer, está claramente debilitada. Isto, assim muito genericamente, podemos dizer assim: vamos supor que há um milhão de contos que é o que os municípios tem que gerir. Teoricamente, a gente diz assim: com esse milhão de contos o município faz o que quiser. Define as suas prioridades. O milhão de contos é para definir as suas prioridades. Com o sistema que está, neste momento, em vigor, com aquele milhão de contos, o município pode utilizá-los, mas entretanto como o governo diz: 'olhe, se quiser tem aqui 300 mil se você puser 100 mil e quiser a escola, você arranja o terreno, mas...' Ouça, o que é que vai acontecer? É que, a certa altura, daquele milhão há 100 mil que foi para a 5ª prioridade porque o governo dava mais 300; há 200 mil que foram para a 8ª prioridade, porque o governo dava não sei quê... e, quando se deu por isso, uma parte significativa do orçamento local que era para as tais prioridades não foi utilizada para a 1ª, a 2ª e a 3ª, porque foi utilizada na 5ª, na 6ª ou na 7ª. E isto é uma violação da autonomia. Depois, no plano administrativo, em que está definido que a autonomia, em que a tutela é meramente inspectiva, que implica uma verificação a posteriori e, bom, na prática são as verificações prévias, as inspecções durante... Tem a ver, no dia-a-dia, coisas que vamos constatando. Portanto, por isso é que eu digo que nos últimos anos, se foi re-pegar este grande*

---

[150] A própria organização multipolar da rede urbana reflecte esta organização do território. É uma região sem metrópole e sem grandes cidades, tal como foi referenciado.

*tema que parece, obviamente para quem está de fora destas questões municipais, estranho. Porquê? Porque é este o cenário que está em cima da mes*a (Entrevista 9)[151].

Na região de LVT, os factores mais indicados como explicação para o facto de a região não se fazer ouvir na Europa são *centralização excessiva*, assim como a *falta de peso económico e de debilidade de desenvolvimento* (cada factor com 15,4%). De um modo bastante coerente, os municípios indicam a *inexistência de eleitos regionais*, a *fragmentação e atomização municipal*, juntamente com a *ausência de unidade e liderança regional*, e a *falta de identidade regional*, como outros factores que também influenciam a invisibilidade da região (cada um com 7,7%). Nenhum município acusou *distanciamento em relação à UE, interioridade, dificuldade de comunicação com políticos e país periférico pouco presente na Europa.*

Poder-se-á postular para o caso de LVT uma excessiva polarização/ cefalia da Área Metropolitana que condensa em si própria os principais índices de desenvolvimento regionais. Quer isto dizer que, ao nível do Poder Local, "região" e "área metropolitana", embora estejam geograficamente próximos, não são conceitos equiparáveis e que a existência da AML não tem produzido, por seu turno, a dinamização e a congregação das suas partes e da própria região. Novas periferias se desenvolvem, as quais estilhaçam um espaço administrativamente construído, tal como o comprova a concretização de separação de parte da área da região de LVT para que aquela possa permanecer compatível com o denominado "região de objectivo 1"[152].

No caso do Alentejo, os municípios indicaram unicamente dois factores: a *ausência de regionalização* (75%) e a *falta de peso económico/debilidade do desenvolvimento regional* (12,5%). Todos os municípios concordam com o facto de a região não se fazer ouvir na Europa. Sendo portadora de um auto-conceito como o da periferia das periferias em termos nacionais, dificilmente a região do Alentejo se sente com poder de projecção no plano europeu. Mais uma

---

[151] De igual modo, as palavras de um outro dos inquiridos são esclarecedoras a este respeito: «há projectos que não são prioritários, mas têm fundos comunitários e há que aproveitar» (Entrevista 3).

[152] Na realidade, em Setembro de 2002, foi aprovado um decreto-lei que iria futuramente (em 2007) alterar a delimitação geográfica da região de LVT. Esta medida foi apoiada pelos trinta e quatro municípios envolvidos e pertencentes às sub-regiões da Lezíria, do Médio Tejo e do Oeste, (independentemente da cor política), os quais ingressarão nas CCDRs das regiões Centro e do Alentejo, mantendo-se, por isso, como territórios de objectivo 1.

vez, reencontramos aqui o facto de serem os problemas políticos, administrativos e económicos nacionais, aqueles que mais constrangem a projecção do Alentejo fora das suas fronteiras e em direcção à Europa.

Já a região do Algarve se apresenta como um caso particular, na medida em que, enquanto espaço geográfico, sempre se encontrou bem definida em termos históricos. De facto, conquistado em 1242, o Reino dos Algarves desde sempre demonstrou uma certa consistência e homogeneidade identitária (Serrão, 1971). A região enuncia apenas dois factores para explicar o facto de não se fazer ouvir: a *centralização excessiva* (25%) e a *dificuldade de comunicação com política* (25%)[153].

Parece, pois, pertinente observar como é que uma região de longa gestação histórica permanece relativamente afastada dos circuitos de canais e comportas do Poder Central, muito embora o seu estatuto de periferia seja, comparativamente, menor do que aquele que se observa no Alentejo. Assim, à "região perdida" do Alentejo, parece suceder a "região demarcada" do Algarve[154], no sentido de possuir traços únicos (tais como o optimismo relativamente à UE e ao seu desenvolvimento) que contrastam fortemente com os sentimentos generalizados de moderação de expectativas que encontramos noutras regiões.

A partir destas observações é possível, portanto, identificar, ainda que genericamente, distintos retratos regionais, na medida em que os municípios de cada região apresentam um leque mais ou menos específico de razões para o facto de a respectiva região não se fazer ouvir nas instâncias europeias.

Estas diferenças poderão servir de base para futuras interrogações. Por exemplo, em que medida a unanimidade do Alentejo em apontar a *centra-*

---

[153] Apenas um concelho considera que a região se faz ouvir bem na Europa e que o facto de ter um autarca em instâncias comunitárias contribui para isso.

[154] Realizando agora o cruzamento de questões, observa-se que a hipótese segundo a qual a região é passiva, não conseguindo ser «um agente na construção europeia» divide, em termos nacionais, as opiniões dos eleitos locais entre 45,6% que não concordam com a afirmação e 54,4% que se revêem nela. Os resultados regionais revelam que existem dois grupos essenciais. O primeiro é composto pelas regiões onde uma clara maioria de municípios julga que a sua região é passiva, não se fazendo ouvir na Europa: Centro – 71,9%; Alentejo – 66,6%. O segundo grupo inclui as regiões do Norte, LVT e Algarve, onde 57,6%, 58,8% e 66,7% dos municípios, respectivamente, julgam que as suas regiões possuem algum tipo de visibilidade nas instâncias comunitárias, devido à sua atitude mais pró-activa.

lização excessiva e *falta de peso económico* é um facto que confirma quase que irrevogavelmente a percepção que esta região tem de si mesma como a periferia das periferias? Por outro lado, será que o facto de existirem áreas metropolitanas nas regiões pode diminuir a distância destas relativamente à Europa? Ou será que o facto das regiões onde existem áreas metropolitanas, acusarem *falta de unidade e líderes regionais* indicia a esterilidade do funcionamento deste modelo? Esterilidade esta que se poderá relacionar com o facto de a regulamentação da legislação das Áreas Metropolitanas não estar eficaz ou completamente elaborada?

No que se refere às razões apontadas pelas quais a região se faz ouvir na Europa, verificamos que, quer em termos nacionais, quer a nível regional, a percentagem das respostas obtidas é meramente residual. Para esta constatação, observemos as tabelas 4 e 5.

O peso do factor *boa captação de fundos* demonstra claramente o pragmatismo dos municípios portugueses face à Europa, de que têm um entendimento muito redutor, enquanto fonte de financiamento, e não como espaço de participação e capacitação política (Mathiot, 1998).

A busca de financiamento constitui a principal motivação para o alargamento dos horizontes da política local, sendo negligenciadas outras dimensões da integração europeia, tais como, notavelmente, a construção de um sentido identitário e de uma comunidade de destino partilhada.

TABELA 4 – Resultados nacionais das razões pelas quais a região
se faz ouvir na Europa

Razões	%
Boa captação de fundos	5,6 %
Autarcas na UE	4,2 %
Forte peso e desenvolvimento económico	2,8 %
Proximidade a Lisboa	2,8 %

TABELA 5 – Resultados regionais das razões pelas quais a região
se faz ouvir na Europa

Razões	Norte	Centro	LVT	Alentejo	Algarve
Boa captação de fundos	8,7%	4,2%	7,7%	0%	0%
Autarcas na UE	8,7%	0%	0%	0%	25%
Forte peso e desenvolvimento económico	4,3%	0%	7,7%	0%	0%
Proximidade a Lisboa	0%	0%	15,4%	0%	0%

Todavia, sabendo-se que a redistribuição dos fundos comunitários é mediada pelos organismos do Poder Central, poder-se-á questionar a percepção dos municípios, segundo a qual o facto de usufruírem de verbas comunitárias ser sinónimo de visibilidade regional nas instâncias europeias. Neste sentido, seria mais lógico esperar que as respostas elegessem, por exemplo, a proximidade do Poder Local em relação a Lisboa. Esta perplexidade interpretativa poderá ser esclarecida se levarmos em conta precisamente o facto de a UE ser, simbolicamente, apreendida como "uma loja de conveniência" (Covas, 2000), cujos bens, produtos e serviços são acedidos não por uma interpelação directa, mas por meio de negociações e de mediações protagonizadas pelo Estado. Tratar-se-á, portanto, de um equívoco, pois a captação de fundos comunitários (sendo fruto da função redistribuidora do Poder Central) poderá não equivaler a formas de auto-representação e negociação entre os territórios e as instituições europeias (excepto nos casos dos Programas de Iniciativa Comunitária).

5.3. As transformações com vista à europa

A reestruturação organizacional das autarquias é uma necessidade crucial para que estas possam lidar com as políticas comunitárias. A possibilidade de os autarcas verem os seus territórios incluídos em políticas de coesão e de desenvolvimento depende, em grande parte, dos investimentos que realizam para captarem essas mesmas políticas (v.g., Marks *et al*, 1996; Bennington, 1994). Dada a complexidade de tais políticas, as exigências de conhecimento técnico e especializado em ramos diversos e perante o facto de a legislação comunitária ser uma legislação em constante evolução, as Câmaras Municipais devem estar, pois, apetrechadas com vários recursos (desde humanos a técnicos), por forma a poderem estar na linha da frente dos financiamentos provenientes da UE, sobretudo através da política regional[155].

Conhecendo os indicadores fortemente periféricos sobre os recursos técnicos humanos das autarquias (Ruivo, 2000a), os municípios foram, assim, interrogados sobre as mudanças efectuadas nos seus serviços para melhor se adaptarem às oportunidades oferecidas pela UE. Em termos de resultados nacionais, a maioria dos municípios (75,2%) respondeu que efectuaram mudanças nesse sentido. Em contraposição, 18,3% indicaram não terem rea-

---

[155] A problemática contemporânea poderá ser sumariada da seguinte forma: «Portanto, como, a partir do saber dos peritos confrontado com os conhecimentos empíricos das pessoas e grupos, elaborar conhecimento útil à decisão?» (Heurgon, 2001: 5).

lizado mudanças na respectiva autarquia[156], o que por si só é já um resultado bastante significativo.

A distribuição regional destes resultados revela que nas regiões Norte, Centro, LVT e Alentejo, a maioria dos concelhos fez mudanças nas suas autarquias: do total de respostas obtidas para a região Norte, 70,3% afirmaram ter feito mudanças; do total das respostas da região Centro, 82,4% das autarquias declararam o mesmo; do total dos inquéritos respondidos pelos municípios da região LVT, também 82,4% das respostas confirmam a realização de modificações, assim como 73,3% dos municípios alentejanos do total que respondeu ao inquérito. Os municípios do Algarve dividem-se entre os 50% que fizeram alterações e os 50% que não fizeram.

De entre as respostas obtidas relativamente às razões para as mudanças, foi posteriormente possível distinguir três tipos delas ou de investimentos mais importantes (Tabela 6): ao nível dos recursos humanos, ao nível da modernização de serviços (v.g., informatização), e no que se refere à criação de um gabinete de relações internacionais ou com a UE.

TABELA 6 – Resultados nacionais e regionais das alterações nas autarquias

Razões	Nacional	Norte	Centro	LVT	Alentejo	Algarve[157]
Modernização de serviços	31,9%	35%	23,1%	46,2%	37,5%	0%
Recursos humanos	20,3%	20%	30,8%	7,7%	12,5%	0%
Gabinete de relações	14,5%	15%	7,7%	15,4%	25%	50%

Em termos nacionais, verificamos que apenas 14,5% das autarquias que responderam ao inquérito criaram um gabinete de relações internacionais especialmente vocacionado para lidar com questões europeias[158].

No que concerne mais precisamente à região de LVT, é de referir que esta sempre concentrou em si, pela proximidade entre as administrações local e central (cf. Ruivo, 2000a), uma percentagem significativa de recursos humanos. Daí que apenas 7,7% dos municípios desta região tenham investido nesta dimensão, sendo o grosso dos investimentos realizados em outras áreas, nomeadamente na da modernização de serviços. Comparati-

---

[156] 3,7% dos concelhos não sabem e 2,8% não respondem.

[157] 50% das respostas obtidas dos concelhos algarvios não foram validadas, pelo facto de estes terem confundido alterações na orgânica camarária, com investimentos realizados nos seus territórios (v.g., infra-estruturas).

[158] Dos totais regionais: 15% na região Norte, 7,7% na região Centro, 15,4% na região de LVT, 25% no Alentejo e 50% no Algarve.

vamente, os municípios das restantes regiões apresentam valores bastante mais elevados de investimento em recursos humanos embora menores (mas não despicientes) ao nível da modernização dos serviços.

Todavia, e numa perspectiva global, os resultados demonstram, deste modo, uma fraca reestruturação das autarquias, já que a modernização de serviços redunda, em grande parte dos casos, na mera informatização dos serviços e não dos processos de tomada de decisão e sua implementação. Esta reestruturação, que mantém os quadros mentais de acção tradicionais, não traduz uma europeização, mas antes uma dupla dependência do Poder Local em relação ao Estado central e, por via deste, em relação aos fundos: claro está que as autarquias que não se encontram dotadas financeiramente para suportar os custos desta reestruturação, acumulam uma série de desvantagens na sua relação com o Poder Central e com os fundos comunitários, reforçando a sua dependência em relação à Administração central e/ou desconcentrada.

Assim, ao invés de encontrarmos uma reestruturação do Poder Local no sentido de este se aproximar da Europa, como seria manifesto no caso da criação de gabinetes municipais especialmente vocacionados para lidar com questões europeias ou marcar presença junto às instâncias comunitárias, somos confrontados, não só com dificuldades do foro material para a criação dessas estruturas, como também deparamos com um cepticismo relativamente à relação custos-benefícios que tal empreendimento implicaria. Vejamos o seguinte excerto de uma entrevista a um Presidente de Câmara municipal, capital de distrito:

> *Agora, as Câmaras Municipais que eu tenha conhecimento não (têm gabinetes em Bruxelas), mas também não me espanta: os recursos são escassos e é difícil justificar perante as nossas opiniões públicas... e independentemente das opiniões públicas... é difícil numa avaliação do custo/benefício.... duvido que se justifique. Se calhar, há alguns anos era mais importante. Hoje em dia, com a internet, com o acesso muito fácil a toda a informação, não sei se se justifica. Não sei. Tenho algum cepticismo que valha a pena. Parece-me que até pode ser vista ao contrário: 'este homem quer ter um antena em Bruxelas só para mostrar que está aqui, que é moderno...' Não sei se tirará benefícios concretos nisso. Sinceramente. Porque ou é um lobby muito importante que valha a pena fazer – a ANMP? Excelente. Pescas? Indústria? Vinho?... há lobbies importantes em que é preciso estar no corredor das negociações....* (Entrevista 12)

Apesar de as Câmaras Municipais poderem recorrer a sectores administrativos da Administração Central desconcentrada, verifica-se uma perenização do défice de apoio informativo crucial para os processos de tomada de decisão. Segundo Ruivo (2000a), esse défice assume uma dupla vertente: trata-se de um défice próprio do Poder Local e de um défice de apoio por parte da Administração Central desconcentrada. Mesmo apesar da forte evolução positiva registada nos últimos anos ao nível da dotação de recursos humanos, o fosso de preparação entre as administrações central e local tem vindo a agravar-se, sobretudo em contextos de transferência de competências para o Poder Local e de complexificação da máquina burocrática, política e administrativa advinda da integração europeia. Reencontra-se aqui o espectro do "grau zero do Poder Local" (Mozzicafreddo *et al*, 1988).

A disseminação de estruturas de apoio administrativo ao Poder Local é, por vezes, enviesada por critérios de escassez de meios económico-financeiros, e de oportunidade política para a produção de legitimação governamental e de processamento de lealdades territoriais via expansão administrativa. Logo, «todas estas disparidades quantitativas e qualitativas em termos de recursos técnicos humanos permitem novamente confirmar as discrepâncias entre os discursos descentralizadores e as realidades político-administrativas locais. (....) Pensamos poder, deste modo, concluir-se em geral que a centralidade constitucional da figura da descentralização tem vindo a ser acompanhada por modelos periféricos de enquadramento posterior, os quais incluem formas de não implementação de leis, de suspensão temporária de legislação, de formas de quase mútuo desconhecimento jurídico, de não dotação de mecanismos para a prossecução de fins e de bruscos e imprevisíveis cortes orçamentais» (Ruivo, 2000a: 134 ss.).

As discrepâncias entre discursos e realidades aplicam-se pois, simultaneamente, tanto ao espaço político nacional como ao espaço europeu localmente vivido em Portugal, país onde a Europa imaginada continua profundamente divergente da Europa vivida.

5.4. Avaliação da política regional europeia

A importância da política regional europeia verifica-se tanto ao nível do seu papel em relação a outras políticas comunitárias, como também ao nível da sua função integradora dos diversos espaços – sociológicos e políticos – que compõem a UE. Nesta perspectiva, a política regional europeia poderá ser interpretada como articuladora das relações entre os diferentes níveis do universo comunitário: local/ regional, nacional/ europeu.

Para compreender como os municípios portugueses avaliam a política regional europeia, foram levantadas diferentes questões. Do conjunto das respostas obtidas, torna-se evidente que o Poder Local português coloca toda uma série de críticas relativamente ao cumprimento dos objectivos da política regional, assim como no que diz respeito à forma como ela tem vindo a ser aplicada.

Em termos nacionais, deste modo, 52,8% dos municípios consideram que a política regional europeia não «tem realizado bem os objectivos de solidariedade para com as regiões mais desfavorecidas».

Esta avaliação negativa é reencontrada ao nível da distribuição regional das respostas dadas[159]. Assim sendo, na região Norte, a maioria (52,9%) considera que a política regional não tem cumprido os objectivos de coesão. Em LVT, o cenário é semelhante: 52,9% dos municípios acham que a política regional falha no cumprimento dos seus objectivos básicos de solidariedade. Na região do Alentejo, 73,3% dos concelhos consideram, igualmente, que a política regional não tem cumprido esses objectivos de coesão. Tal resultado vem reconfirmar a força do estatuto de periferia com que o Alentejo é confrontado. Na região Centro, a situação inverte-se, embora se registe um certo equilíbrio nas respostas: apesar de 47,1% acharem que a política regional não tem realizado os objectivos de solidariedade regional, 52,9% pensam que sim[160]. Globalmente, é-se, portanto, confrontado com uma avaliação tendencialmente negativa dos efeitos de coesão social e económica da política regional comunitária.

Os municípios foram, igualmente, confrontados com algumas afirmações sobre a política regional comunitária. O peso estatístico de cada uma delas permite compreender melhor as razões que motivam a avaliação realizada pelos municípios portugueses.

Uma das razões pelas quais a política regional não tem cumprido os seus objectivos de solidariedade, é o facto de ela ser, sobretudo, «aproveitada pelas regiões mais desenvolvidas». Em termos nacionais, a esmagadora maioria dos concelhos (70,4%) partilha esta opinião.

Apenas 29,5% dos concelhos consideram que a afirmação não corresponde à realidade. A localização dos municípios segundo os eixos litoral/ /interior parece não ter um peso significativo, já que 70,5% dos concelhos

---

[159] A única excepção a registar é a região do Algarve onde se verifica uma inversão de opiniões (66,7% têm uma opinião contrária).

[160] A localização dos municípios no Litoral ou no Interior parece não exercer grande influência nos resultados obtidos neste ponto, já que, do total dos concelhos do litoral, 48,8% considera que a política regional tem realizado bem os objectivos de solidariedade, assim como 46% dos municípios localizados no interior.

do litoral e 70,3% dos do interior consideram que a política regional tem sido, sobretudo, aproveitada pelas regiões mais desenvolvidas.

Verifica-se também um consenso generalizado sobre esta ideia ao nível da distribuição regional das respostas. 63,9% dos concelhos da região Norte, assim como 76,5% dos municípios da região Centro, 76,5% dos da região de LVT, 66,7% dos do Alentejo e 66,7% dos municípios algarvios consideram que «a política regional europeia tem sido, sobretudo, aproveitada pelas regiões mais desenvolvidas».

Denota-se, pois, o reconhecimento implícito por parte destes actores, da existência de uma centralização territorial na lógica de captação/aplicação de fundos. No entanto, esta centralização não se realiza em função de um único centro a ser personificado por LVT.

Tal como observámos, o facto de 76,5% dos municípios da região de LVT denunciarem o aproveitamento da política regional pelas regiões mais poderosas, indicia a existência, por parte destes concelhos (que, como já enunciado, são, em boa parte, periféricos e ainda bastante ruralizados), um forte sentimento de privação em relação a Lisboa no que aos fundos diz respeito. O mesmo sucederá relativamente às outras regiões, onde os centros regionais coincidem com capitais de distrito, sedes de Áreas Metropolitanas (como no caso do Grande Porto), ou com sistemas produtivos locais de algum peso. Será também possível aferir aqui a consciência de que as próprias regiões são pulverizadas pelas suas assimetrias e macrocefalias internas, isto é, por processos de diferenciação intra-regional. Nesta óptica, a política regional comunitária tende a ser percepcionada pelos eleitos locais como sendo uma questão eminentemente redistributiva, e não como uma política constitutiva de novas lógicas de desenvolvimento.

Outro factor que poderá explicar a razão pela qual a política regional não tem cumprido os objectivos de coesão, é a ausência de uma divulgação conveniente daquela junto às autarquias. Uma maioria relativa dos concelhos (61,3%) concorda plenamente com esta hipótese, embora seja de anotar que 38,7% dos municípios discordam da mesma.

No que concerne à distribuição regional destes resultados, observa-se que, à excepção de LVT (onde, 52,9% dos concelhos discordam, em contraposição a 47,1% que concordam), a maioria dos municípios das outras regiões julga que a política regional não tem sido convenientemente divulgada junto do Poder Local.

De facto, na região Norte, 64,7% dos concelhos concorda plenamente com a afirmação, assim como 55,9% dos municípios da região Centro, 80%

dos concelhos alentejanos e 66,7% dos municípios algarvios[161]. Ou seja, as periferias conhecem outra realidade. A exiguidade da comunicação política sobre a Europa tem sido reencontrada em vários pontos da análise. Indicia uma certa privatização ou apropriação da Europa por parte do Poder Central que, desta forma, ao invés de se democratizar nas consciências e práticas dos poderes infra-nacionais, se torna cada vez mais opaca e susceptível à lógica da "dádiva do príncipe" (Legendre, 1976).

Na realidade, a suposta abundância da informação (por vezes, não sistematizada), não constitui por si só um meio suficiente para que os eleitos locais se possam mover com à vontade nos meandros jurídicos e políticos que cerceiam o acesso aos fundos comunitários. Neste ponto, há a destacar três dificuldades fundamentais: a mudança de filosofia e de modo de funcionamento introduzida pelo III QCA, o difícil domínio de um fluxo de informações que se caracteriza pela complexidade e que está em constante evolução (situação que é agravada pela fraca preparação técnica e organizacional das autarquias), bem como a discrepância sentida entre o formalismo da informação e o imponderável da sua aplicação aquando da realização das candidaturas.

Enquanto que, v.g., o II QCA privilegiava uma perspectiva nacional-sectorial em detrimento de uma visão regional do desenvolvimento estrutural do país, os programas operacionais regionais do III QCA apresentam um novo modelo institucional baseado na ideia de que a regionalização do investimento comunitário constitui uma etapa crucial para a coesão nacional. A mudança de filosofia e de organização introduzida pelo III QCA é um factor que gera alguma dificuldade no grau de compreensão e de interpretação daquele por parte dos eleitos locais, os quais já se encontravam familiarizados com a organização interna que regia a distribuição e a elegibilidade dos fundos do I e do II QCA. Em consequência, não era suficientemente claro para os eleitos locais quais os eixos e programas do III QCA a que se poderiam candidatar. Atente-se, deste modo, no seguinte excerto:

Sobre o anterior QCA acabou por não haver muitas dúvidas, agora sobre este eu acho que é mais que insuficiente, porque nós passado um ano, praticamente ainda não sabemos de que forma é que

---

[161] Nesta hipótese, a diferenciação entre litoral e interior parece possuir alguma influência, mas mínima, pois 55,8% dos concelhos que se situam no litoral julgam que a política regional não tem sido convenientemente divulgada junto do poder local, enquanto que do total dos municípios do interior 65,1% têm a mesma opinião.

nos vamos candidatar. Efectivamente houve reuniões e lançaram-se essas publicações todas, mas não sabemos ainda exactamente, até porque passado um ano ainda nem sequer há regulamento. Como é que se vai gerir essa situação? Portanto, neste momento, nós, e com certeza outras Câmaras, já fizemos candidaturas, mas um bocado às escuras porque não sabemos por que eixos é que vamos circular (Entrevista 5).

Também a produção e a distribuição de conhecimento parece seguir, como já foi mencionado, uma lógica espacial centralista – mau grado a disseminação da administração desconcentrada (CCDRs e então GATs) –, na medida em que,

Eu acho que deveria haver um Ministro que estabelecesse uma ligação muito mais íntima com as autarquias, que lhes fosse explicando e informando, porque quando é necessário qualquer coisa para Lisboa ou para o Porto, o Governo está sempre funcional para isso, enquanto que o resto do país não existe (Entrevista 14).

Outro ponto a salientar refere-se à dificuldade sentida em absorver, interiorizar e operacionalizar a informação obtida. Esta dificuldade manifesta-se com especial agudeza nas autarquias que não apresentam, sobretudo em termos de recursos humanos, uma devida preparação para gerir e concretizar tal informação na elaboração de projectos viáveis e na apresentação de candidaturas aos fundos comunitários. No caso dessas autarquias, a dependência relativamente a organismos da Administração desconcentrada torna-se maior (Ruivo, 2000a):

...existem Câmaras mais pequenas, principalmente na zona de Trás-os-Montes, a que os chamados GATs (Gabinetes de Apoio Técnico) dão um apoio muito grande nesta área. Os GATs dependem da Administração Central, através da dependência directa das CCDRs e que têm normalmente os técnicos na área de Engenharia, Economia... (Entrevista 14).

Para além disto, o possível domínio das autarquias no que se refere à linguagem, aos códigos e ao modo de funcionamento dos fundos comunitários, pode ser ineficaz na prossecução dos seus objectivos de duas maneiras: através dos jogos políticos que são transversais ao modelo institucional do QCA e cujas consequências são particularmente nefastas para os municípios que não detêm uma presença e uma capacidade de acção política (Ritaine, 1996) fortes, e mediante as incoerências e inconsequências da implementação nacional do III QCA.

O primeiro aspecto pode ser ilustrado pelo caso de algumas Câmaras, as quais se encontram, por diversos motivos, (modernização organizacional;

peso eleitoral; fortes atrasos estruturais; fraca capacidade financeira; ausência de inserção em redes significantes de capital relacional político), numa posição politicamente desfavorável:

Penso que (a informação sobre os fundos comunitários) *pode ser suficiente, depois na prática é que as coisas não funcionam, porque há verbas e determinado tipo de financiamento que estão assegurados, mas depois quando nos candidatamos não são contemplados. Por exemplo, pré-primárias: nós fizemos uma série de construções de pré-primárias que não foram contempladas através de argumentos que nos apresentaram, que enfim... Nós compreendemos, mas não aceitámos muito bem porque há outros municípios que, por exemplo, fazem esse tipo de obra e que são contemplados. É outra guerra. (....) Nós vemos uma disparidade de apoios aos municípios de outras cores. (...) Ainda há dias estava ali a ler uma entrevista de um colega meu de uma Câmara que é do (....) e é do distrito de (....), em que três municípios do (....) fizeram protocolos com o Ministério da Cultura para a construção ou reconstrução do respectivo teatro e o dele ainda não tinha sido contemplado. (...) E a gente vê o tipo de apoios, sejam os critérios que foram utilizados para o POLIS, os milhões de contos que vêm para alguns municípios....* (Entrevista 13).

Estas incongruências dificultam logicamente a acção dos eleitos locais, gerando alguma discrepância entre o formalismo das informações e o confronto com os imponderáveis da realidade concreta. Situação esta que coloca graves entraves na programação da actividade camarária, para além de dúvidas várias ao nível da interpretação das regras comunitárias. De facto, na medida em que o universo da Comunidade apresenta um carácter evolutivo e processual – impedindo que as suas instâncias possam ser vistas como estáveis e estruturadas, onde os actores incarnem uma identidade política bem definida – veio a produzir-se uma ambiguidade que se traduz em fortes dissonâncias nas interpretações realizadas pelos diversos actores (Mathiot, 1998). Nos termos de Abélès (1998: 117), «a Europa leva incerteza ao coração da prática política (...) Trata-se de iluminar este aspecto da mudança de escala, da ausência de continuidade radical entre o conteúdo e a estruturação das representações políticas quando se passa dos níveis nacional e infra-nacional ao plano europeu».

De notar que as autarquias que mais denunciam estas incoerências são aquelas que melhor se encontram informadas e familiarizadas com o *modus operandi* do III QCA. A ambiguidade ou a polissemia das regras constituiu, para os detentores de *expertise* e de *know-how*, uma excelente ferramenta de negociação. É, nomeadamente, o caso apontado pelos seguintes excertos de entrevistas realizadas a Presidentes de Câmaras Municipais:

Aquilo que nos dizem é que isto vai ser muito mais rigoroso e que a candidatura, ao ser feita, se não for cumprido o programa, neste III QCA, sujeitamo-nos a perder as verbas. As Câmaras estão atentas a isto, mas há um facto concreto: o que é que vai acontecer neste primeiro ano? Neste primeiro ano, aquilo que foi negociado com o Estado Português e com Bruxelas foi gastarem uns milhões de contos este ano. As candidaturas ainda não abriram, vão abrir agora no fim de Junho. Portanto, fim de Junho, fazer a candidatura, homologar a candidatura, ficamos com 4 ou 5 meses para fazer obras (Entrevista 4).

Porque eu tive agora a informação da CCDR de que agora já não há quotas e que nós só podemos candidatarmo-nos a obras já adjudicadas; agora vejam isto, uma Câmara que o ano passado teve um orçamento de cerca de dois milhões e tal mil contos, na verdade realizou muito mais obra por causa dessa ajudas colaterais. (...) Mas eu tenho um projecto, e agora com as novas regras, só os projectos adjudicados é que são comparticipados, agora imagine um projecto de 1 milhão e meio de contos, abre concurso, concorro, adjudico, só depois é que me posso candidatar. (Entrevista 14).

A possibilidade de a política regional europeia não servir os municípios, «porque é concebida para as regiões e não para os espaços locais» é a hipótese que mais divide o Poder Local. Na verdade, os resultados nacionais revelam um significativo equilíbrio entre os concelhos que não concordam com a afirmação (52,4%) e aqueles que concordam (47,6%)[162].

Já a leitura da distribuição regional das respostas mostra que existem significativas discrepâncias entre as regiões. A maioria dos concelhos das regiões Norte e de LVT não consideram que «a política regional não serve os municípios, porque é concebida para as regiões e não para os espaços locais» (60,6% e 58,8%, respectivamente). Já 52,9% dos municípios do Centro, 53,3% do Alentejo e 66,7% do Algarve concordam com a afirmação. De notar que as regiões Centro e do Algarve são regiões onde não está presente a estrutura das áreas metropolitanas. Inclusivamente, a posição da região Centro torna-se compreensível quando se leva em conta que esta reconhece em si dinâmicas de dispersão e de atomização municipal. O Alentejo, por sua vez, vem confirmar novamente o seu auto-conceito como periferia das periferias, e o Algarve denota algum grau de distanciamento derivado de um sentimento de si próprio relativamente forte.

Poderíamos, em face destes dados, pensar que o facto das regiões Norte e LVT considerarem que a afirmação segundo a qual a política regional euro-

---

[162] Nesta hipótese, a oposição litoral/interior não parece exercer qualquer efeito sobre as respostas obtidas, na medida em que 46,5% dos concelhos do litoral e 48,4% do interior consideram que a política regional não serve os municípios porque é exactamente concebida para as regiões e não para os espaços locais.

peia não serve os municípios «porque é concebida para as regiões e não para os espaços locais» é falsa, se deve à existência de áreas metropolitanas e de um sentimento de pertença regional mais enraizado. Ainda que seja possível detectar a presença deste sentimento – sobretudo na região Norte –, esta não é uma conclusão definitiva que se possa retirar dos dados, pois a maioria das respostas obtidas nestas duas regiões provêem de municípios periféricos, por vezes ainda ruralizados, sem grande protagonismo regional. Outro motivo, pelo qual a aceitação desta suposição deverá passar pelo crivo do questionamento, é que, em contrapartida, o sentimento de pertença regional, enquanto possível base de definição de estratégias de desenvolvimento comuns, parece ser bastante exíguo nas regiões do Centro, Alentejo e mesmo Algarve. A preponderância da visão local nos quadros mentais dos eleitos tende ainda a sobrepor-se a novas propostas de planeamento e concertação (v.g., Gaxie, 1997; Delcamp, 1997). Como se verá mais adiante, a prevalência de obstáculos do foro cultural e de enquadramento legal são fortes obstáculos para a implementação e disseminação de um modelo de acção local concertada, colectiva e negociada.

De facto, a filosofia da política regional tem sido orientada no sentido de apoiar os poderes descentralizados. Todavia, no entender da maioria dos municípios (56,1%), tal não tem sucedido[163]. Na verdade, a distribuição regional das respostas revela que em todas as regiões, com a excepção da região Centro, onde se regista um empate, a maioria dos concelhos não concorda com a hipótese de a política regional europeia apoiar os poderes descentralizados. De realçar que são as regiões do Alentejo e do Algarve as que mais discordam. Na região Norte, 57,1% dos concelhos não concordam, assim como 52,9% da região de LVT, 66,7% do Alentejo e 66,7% do Algarve.

O desfazamento entre uma Europa que procura desenvolver nos seus Estados Membros estratégias de descentralização, ou a "law in books", e as realidades político-institucionais destes últimos, ou a "law in action", constitui um nó górdio, como é evidente no caso português. É que as estratégias de descentralização (nomeadamente dos sectores administrativos que apoiam actores territoriais) não têm vindo a produzir autonomia, nem fomentado a livre iniciativa.

---

[163] A oposição litoral/interior não exerce qualquer influência: 47,7% das respostas dos concelhos do litoral e 41,3% das do litoral julgam que a política regional apoia os poderes descentralizados.

A introdução de mais instâncias, mediadores e procedimentos, os quais anda não adquiriram uma certa estabilidade de práticas, torna a sinalética do labirinto dificilmente decifrável e facilmente susceptível de ser alvo do arbítrio por parte do Poder Central. Torna o caminho para a Europa ainda mais fragmentado. E quanto mais fragmentado, mais longínquo. O caso da princípio da subsidiariedade é aqui, a vários títulos, de suma importância.

Como foi observado, a subsidiariedade constitui um dos desafios mais relevantes colocados pela política regional comunitária aos Estados Membros – sobretudo aos que possuem uma estrutura e uma tradição marcada pelo centralismo. Tornava-se, pois, imperativo saber se, do ponto de vista do Poder Local, o princípio tem sido cumprido e, consequentemente, favorecido o desenvolvimento local e regional.

Em termos nacionais, apenas 23,8% dos municípios pensam que o princípio de subsidiariedade «tem sido cumprido e favorecido o desenvolvimento local e regional». Em contraposição, 49,3% discordam da mesma afirmação.

É de realçar que 27% das respostas obtidas não foram classificadas, pelo facto de os inquiridos não terem conseguido identificar os conteúdos do princípio de subsidiariedade, tendo sido este conceito frequentemente confundido com o de "solidariedade". Este dado é apenas um dos exemplos mais flagrantes da opacidade que rodeia tudo o que se refere à Europa para os territórios portugueses: o próprio Poder Local, não identificando o conceito, não reconhece, portanto, o âmbito possível da sua acção em termos nacionais. E este desconhecimento acaba por operar como mais uma variável de reprodução do centralismo do sistema político-administrativo português (Pastorel, 1993).

Para as respostas que afirmam que o princípio de subsidiariedade tem sido cumprido, distinguiram-se duas categorias de razões: (1) a *existência de uma política de coesão nacional* e (2) a *observação de um balanço positivo dos investimentos realizados*. A primeira razão enunciada é aquela que detém maior peso, quer em termos nacionais, quer ao nível dos concelhos das regiões Norte e LVT. Os concelhos do Centro e do Algarve preferem a segunda razão em detrimento desta, pelo que consideram que os investimentos realizados foram positivos. Nenhum município do Alentejo pensa que o princípio de subsidiariedade tenha vindo a ser cumprido.

Mais uma vez, encontramos nestas respostas um posicionamento face à Europa ditado pelo pragmatismo em função do imediatismo da "obra feita". A redução da Europa a esta dimensão tecnocrata e economicista acusa igualmente a pusilanimidade das estratégias de planeamento a nível supra-municipal e mesmo regional, pois o desenvolvimento coerente, por exemplo, das infraestruturas por si só não conduz linearmente ao desenvolvimento social, cultural ou mesmo económico (v.g., Martin, 1998; Vachon, 1998; Veltz, 2000). Vejamos, em seguida, o testemunho de um funcionário chave do quadro técnico de uma Câmara Municipal de grandes dimensões:

> *Não há estratégia, porque para haver estratégia é preciso planear-se e não há planeamento. Nós passamos do zero em que não havia rigorosamente nada para uma situação em que estamos organizados. Temos todas as condições para haver estratégia. A estratégia depende da vontade política. Nós podemos ter muito boas ideias, mas.... não há planeamento se o corpo político de uma autarquia não quiser planear com quem tecnicamente planeia. Eu diria que não há estratégia. E porque é que não há estratégia? Por exemplo, somos bombardeados com propostas de parcerias – vamos supor do INTERREG – e não há uma estratégia. Não há uma estratégia porque as propostas se analisam avulso. Do meu ponto de vista, não deveriam ser analisadas avulso. A Câmara deve pensar um bocadinho.... não quer dizer que as coisas depois sejam feitas de uma forma rígida.... mas a Câmara tem de dizer o que quer.... Ou porque privilegia algum tipo de sector, de parceiros ou então assume que não privilegia nada e diz 'durante um ano não queremos ser parceiros de ninguém'. Caso contrário, recebemos semana sim, semana não, uma proposta de parceria, as análises são avulso e as respostas são avulso. Os serviços não se sentam em conjunto se for caso disso....* (Entrevista 15).

Para o conjunto dos municípios que pensam que o princípio de subsidiariedade não tem sido cumprido, foram criadas oito categorias de razões: (1) *dificuldades de articulação – coordenação institucional*; (2) *cultura centralista*; (3) *ausência de regiões eleitas*; (4) *cumplicidades político-administrativas impeditivas*; (5) *falta de recursos do poder local e do território*; (6) *aumento das assimetrias – favorecimento das regiões poderosas*; (7) *programas comunitários com formatação inadequada*; (8) *desconhecimento sobre o princípio*.

Em termos nacionais, a principal razão evocada pela qual o princípio de subsidiariedade não tem sido cumprido consiste na categoria 6, *aumento das assimetrias – favorecimento das regiões poderosas*, a qual reúne o consenso de 23,6% dos municípios. Este é o principal factor, evocado também por todas as regiões: Norte – 29,4%; Centro – 28,6%; LVT – 7%; Alentejo – 25%; Algarve – 25%. De realçar que o segundo factor (categoria 2) mais representado em termos nacionais (*cultura centralista* – 9,5%) contou com a adesão dos concelhos do Norte (11,8%), do Centro (9,5), do Alentejo (12,5%) e do Algarve (25%).

Em seguida, apresentam-se várias tabelas onde é possível observar as posições regionais por ordem crescente de preferência.

TABELA 7 – Resultados regionais – Norte

Norte	Preferências
Aumento das assimetrias/favorecimento das regiões poderosas	29,4%
Cultura centralista	11,8%
Ausência de regiões eleitas	5,9%
Dificuldades de articulação-coordenação institucional	0%
Cumplicidades político-administratovas impeditivas	0%
Falta de recursos do poder local e do território	0%
Programas comunitários com formatação inadequada	0%
Desconhecimento sobre o princípio	0%

TABELA 8 – Resultados regionais – Centro

Centro	Preferências
Aumento das assimetrias/favorecimento das regiões poderosas	28,6%
Cumplicidades político-administrativas impeditivas	14,3%
Cultura centralista	9,5%
Dificuldades de articulação-coordenação institucional	0%
Ausência de regiões eleitas	0%
Falta de recursos do poder local e do território	0%
Programas comunitários com formatação inadequada	0%
Desconhecimento sobre o princípio	0%

TABELA 9 – Resultados regionais – LVT

LVT	Preferências
Dificuldades de articulação-coordenação institucional	15,4%
Falta de recursos do poder local e do território	7%
Aumento das assimetrias- favorecimento das regiões poderosas	7%
Desconhecimento sobre o princípio	7%
Cultura centralista	0%
Ausência de regiões eleitas	0%
Cumplicidades político-administrativas impeditivas	0%
Programas comunitários com formatação inadequada	0%

TABELA 10 – Resultados regionais – Alentejo

Alentejo	Preferências
Aumento das assimetrias – favorecimento das regiões poderosas	25%
Cultura centralista	12,5%
Programas comunitários com formatação inadequada	12,5%
Dificuldades de articulação-coordenação institucional	0%
Ausência de regiões eleitas	0%
Cumplicidades político-administrativas impeditivas	0%
Falta de recursos do poder local e do território	0%
Desconhecimento sobre o princípio	0%

TABELA 11 – Resultados regionais – Algarve

Algarve	Preferências
Cultura centralista	25%
Aumento das assimetrias – favorecimento das regiões poderosas	25%
Desconhecimento sobre o princípio	25%
Ausência de regiões eleitas	0%
Cumplicidades político-administrativas impeditivas	0%
Falta de recursos do poder local e do território	0%
Programas comunitários com formatação inadequada	0%
Dificuldades de articulação-coordenação institucional	0%

Será interessante notar que todas as regiões (com a excepção de LVT) denunciam a existência de *assimetrias/favorecimento das regiões mais poderosas* e a permanência de uma *cultura centralista* como os principais obstáculos ao cumprimento do princípio de subsidariedade. Ou seja, são motivos principalmente exógenos aos territórios que os autarcas reconhecem como sendo os principais óbices da aplicação do princípio da subsidariedade. O mesmo é dizer que atribuem a responsabilidade desse facto à organização e à cultura político-administrativa portuguesa.

O caso de LVT exige uma atenção particular, na medida em que três dos factores mais denunciados são as *dificuldades de articulação institucional*, a *falta de recursos do Poder Local e do território* e o *desconhecimento sobre o princípio*. Este cenário permite concluir que a proximidade geográfica relativamente ao Poder Central e à sua administração não significa necessariamente uma vantagem política. A diversidade interna da região em termos de desenvolvimento socioeconómico (e que motivaram a sua divisão), cisões partidárias, rupturas pessoais e as próprias assimetrias de desenvolvimento e de capacidade política de reivindicação dos municípios são factores que podem explicar a especificidade do caso da região de LVT.

O princípio de subsidariedade está também intimamente ligado à questão da autonomia do Poder Local, nomeadamente no que se refere, por exemplo, à gestão e aplicação dos fundos comunitários (Comité das Regiões, 2000[a]). A dependência do Poder Local em relação à Administração Central influi na percepção do grau de autonomia com que as autarquias participam na gestão e nos processos de decisão que dizem respeito a esta temática. Muito embora o Poder Local tenha lugar cativo nas unidades de gestão das CCDRs, tal não parece ser satisfatório para a maioria. Aqui, a transversalidade dos jogos políticos manifesta-se novamente e o carácter inescapável da Administração desconcentrada enquanto mediador desvela-se uma vez mais. Na análise sobre as práticas relativas à subsidariedade em França, Borraz (1997: 53) demonstra claramente que «longe de ter aberto uma brecha no dispositivo institucional no qual a subsidariedade é tragada, as leis da descentralização e as reformas que se seguiram contribuíram para complexificar o sistema político-administrativo – poder-se-á evocar uma redundância acrescida das instituições – sem fornecer regras, procedimentos ou modalidades de coordenação susceptíveis de recompor uma nova ordem territorial. Por este facto, as práticas subsidiárias observáveis são frequentemente isoladas e de forma alguma susceptíveis de participar naquela recomposição».

Neste ponto, há que focar, nomeadamente, a forma como os próprios meandros necessários à operacionalização dos benefícios da Europa, mediante a organização hierarquizada (apesar de desconcentrada) dos canais de acesso, cerceiam a capacidade de iniciativa dos eleitos.

...sem dúvida que nós devíamos ter uma maior flexibilidade[164] na utilização dos dinheiros que nos são atribuídos. Também é verdade que devíamos ter uma maior autonomia de decisão, e o facto de haver uma centralidade excessiva, concerteza que nós perdemos a nossa capacidade de gerir, quando no fundo esta capacidade que nos é delegada é de tal maneira filtrada que quando chega a nós, só podemos ter este e aquele comportamento e não outros (Entrevista 1).

É precisamente o carácter indeterminado e processual da UE e das suas directrizes – como é o caso do princípio da subsidariedade – que é respon-

---

[164] Talvez, por exemplo, nos patamares de endividamento, no calendário de candidaturas e nas formas de comparticipação nos fundos comunitários.

sável por uma das mais interessantes aporias da política regional europeia. Apesar da constatação de que as instituições europeias têm, de um modo geral, desempenhado um papel favorável à causa regional (Levrat, 1995), a viabilidade do projecto comunitário permanece pendente de uma lógica inter-estatal: o facto de as políticas comunitárias – especialmente, as regionais – continuarem enquadradas pelos sistemas políticos e administrativos nacionais, permite que os Estados Membros, embora relativamente "esvaziados" (Bennington, 1994) de certas competências, reconstruam aqui a sua centralidade[165]. O princípio da subsidiariedade encarna uma polissemia e plasticidade facilmente manipuláveis pelos diversos actores (Comissão Europeia, Estados Membros e actores subnacionais). Se, por vezes, contribui para a abertura a novos actores e a emergência de abordagens políticas inovadoras, na generalidade dos casos a interpretação que dele prevalece é a estabelecida pelo próprio Estado. Este terá o poder de definir e angariar parceiros, impor condições de participação e manter os seus axiomas como quadros de referência obrigatórios.

No que diz respeito à hipótese de a política regional comunitária ter atenuado as assimetrias regionais, verifica-se que, apesar dos problemas indicados, a maioria dos municípios (58,3%) julga que a aplicação dos fundos comunitários conseguiu cumprir esse desígnio. De mencionar o facto de uma percentagem significativa (39,9%) discordar daquela posição.

Na tabela seguinte, podem observar-se os correspondentes resultados regionais:

TABELA 12 – A Política Regional Europeia atenuou as assimetrias regionais....
(Resultados regionais)

	Norte	Centro	LVT	Alentejo	Algarve
SIM	51,4%	73,5%	52,9%	50%	50%
NÃO	48,6%	23,5%	35,3%	50%	50%

Tendo uma apreciação globalmente positiva da atenuação das assimetrias regionais, as regiões apresentam graus de satisfação distintos. Assim sendo, os municípios da região Centro apresentam uma avaliação bastante positiva (73,5%). Na região Norte, o sentimento de satisfação é algo mais mode-

---

[165] «A Europa restituirá às nações a sua soberania ameaçada; a Comunidade, longe de substituir os Estados, protegerá as nações contra as suas ameaças» (François-Poncet, 1992, cit. in Loeb-Mayer, 1995: 168).

rado: apenas 51,4% concelhos reconhecem que a política regional europeia contribuiu para a atenuação das assimetrias regionais. As restantes regiões apresentam valores de satisfação praticamente idênticos.

Para o conjunto dos municípios que pensam que a aplicação dos fundos estruturais atenuou as assimetrias regionais, foram identificadas duas razões. Os resultados obtidos podem ser observados na tabela seguinte:

TABELA 13 – Razões para a atenuação das assimetrias regionais
(Resultados regionais)

Razões	Norte	Centro	LVT	Alentejo	Algarve
Criação de infra-estruturas	33,3%	58,8%	60%	25%	0%
Elevação da qualidade de vida	0%	17,6%	0%	0%	0%

Uma das justificações apresentadas («elevação da qualidade de vida») advém de uma visão eminentemente pós-materialista sobre o que deverá constituir a acção pública local, isto é, uma visão que enfatiza valores outros, tais como planeamento e ordenamento territorial, urbanismo, expressão, participação, etc. Recolhe pouca ou nenhuma adesão. A razão «criação de infra-estruturas», sendo a que maior importância apresenta, indicia a perpetuação de uma mentalidade de índole materialista sobre a actuação camarária que se restringe ao domínio das necessidades básicas das populações e à "obra feita" (v.g., Ruivo, 2000a, 2000b). É precisamente esta a razão que justifica o grau de satisfação apresentado pelos municípios relativamente à atenuação das assimetrias regionais por efeito da política regional europeia.

Será interessante comparar estes dados com os que são apresentados em Ruivo (2000a) sobre os projectos mais importantes que os Presidentes de Câmara procuraram realizar (Tabela 14).

Como claramente se verifica pela eleição das primeiras quatro prioridades, a introdução cada vez mais profunda e exigente dos modelos de acção pública europeus não alteraram substancialmente, para o período em análise, as prioridades de investimento camarário, nem sequer os quadros cognitivos de cariz materialista que desde sempre caracterizaram os executivos locais, todos eles num registo de continuidade.

TABELA 14 – Projectos mais importantes que os Presidentes de Câmara procuraram realizar

SECTOR	Percentagem de Presidentes de Câmara que o mencionam
Infra-estruturas básicas	28,4%
Desenvolvimento/Investimento/emprego	20,1%
Equipamentos	17,2%
Vias de Comunicação/acessibilidades	16,4%
Desporto/lazer	14,2%
Turismo/ambiente	13,4%
Cultura/Património histórico	11,2%
Bem estar das populações	9,0%
Infra-estruturas produtivas	9,0%
Secundário	6,7%
Habitação	6,7%
Educação	7,5%
Ordenamento	7,5%
População: fixação/rejuvenescimento	6,0%
Saúde	6,0&
Primário	3,7%
Terciário	0,7%
Outros	11,2%

Fonte: Ruivo, 2000a: 101.

Já os municípios que julgam ter havido um aumento das assimetrias, apresentaram basicamente quatro motivos, os quais podem ser observados na tabela seguinte:

TABELA 15 – Razões para a não atenuação das assimetrias regionais

Razões	Norte	Centro	LVT	Alentejo	Algarve
Peso dos grandes centros urbanos/ /litoralização	50%	11,8%	10%	75%	100%
Desequilíbrio na capacidade de atracção de investimento	8,3%	11,8%	20%	0%	0%
Não cumprimento dos critérios	0%	0%	10%	0%	0%
Ausência de regionalização	4%	0%	0%	0%	0%

Na região Norte, as posições dividem-se algo equitativamente, dado que, apesar de 51,4% dos municípios (Tabela 12) defenderem que a aplicação dos fundos comunitários atenuou as assimetrias regionais, 48,6% têm opinião contrária. Logo, a questão não é consensual. A *criação de infra-estruturas* (Tabela 13) surge como a única razão apontada para explicar a atenuação das assimetrias. Todavia, este factor tem apenas uma votação de 33,3%. De facto, mesmos os municípios que pensam que a aplicação dos fundos atenuou as assimetrias apontaram, juntamente com o grupo de autarquias discordantes, uma razão de peso para explicar a continuidade das assimetrias regionais: os *grandes centros urbanos e o fenómeno de litoralização* – factor este que teve uma representatividade de 50% (Tabela 15). A Área Metropolitana, embora possa ser o gérmen de um sentimento regional, não obvia, pois, o reconhecimento das disparidades intra-regionais, assim como o ressentimento, rivalidades e antagonismos municipais/territoriais que aquelas despertam.

Na região Centro, a esmagadora maioria dos municípios (73,5%) pensa que a aplicação dos fundos atenuou as assimetrias regionais (Tabela 12). Apenas 23,5% discordam desta avaliação. Tal como sucede na região Norte, a principal razão apontada é (Tabela 13) a *criação de infra-estruturas* (58,8%). Uma segunda razão é a *elevação do nível de qualidade de vida* que reuniu 17,6% dos votos. Já os factores (Tabela 15) *desequilíbrio na capacidade de atracção de investimento* (11,8%)[166] e *peso dos grandes centros urbanos – litoralização* (11,8%) explicam a avaliação negativa sobre a aplicação dos fundos.

Na região de LVT, observa-se uma divisão das posições. Assim, embora a maioria dos municípios (52,9%) julgue que a aplicação dos fundos ate-nuou as assimetrias regionais (Tabela 12), 35,3% julgam que tal não sucedeu. O factor de maior peso para justificar a posição do primeiro grupo (Tabela 13) foi a *criação de infra-estruturas* (60%). Todavia, nesta região, o *desequilíbrio na capacidade de atracção de investimento* (Tabela 15) teve uma representação de 20% – dado este explicável pelo forte sentimento de privação relativa dos concelhos periféricos à Área Metropolitana de Lisboa.

No Alentejo, verifica-se um empate entre os municípios que pensam (Tabela 12) que a aplicação dos fundos atenuou as assimetrias (50%) e os que têm uma posição contrária (50%). Apesar de a *criação de infra-estruturas* (Tabela 13) ter uma representação de 25%, ambos os grupos de municípios elegem o *peso dos grandes centros urbanos – litoralização* (75%) como a principal razão para explicar a permanência das assimetrias regionais (Tabela 15).

Por fim, no Algarve, à semelhança do Alentejo, assiste-se a um empate entre as posições: 50% julgam que os fundos atenuaram as assimetrias e 50% têm opinião contrária (Tabela 12). Todavia, no âmbito das razões apon-tadas para explicar a permanência das assimetrias regionais, a totalidade dos municípios indicam o *peso dos grandes centros urbanos – litoralização* (Tabela 15).

---

[166] Factor este intimamente relacionado com a denunciada falta de peso e desenvol-vimento económico que, para os municípios da região Centro, ajuda a explicar a falta de visibilidade regional nas instâncias europeias.

Ainda assim, o reconhecimento genérico da continuidade das assimetrias territoriais – como vimos anteriormente –, motiva uma avaliação negativa sobre a repartição dos fundos comunitários, a qual poderia ser optimizada, de forma a contrabalançar os efeitos nefastos dos desequilíbrios regionais e intra-regionais. De realçar que essa avaliação negativa poderá, em parte, resultar do posicionamento dos eleitos locais nas margens de jogos políticos, nomeadamente no seio da Administração central e/ou desconcentrada, e do fraco peso político dos territórios, o que poderá gerar círculos viciosos de exclusão. Assim, em contexto de entrevista, um autarca afirmava o seguinte:

O que se consta agora, e isto agrada-me, é que dentro já do III QCA, mas ainda não está definido com rigor, é que já cada município não teria a sua quota no sentido de coesão... Coesão, isto é, tentar que todos os municípios a nível nacional tenham um movimento semelhante, os recursos seriam distribuídos consoante a apresentação dos projectos dos municípios (...) Mas é sempre o Governo e há sempre o perigo político, do amigo que tem influência. O perigo político que é o Governo pegar no dinheiro e distribuir de acordo com as necessidades de cada amigo, não digo para despesa, mas para investimentos. E neste aspecto eu fico preocupadíssimo porque não temos votos, não temos influência, não temos lobbies, porque nós somos sempre pobres, somos pobres e vamos continuar pobres. Os maiores, com quotas maiores, e os pequenos, com quotas mais pequenas (Entrevista 2).

De modo semelhante, outro actor reflectia:

Mas o 'bolo paralelo' são os contratos-programa que são feitos com a Administração central e acredito que haja alguma influência. Não tenho dúvidas de que há influências políticas, joga-se um bocado com isso politicamente. Eu não tenho tido muita razão de queixa, mas enfim... (...) Mas é certo que os do (...) podem beneficiar de uma benesse que normalmente um indivíduo que não é do (...) não beneficia. No (...) neste caso, é preciso que se note (Entrevista 3).

Para além dos óbices colocados pelos sistemas político-administrativos nacionais, e no que concerne mais especificamente à política regional comunitária, reencontram-se também aqui os efeitos do debate já clássico entre a teoria da convergência e a teoria da divergência. A política regional comunitária constitui o instrumento por excelência da integração económica e política, i.e., da convergência dos territórios europeus. Esta premissa terá como objectivo criar um espaço político e económico socialmente interligado e interdependente. No entanto, as metas económicas da UE, ao favorecerem uma visão nominal da convergência, obscurecendo a aproximação real entre os níveis de desenvolvimento dos Estados, não tem anulado a persistência das disparidades territoriais interrregionais – e, inclusivamente, intra-regionais.

No entanto, embora haja o reconhecimento genérico dos jogos políticos como causa condicionante da justa repartição dos fundos comunitários, estes últimos são interpretados como factor que tendencialmente corrige as desigualdades na dotação financeira do Poder Local, fomentando, consequentemente, a atenuação das assimetrias. Neste ponto, a Europa surge como um contrapeso importante que gradualmente contraria não só a centralização de recursos e de poder efectivo, como também atenua as consequências negativas da não inserção dos eleitos locais em redes de capital político significantes. Assim,

(sobre a justa ou injusta distribuição dos fundos comunitários) *Não é preciso ir para as verbas dos Fundos Comunitários. Passa-se o mesmo com as verbas nacionais. Principalmente sendo esta Câmara do (...) e o Governo do (...). Vejamos as reclamações que houve agora com o Orçamento do Estado. Os Fundos Comunitários vêm trazer algum equilíbrio. O FEF, que agora tem outro nome, é distribuído segundo regras aos municípios. E as Câmaras sabem que as verbas são baseadas na população, na área, em vários itens. Cada Câmara tem direito a uma determinada verba e esta é distribuída mês a mês. (...) é uma verba que o próprio Governo não terá muito domínio sobre a distribuição. Há muitos apoios da Administração Central às Câmaras, concretamente nos contratos-programa (...) e aí isso depende da vontade política de quem está no Ministério. Possivelmente, as Câmaras que têm uma proximidade maior com o Governo... É natural que o (....) tenha mais facilidade que eu nesta fase, por ser o Presidente da (...), pelo facto de pertencer às estruturas nacionais do (....). Eu também já passei essa experiência, o Governo era do (...) e eu encontrava os Ministros com maior facilidade, até nos encontros partidários. E muitas vezes aproveitava isso para falar deste problema, pressionar. Eu dizia então que em relação a isto dos fundos estruturais podem trazer mais equilíbrio. Porque, por exemplo, na Região Norte havia 150 milhões de contos para gerir no Programa operacional e neste montante o Governo não mexia muito porque isto era gerido pelas Unidades de Gestão, onde estão os Presidentes das Câmaras de todos os partidos, onde se chega a um acordo para que houvesse um equilíbrio entre os diversos municípios, e isto é, naturalmente, uma verba substancialmente maior do que aquela que a maior parte das Câmaras acaba por receber directamente do Estado. E com isto consegue-se fugir mesmo um pouco à vontade que possa haver dos membros do Governo em tentar favorecer uns em detrimento de outros. Estou convencido que os fundos estruturais, neste aspecto, são um factor de equilíbrio e não de desequilíbrio* (Entrevista 4).

Por outro lado, a complexidade das políticas comunitárias, em conjugação com a diversidade de políticas internas, permanecem como alvo susceptível de manobras de favorecimento – mau grado o rigor crescente das regras comunitárias. De facto, sendo a Administração Central e o Governo os principais mediadores do Poder Local junto à Europa, e possuindo estas entidades um inalienável poder decisório no que concerne ao desenvolvimento local e regional e ao processamento de candidaturas e atribuição de verbas por região, a transversalidade dos jogos políticos pode marcar a sua presença da forma mais insidiosa, tanto ao nível das manipulações dos múltiplos programas comunitários, como no que diz respeito às suas condições de acesso. A este propósito, outro actor referia também em contexto de entrevista:

> *Estamos a falar de Fundos Comunitários e à partida os Fundos Comunitários não têm cores, muito honestamente penso que isso não acontece ao nível dos Fundos Comunitários. Agora se falarmos ao nível de outros programas, dos PIDDAC e dos contratos-programa aí eu não tenho dúvidas.(...) Aqui, da forma como as verbas são geridas ao nível da CCDR (durante o I e o II QCA), e estamos a falar aqui da zona centro, até agora não podemos considerar que haja favorecimento desta ou daquela autarquia por ser desta ou daquela cor porque havia quotas e as quotas eram distribuídas pelos concelhos e aí não havia dúvidas da forma como eram distribuídas. (...) Agora, como não sabemos como é que vai ser a gestão deste novo quadro comunitário, como dizem que não vai haver quotas, aí já é questionável. Vai haver uma chuva de projectos, todos numa grande corrida? Quem é que vai ter prioridade? Aqui colocam-se uma série de interrogações que não vale a pena adiantar sem ver como é que as coisas se vão passar* (Entrevista 5).

Um último ponto a discutir refere-se ao facto de as autarquias que, de uma forma ou outra, possuem canais de acesso estabelecidos, (tanto ao nível do Governo ou da Administração Central, como ao nível da Europa), os quais podem garantir uma certa segurança de financiamento, defendem uma maior responsabilização do Poder Local. Nesta perspectiva, o acesso aos fundos comunitários está dependente sobretudo da capacitação e da responsabilidade do eleito local em apresentar um projecto de qualidade, fundamentado e um planeamento integrado e coerente, sendo a transversalidade dos jogos políticos de influência diminuída na sua relevância:

> *Porque para se apresentarem candidaturas, primeiro, é preciso demonstrar que a Câmara tem capacidade financeira para suportar a parte restante que não é elegível. Tem de demonstrar que tem capacidade para isso. Segundo, tem de mostrar que tem tudo isso inscrito no seu plano de actividades (...) Acho que as Câmaras têm de assumir as suas responsabilidades, saberem o que é que podem fazer e também estabelecerem prioridades no seu Concelho* (Entrevista 3).

5.5. Avaliação do processo de candidatura aos fundos a nível nacional

Vejamos, então, como o Poder Local avaliou o conjunto dos processos de candidatura aos fundos comunitários a nível nacional. Trata-se aqui de procurar saber como é que os poderes descentralizados avaliaram a forma como foram apreciados, aprovados e homologados os projectos candidatos aos fundos estruturais. Para esta questão, foram estabelecidos cinco tipos de avaliação.

Seguidamente, apresenta-se uma tabela (Tabela 16) onde se encontram agregados os resultados nacionais e regionais de cada avaliação[167].

Em termos nacionais, a avaliação do processo de candidatura aos fundos tende a ser bastante positiva, já que 80,2% dos municípios consideram que se trata de um processo justo e criterioso.

A nível regional, esta mesma apreciação positiva é reencontrada. Na região Norte, 84,4% dos concelhos consideram que a forma como são apreciados, aprovados e homologados os projectos candidatos aos fundos é justa e criteriosa. Na região Centro, 78,1% são da mesma opinião. Em LVT, de modo similar, a maioria dos municípios (76,4%) concorda com os seus congéneres regionais. No Alentejo, a apreciação é também maioritariamente positiva (85,7%). Por fim, no Algarve, observa-se um cenário idêntico, embora com menor peso: 66,66% dos concelhos julgam que o processo de candidatura é igualmente justo e criterioso.

TABELA 16 – Forma como os projectos são apreciados, aprovados e homologados

	Nacional	Norte	Centro	LVT	Alentejo	Algarve
Justa e criteriosa	80,2%	84,4%	78,1%	76,4%	85,7%	66,6%
Dependente de influências políticas	71,5%	84,4%	56,7%	68,8%	71,5%	83,4%
Desajustada das reais necessidades de desenvolvimento	59,4%	62,5%	44,8%	62,6%	84,7%	50%
Dependente de influências pessoais	58,2%	67,7%	51,7%	43,8%	57,2%	83,4%
Parcial e injusta	42,7%	45,2%	44,5%	21,3%	71,4%	33,4%

Todavia, o peso das influências políticas, tal como se observou, é um facto reconhecido de um modo também praticamente unânime. Em termos nacionais, 71,5% dos municípios consideram que o processo de apreciação, aprovação e homologação dos projectos continua dependente, em algum grau, das influências políticas[168]. Este cenário vem a reproduzir-se em todas as regiões. Relembre-se a este propósito o trabalho de Ruivo, em cujo inquérito nacional, 82,3% dos Presidentes de Câmara afirmaram a sua preferência em atingir objectivos pela via de contactos e relações pessoais (2000a: 217).

---

[167] Saliente-se que a pergunta era de escolha múltipla, pelo que os inquiridos tiveram a possibilidade de classificar os vários tipos de avaliação disponibilizados pelo inquérito.

[168] Apenas 28,5% deles consideram que as influências políticas não constituem um factor de peso.

Na Tabela 17, podemos observar o grau de importância atribuído a este factor de acordo com as regiões.

Os dados encontrados mantêm uma congruência pertinente, bem como uma continuidade, quando comparados com os recolhidos pelo autor acerca da importante correlação positiva entre a detenção de um capital social significativo e o exercício da influência política através daquele capital como padrão recorrente da actividade política. Refira-se que, naquele estudo, 95,8% dos Presidentes de Câmara afirmaram terem relações pessoais com membros da Administração Central e que 94, 3% declararam manter relações pessoais com deputados e membros do Governo (Ruivo, 2000a: 231 ss.).

TABELA 17 – Importância da influência política no processo de candidatura aos fundos comunitários

Influência Política	Importante	Muito Importante
Norte	46,9%	37,5%
Centro	36,7%	20%
LVT	18,8%	50%
Alentejo	28,6%	42,9%
Algarve	66,7%	16,7%

A "capacidade política" (Ritaine, 1996), sendo simultaneamente fruto e força motriz do grau de autonomia e de poder decisório dos territórios, é, num contexto nacional marcado por lógicas restritas de canais leoninos de acesso ao mundo político, fundada pela introdução do actor político em redes de contactos (e de reciprocidades privadas), as quais são rentabilizadas por aquele em função dos seus objectivos.

A qualidade periférica do Poder Local Português é simultaneamente agravada por dois factores. Por um lado, a ausência de regionalização, a qual poderia ajudar a fomentar a construção de uma presença política articulada (factor que já foi denunciado pelos resultados do presente inquérito). Por outro, a parca representatividade de formas de associação e cooperação inter-municipal, as quais, por sua vez, poderiam reforçar a capacidade política e a visibilidade dos territórios, expandindo e democratizando as redes de capital relacional que, não só condicionam a acção política, como também participam na construção dos próprios actores políticos, contrariando o atomismo destes e reforçando o poder de negociação directa:

Deixem-me só acrescentar uma coisa: quem aponta o dedo aos lobbies são aqueles que nem capacidade têm para fazer lobby! Os lobbies existem quando existe um grupo de pessoas interessadas em determinada situação. Até aqui tudo bem! Se nós nos encontramos para defender determinada situação, e logo a seguir, conhecemos um francês, um alemão, um inglês, e aí temos um lobby internacional. Quanto aos lobbies nacionais, bem, eu tenho esta preocupação, porque nós aqui vamos telefonando de Câmara a Câmara, e aqueles que não têm esta preocupação, que não fazem parte, vão dizer que existe um lobby, e fazem um escândalo 'aí um lobby!...' Eu não acredito nessas coisas. Agora, uma coisa é certa, devem ser beneficiários e beneficiados aqueles que estão interessados e que realmente fazem alguma coisa, e não são aqueles que estão à espera de arranjar dinheiro!... Era só isso que eu queria acrescentar, ninguém pode acusar ninguém só porque esse alguém está à procura da melhor estratégia para conseguir aquilo que quer (Entrevista 1).

As possibilidades de inserção do eleito local em redes políticas significantes encontram-se condicionadas por um duplo protagonismo: o protagonismo do actor (e a especificidade do seu percurso político), e o protagonismo do território que representa e governa no contexto nacional.

Um caso paradigmático que ilustra a importância das redes, a relevância do percurso político individual e do protagonismo territorial, bem como o seu mútuo reforço, é o caso de uma capital de distrito:

Acho que sim, porque quem lá viveu (Bruxelas), *por um lado relativiza mais as coisas, tem uma visão mais abrangente (...) Pego no telefone e falo directamente com o responsável, por exemplo, do BEI por onde passam as candidaturas todas portuguesas. Só que estas coisas infelizmente não se fazem por favores pessoais ou conhecimentos pessoais, há regras estabelecidas... Ajuda sempre... Eventualmente podia ajudar, mas como eu conheço as regras... Mas às vezes uma informação ou outra coisa que é necessário, a própria experiência que lá tive, muita engenharia jurídica e financeira que é feita e é muito importante, a 'common law', sem querer depois dá-me alguma ginástica (...) A Europa é sem dúvida uma mais valia para quem lá esteve...* (Entrevista 6).

A ausência de pertença a redes de capital relacional condiciona, pois, negativamente a capacidade política do território e do eleito local, reforçando, no que diz respeito aos fundos comunitários, a dependência do Poder Local relativamente aos ditames da Administração central ou desconcentrada e diminuindo o seu poder de negociação e de criação de estratégias alternativas de acesso à Europa.

A hipótese (Tabela 16) segundo a qual a forma como os projectos candidatos aos fundos são avaliados ser desajustada das reais necessidades de desenvolvimento regional é a terceira mais escolhida quanto à forma como os projectos são avaliados. A nível nacional, observa-se uma divisão relativamente equilibrada das respostas: apesar de 40,6% dos concelhos discordarem da hipótese, 59,4% concordam com a ideia segundo a qual a forma como os projectos são avaliados ser inadequada para as reais necessidades de desenvolvimento[169].

A definição comunitária da política regional tem, na óptica municipal, o potencial de corrigir as desigualdades de desenvolvimento territorial, mas a função de "gate-keeper" desempenhada pelo Estado perverte este potencial: assim, apesar de ser um processo tendencialmente justo, a forma como os projectos são avaliados, aprovados e homologados a nível nacional, por se encontrar distanciada dos territórios de aplicação e por ser realizada de acordo com prioridades definidas centralmente, torna-se «desajustada das reais necessidades de desenvolvimento regional».

Em termos regionais, as regiões Centro e Algarve são as que menos concordam com a hipótese segundo a qual os projectos candidatos são avaliados de um modo que é inapropriado para as necessidades de desenvolvimento regional. De facto, apesar de, no Centro, 44,8% concelhos concordarem com ela, 55,2% não concordam. No Algarve, de modo similar, 50% não concordam.

No Norte, a situação inverte-se, pois aos 37,5% que não concordam, opõem-se 62,5% que concordam. Em LVT, observa-se o mesmo cenário: 62,6% dos municípios pensam que o processo de apreciação dos projectos é desajustado das reais necessidades de desenvolvimento regional[170]. No Alentejo, a maioria dos municípios (84,7%) manifestam a mesma opinião.

A ideia de que a avaliação dos projectos é «desajustada das reais necessidades de desenvolvimento regional» participa certamente da postura crítica com que os municípios se dirigem ao Estado, enquanto autor e orquestrador dos planos de desenvolvimento regional. Como já foi analisado em capítulo anterior, a parca colaboração e auscultação dos parceiros na definição destes planos, os vícios da abordagem "top-down", e a tendência para condensar as negociações de apoio comunitário num "two-level-game" constituem estratégias de exclusão dos actores territoriais, cujo retórico papel de parceiro se reduz, na prática, ao de mero executante (v.g., Barreto, 1999; Pires, 1998).

---

[169] Somos confrontados com este dado, apesar de o Poder Local não concordar com a ideia de que a política regional europeia «não serve os municípios, porque é concebida para as regiões e não para os espaços locais». Com a excepção das posturas críticas das regiões do Centro, Alentejo e Algarve onde, respectivamente, 52,9%, 53,3% e 66,7% pensam que a política regional não serve os municípios por ser concebida para espaços regionais e não locais.

[170] Apesar do enquadramento das Áreas Metropolitanas de Porto e Lisboa.

O factor 'influências pessoais' (Tabela 16) assume, igualmente, uma importância algo significativa. Na realidade, em termos nacionais, apesar de 41,8% dos concelhos julgarem que este factor não é preponderante, 58,2% afirmam que o processo de avaliação das candidaturas aos fundos permanece dependente de influências de cariz pessoal.

Embora atribuam a este factor um peso diferente, a maioria dos municípios do Norte, Alentejo e Algarve considera que este factor detém um peso significativo. No que se refere às regiões Centro e LVT, as posições invertem-se, mas de um modo bastante equilibrado. Ou seja, num sentido lato, o capital relacional constitui ainda a forma privilegiada de aceder ao Poder Central.

A associação entre 'influências políticas' e 'influências pessoais' deve ser elaborada para que se possa retratar a complexidade e a centralidade da noção de capital relacional. O factor 'influências políticas' prende-se com a ligação existente entre os actores políticos e os aparelhos partidários, assim como os mecanismos do poder instituído. Mas, mediante fenómenos de privatização deste património relacional, conducente a fenómenos de presidencialismo dos executivos camarários (Ruivo, 2000a), as influências políticas, centradas como são nos próprios indivíduos, tornam-se elas próprias 'influências pessoais', as quais, caso o seu peso seja inegável, podem inclusivamente ultrapassar as fronteiras partidárias ou sectoriais.

A activação de redes relacionais consiste fundamentalmente numa apropriação do Poder, numa acção estratégica do jogo político. Em contextos marcados por efeitos de centralismo, de distância ao poder, de racionalismo burocrático e administrativo, de perpetuação de elites políticas, esta prática social comporta diversos riscos que minam o fundamento democrático do poder (v.g., Ruivo e Francisco, 1999).

Ao surgir como a via preferencial de resolução de problemas e de acesso a meios e objectivos, o uso casuístico e privatístico das influências pessoais/ /políticas pode enfraquecer a capacidade de organização colectiva, de utilização de outras formas de participação e de intervenção, aumentando o fosso entre representação política e os representados. Por outro lado, na qualidade de património político, a activação de redes significantes em termos políticos restringe-se a um número limitado de actores sociais. Assim, no plano da acção política, encontra-se uma pessoalização do poder e, consequentemente uma cunhagem privatística do mesmo (Ruivo, 2000a). Tal corresponde a uma noção de elegibilidade que mina o exercício democrático da representação, pois evoca a permanência de elites locais (Ganne, 1994).

A noção de elegibilidade/representatividade encontra-se, então fundada em duas estruturas de desigualdade. Por um lado, o não acesso à representação política não decorre tanto de competências técnicas ou profissionais, mas sim da ausência de competências relacionais, cuja aquisição depende da inserção dos actores nos códigos políticos subterrâneos do relacionismo político. Por outro, a segunda estrutura de desigualdade refere-se à reprodução interna dos actores que compõem estas redes significantes, numa lógica de transmissão do património político. Daqui decorre, a autonomização da esfera política que, não estando democratizada, reforça a importância do relacionismo como via de acesso e naturaliza a desigualdade do sistema sócio-político de representação. Esta circunstância é agravada pelo facto de o acesso ao poder ser pautado por canais e comportas que podem implicar a adesão a esta mesma lógica (Ruivo, 1990; 2000a).

Por último, a nível nacional, apenas uma minoria das respostas obtidas (42,7%) considera que a forma como os projectos candidatos aos fundos são apreciados e aprovados assumem um carácter parcial e injusto (Tabela 16). Nas regiões Norte, Centro, LVT e Algarve, observa-se um consenso generalizado: 54,8%, 55,5%, 78,7%, e 66,6%, respectivamente, não concordam com a ideia de que o processo de candidatura é parcial e injusto[171]. O caso do Alentejo é único, na medida em que 71,4% dos concelhos consideram que o processo de candidatura é parcial e injusto.

A apreciação potencialmente negativa sobre a avaliação dos projectos candidatos a fundos comunitários vem a ser contrabalançada pelos factores acima já referidos: influências pessoais e políticas podem, eventualmente, operar como uma dimensão correctiva de possíveis erros na repartição dos fundos. Trata-se de mecanismos que poderão ser accionados no sentido de prevenir ou desbloquear situações geradas pela arbitrariedade e pela discricionariedade do Poder Central (tal como se verá posteriormente aquando do mapeamento dos contactos estabelecidos entre territórios e Poder Central). É que, tal como o Poder Central tende a desconfiar das posturas tendencialmente localistas e asfixiantes do Poder Local, este também se ressente, precavendo-se contra as entropias provocadas pela imposição da racionalidade (adulterada ou não) do Centro.

---

[171] Será, no entanto, de realçar que determinadas regiões (com a excepção de LVT, onde apenas 21,3% dos municípios concorda com a hipótese, e do Algarve onde 33,4% têm a mesma opinião), apresentam uma percentagem significativa de concelhos que consideram o processo de candidatura parcial e injusto: no Norte, 45,2%, e no Centro, 44,5%.

Interessa também procurar conhecer quais as maiores dificuldades que os eleitos locais sentem no âmbito da política regional comunitária. Neste sentido, foram delineados cinco obstáculos possíveis: (1) «O Estado Central constitui um obstáculo no acesso à Europa»; (2) «A burocracia do processo de candidatura aos financiamentos comunitários»; (3) «O clientelismo na aprovação e homologação dos projectos»; (4) «O desconhecimento do eleito sobre a política regional comunitária»; (5) «A falta de recursos técnicos e humanos para a elaboração de projectos».

Neste sentido, e em termos nacionais, apresentam-se na Tabela 18 as principais dificuldades experimentadas por um eleito local:

TABELA 18 – Principais dificuldades do eleito local
(Resultados nacionais)

Factor	%
Burocacia no processo de candidatura	82,2%
Falta de recursos técnicos e humanos	67,4%
Estado Central	61,5%
Desconhecimento sobre política regional	53,9%
Clientelismo na aprovação dos projectos	59,8%

«A burocracia do processo de candidatura aos financiamentos comunitários» é o factor considerado como o que mais tem dificultado a actuação do eleito local no âmbito da política regional. De facto, os resultados nacionais revelam que 82,2% dos municípios apontam este factor como o principal obstáculo, o que se coaduna perfeitamente com os testemunhos recolhidos sobre os problemas levantados pelo grau de burocratizarão dos processos de candidatura. Este cenário reencontra-se a nível regional, tal como se pode observar no Tabela seguinte:

TABELA 19 – «Burocracia no processo de candidatura»
(Resultados regionais)

Região	%
Centro	90,9%
Alentejo	86,7%
Norte	83,4%
Algarve	66,7%
LVT	64,7%

A crescente burocracia, por muitos esforços de racionalização que sejam empreendidos, contribui para a opacidade do sistema de acesso à Europa, tanto no plano nacional como no regional. Ao mesmo tempo, tal situação corrobora a débil autonomização dos actores territoriais.

O segundo factor que mais tem dificultado a actuação do eleito (Tabela 18) é «A falta de recursos técnicos e humanos para a elaboração de projectos» (67,4% de adesões). Este dado é congruente com os resultados obtidos ao nível da reestruturação das autarquias para fazerem face ao desafio europeu. Na realidade, o investimento em recursos humanos e técnicos não foi, como se viu, a prioridade dos municípios portugueses que optaram antes pela modernização (v.g., informatização) dos serviços camarários.

Este resultado reproduz-se ao nível regional, embora sejam atribuídos a este factor pesos substancialmente diferentes:

TABELA 20 – «Falta de recursos técnicos e humanos»
(Resultados regionais)

Região	%
Alentejo	86,7%
Centro	78,8%
Norte	57,6%
LVT	53%
Algarve	50%

Relembrando a análise realizada aquando das transformações operadas ao nível das autarquias para melhor se adequarem à Europa, reencontramos distintos perfis regionais em termos de dotação de recursos humanos e técnicos nos executivos camarários. A profissionalização do Poder Local (cuja necessidade parece ter sido mais premente nas regiões do Alentejo, Centro e Norte) pode criar e manter uma dinâmica de intervenção coerente, fortalecendo e legitimando, consequentemente, a actuação camarária (Laffin, 1986).

O Estado Central é apontado como o terceiro obstáculo de peso (Tabela 18). A esmagadora maioria dos municípios a nível nacional (61,5%) indica o Poder Central como um factor impeditivo ao nível da actuação do eleito local no âmbito da política regional. Dado este que virá em consonância com o facto de a burocracia do processo de candidatura (da responsabilidade do Estado) constituir o maior obstáculo a enfrentar pelo eleito local.

Este resultado repercute-se em todas as regiões, com a excepção de LVT onde a 62,5% dos concelhos tem uma opinião contrária e onde a proximidade das estruturas ministeriais não será um factor a negligenciar. A região Norte é a que mais refere o Estado Central como um «obstáculo no acesso à

Europa» (82,3%). No Centro, apenas uma maioria relativa (51,5%) concorda com a hipótese. Já 60% dos concelhos alentejanos e 66,7% dos municípios algarvios partilham a opinião de que o Estado Central é realmente «um obstáculo no acesso à Europa».

Apresenta-se, de seguida, uma tabela onde é possível observar, por ordem decrescente, os resultados regionais referentes a este tópico:

TABELA 21 – «Estado Central como obstáculo no acesso à Europa»
(Resultados regionais)

Regiões	%
Norte	82,3%
Algarve	66,7%
Alentejo	60%
Centro	51,5%
LVT	37,5%

«O desconhecimento do eleito sobre a política regional comunitária» não é um factor consensual entre os municípios portugueses, quer em termos nacionais, quer ao nível regional. Os resultados nacionais revelam que as respostas obtidas se dividem de um modo quase que equitativo: 53,9% dos concelhos acreditam que tal desconhecimento seja uma dificuldade consistente no âmbito da política regional. Em contrapartida 46,1% dos municípios não concordam com tal hipótese[172].

Esta ambivalência repercute-se a nível regional, com as excepções de LVT e do Alentejo. De facto, estas duas regiões apresentam posições inversas: enquanto que 64,7% dos municípios de LVT julga que o desconhecimento sobre a política regional não é um factor de peso, 73,4% dos concelhos do Alentejo julgam que o mesmo é bastante importante (dado este que é conforme à posição estrutural do Alentejo como a periferia das periferias regionais portuguesas). O Algarve assemelha-se ao caso de LVT, na medida em que 66,7% dos concelhos discordam da hipótese. Já as regiões Norte e Centro apresentam um equilíbrio nas respostas dadas. No Norte, 53,1% dos concelhos discordam sobre a hipótese de o desconhecimento constituir uma dificuldade para o eleito local, enquanto que 46,9% concordam; no Centro, 59,4% discorda e 40,7% concorda. Conclui-se, portanto, que, embora o factor 'desconhecimento' não seja de fácil admissão por parte dos eleitos locais,

---

[172] Relembremos o facto de o conceito de subsidiariedade não ter sido reconhecido por uma percentagem significativa de respostas.

o domínio da informação e do *know-how* sobre as questões europeias exerce uma profunda influência sobre as possibilidades de inclusão no universo europeu e, consequentemente, sobre a imagem que os municípios têm de si próprios.

O desconhecimento sobre possibilidades, normas e procedimentos constitui um parâmetro para avaliar o grau de socialização europeia dos actores, e, consequentemente, o grau de "europeização" das políticas públicas que levam a cabo (v.g., Autés, 2001; Bennington, 1994; Gettimis e Paraskevopolos, 2002; Goldsmith, 1999; John, 2001).

E, neste ponto, para além da orgânica administrativa e dos aparelhos partidários, as redes de capital relacional são de suma importância para os processos de socialização dos actores políticos. De facto, o grau de distanciamento e de alheamento em relação à Europa tem sido genericamente obviado pela utilização do património pessoal de conhecimentos e contactos sobre o mundo político.

Em certos casos, poderá processar-se, pois, uma expansão do capital relacional nos diferentes níveis da escala do mundo político (da Administração Central ou do Governo até Bruxelas), através de um constante re-aproveitamento dos recursos relacionais que se renovam mediante uma maior mobilidade de certos actores, no decorrer dos seus percursos políticos pessoais, e que permitem adquirir os conhecimentos e as informações cruciais.

O caso do município seguinte exemplifica a ideia de re-aproveitamento dos recursos relacionais, possível através da mobilidade de actores políticos estratégicos:

> *No I QCA, nós tivemos o nosso Presidente na altura, era licenciado em economia, uma pessoa com toda a disponibilidade do mundo para a Câmara (...) e era bom gestor e ele fez parte inclusive de algumas comissões da UE, e era uma pessoa que estava muito bem informada, e no II QCA foi a mesma coisa. Agora que estamos numa fase transitória porque vamos entrar no III QCA... Agora fui a algumas acções de apresentação e agora estou a preparar candidaturas. É claro que temos de ter algumas pessoas pivot, o nosso Presidente hoje é deputado e nós aproveitamos isso, e ele vai-nos dizendo algumas coisas (...) O nosso Presidente antes fazia parte do Comité das Regiões em Bruxelas... Só mesmo isso, agora é deputado na Assembleia da República* (Entrevista 1).

No que se refere à importância da pertença partidária para o processo de socialização europeia, o caso da seguinte Câmara Municipal aponta precisamente para a importância do capital relacional como via de comunicação e de visibilidade entre diferentes graus de complexidade do mundo político (local, nacional e europeu), estando subjacente a ideia favorita de que a partilha de um mesmo idioma/jogo de linguagem político favorece a eficácia das redes políticas e, inclusivamente, o relacionamento institucional entre actores de filiações político-partidárias diferentes.

Também não nos podemos esquecer que quem está à frente do executivo camarário são políticos e sendo políticos estão ligados a partidos políticos que, por sua vez, também têm as suas ligações. Não nos podemos esquecer que estamos integrados na União Europeia e temos o nosso grupo de eurodeputados ligados aos vários quadrantes políticos. Através de todas estas informações é-nos dado conhecimento... (Entrevista 16)

De um modo concordante com o facto de a maioria dos municípios considerar que a forma como os projectos candidatos aos fundos são apreciados, aprovados e homologados é justa e criteriosa, 59,8% dos concelhos, a nível nacional (Tabela 18), indicam que o "clientelismo na aprovação e homologação dos projectos" constitui uma das dificuldades do eleito local.

Em termos regionais, e com a excepção do Alentejo, onde a percentagem de concordância é de 63,3%, a maioria dos municípios de cada região discorda da afirmação:

De referir que, em termos simbólicos, os autarcas não têm uma conotação totalmente negativa dos factores 'capital relacional', ou 'influências políticas/pessoais'. Como já foi referido, estes factores podem obviar a muitas e diversas desigualdades existentes. Desta forma, são, pois, estratégias quase que implicitamente consensuais, relativamente naturalizadas por tais actores, para contornar obstáculos, corrigir erros e desigualdades e concretizar programas.

TABELA 22 – «Clientelismo na aprovação e homologação dos projectos»
(Resultados regionais)

Regiões	% de discordância
LVT	70,6%
Centro	68,8%
Algarve	66,7%
Norte	50%
Alentejo	46,7%

Conhecer os principais mediadores de que o Poder Local dispõe para obter acesso aos benefícios da política regional europeia permite compreender se os seus canais continuam a centrar-se no Estado e nos seus serviços desconcentrados, ou se os eleitos locais possuem já meios próprios e independentes das estruturas ministeriais de acesso à Europa. Esta questão é de suma importância, pois possibilita verificar qual a posição que o Poder Local ocupa na teia de acessos e comportas que perfazem o labirinto nacional e europeu, permitindo um melhor entendimento da postura do Poder Local relativamente à Europa (Goldsmith e Klausen, 1997). A caracterização da relação que o Poder Local mantém com tais mediadores constitui outro ponto de análise que pretende mapear o labirinto político-administrativo que cerceia o acesso à Europa.

Nesta perspectiva, foram identificadas seis possibilidades de acesso à política regional: (1) *através das CCDR*; (2) *através das associações regionais de municípios*; (3) *através dos ministérios*; (4) *através de gabinetes municipais*; (5) *através da ANMP*; (6) *através de agentes económicos e gabinetes privados*. Por outro lado, para os principais canais institucionais de acesso à Europa (Ministérios; CCDRs; associações regionais de municípios e ANMP), estabeleceram--se cinco categorias de relação: (1) *institucional*; (2) *burocrática e distante*; (3) *irregular*; (4) *próxima e informal*; (5) *inexistente*.

No que se refere aos principais canais, encontram-se interessantes resultados a nível nacional. O quadro seguinte apresenta os canais de acesso à Europa, a que se recorre por ordem de preferência e prioridade:

TABELA 23 – Canais de acesso à Europa (Resultados nacionais)

Canal	%
Através das CCDRs	23,37%
Através das Associações Regionais de Municípios	16,27%
Através dos Ministérios	15,72%
Através de gabinetes municipais	15,06%
Através da ANMP	11,18%
Através de agentes económicos privados	7,65%
Através de gabinetes privados	7,13%

a) Através das CCDRs

Em termos nacionais e regionais, a importância das CCDRs é absoluta:

TABELA 24 – «Acesso aos benefícios da política regional através das CCDRs»
(Resultados regionais e nacionais)

	Nacional	Norte	Centro	LVT	Alentejo	Algarve
NÃO	8,6%	14,7%	3%	0%	13,3%	16,7%
SIM	91,4%	85,3%	97%	100%	86,7%	83,3%

Dada a organização institucional dos fundos comunitários e as assimetrias de acesso à Europa por parte do Poder Local, e visto que um efectivo processo de regionalização não foi levado a cabo, a mediação é maioritaria-mente realizada pelas Comissões de Coordenação Regionais.

Tal significa que é no Estado que se concentram os canais de acesso à Europa, embora este assuma uma estratégia de desconcentração e de descentralização dos seus serviços em função do ideal de proximidade e de coesão nacional (Mathiot, 1998; Smith, 1998b). É de salientar, novamente, que as autarquias que apresentam um menor grau de reestruturação interna tendem a estar mais dependentes daqueles serviços, da informação que, por eles, lhes é veiculada e da qualidade de apoio que lhes é fornecido[173].

A qualidade do relacionamento estabelecido entre o Poder Local e as CCDRs revelará ainda outros aspectos importantes.

A nível nacional, a relação dos municípios com as CCDRs, do ponto de vista do acesso aos fundos comunitários, é caracterizada da seguinte forma:

TABELA 25 – Tipo de relacionamento entre Poder Local e Comissões de Coordenação Regional (Resultados nacionais, apresentados por ordem de preferência e prioridade reconhecida pelos municípios)

Tipo de relação	%
Institucional	58,7%
Próxima e informal	37,5%
Burocrática e distante	2,9%
Irregular	1%
Inexistente	0%

No que se refere à distribuição regional das respostas dadas, verifica-se que o tipo de relação mais representado em todas as regiões é 'próxima e informal' e 'institucional'.

---

[173] Uma ideia que subjaz à análise dos dados é que uma maior pluralidade de fontes de informação e de mediação (gabinetes camarários especializados, pertença a redes transna-cionais, capital relacional diversificado em termos políticos, etc.) poderá permitir não só um conhecimento mais profundo e íntimo do *modus operandi* da Europa, como também poderá gerar uma maior margem de manobra para obviar a eventuais dificuldades ou problemas. Esta ideia não poderá, por sua vez, ser equacionada com a defesa de tal situa-ção. A pluralidade de fontes e de mediadores não está ao alcance de todos os eleitos locais – o que produz mais um eixo de desigualdade, e essa mesma diversidade poderá eventual-mente subverter regras de acesso e de financiamento que devem necessariamente seguir princípios de universalidade, equidade e de justiça, cujo garante é, em última instância, o próprio Estado.

TABELA 26 – Tipo de relacionamento entre Poder Local
e Comissões de Coordenação e Desenvolvimento Regional
(Resultados regionais)[174]

Tipo de relação	Norte	Centro	LVT	Alentejo	Algarve
Próxima e informal	20,6%	63,6%	25%	26,7%	50%
Institucional	73,5%	33,3%	75%	66,7%	50%

Verifica-se, deste modo, que em todas as regiões, com a excepção do Centro, o tipo predominante de relação com a CCDR é de cariz institucional. A assunção desta formalidade, embora possa corresponder apenas parcialmente às práticas concretas, revela, por parte dos municípios, uma postura que defende a correcção e a delimitação das relações inter-institucionais. Esta descrição das relações entre Poder Local e CCDRs, ao mesmo tempo que salvaguarda os executivos camarários de qualquer suspeição sobre eventuais cumplicidades discriminatórias entre as duas entidades, constitui, simultaneamente, um indicativo sobre a possível falta de compatibilidade entre projectos territoriais endógenos e programas definidos centralmente, bem como sobre fracas articulações institucionais, para as quais em muito contribui a ausência de figuras políticas líderantes que agreguem em seu redor o consenso da maioria da região. O caso da região Centro notabiliza-se nesta questão precisamente por privilegiar um relacionamento próximo e informal com a respectiva CCDR, o que certamente denota um interessante enraizamento territorial desta última entidade que, assim, parece colocar-se mais ao serviço da região do que da Administração a que pertence. Trata-se de uma forma de "pertença sociológica ao território" que se sobrepõe claramente à pertença institucional ou organizativa (Ruivo, 2000a).

b) Através de Associações Regionais de Municípios

As Associações Regionais de Municípios surgem como o segundo canal privilegiado de acesso à Europa (Tabela 23). A proliferação destas associações em Portugal é um fenómeno relativamente recente e que resulta, sobretudo, de pressões exógenas, nomeadamente as decorrentes da necessidade de agrupar municípios para realizar investimentos de vulto financiados pela Europa, para compartilhar os custos da comparticipação municipal e do correspondente endividamento, e para responder aos requisitos do próprio enquadramento jurídico-legal nacional no que se refere aos fundos estruturais.

---

[174] Principais valores encontrados; o peso de outras caracterizações é meramente residual.

De facto, dado que apenas os projectos de maior dimensão são apreciados directamente pela Europa e tendo em conta que os municípios mais pequenos não possuem capacidade política, nem desenvolvimento significativo, a generalidade do Poder Local não detém capacidade de elaboração de projectos de maior grandeza que sejam susceptíveis de avaliação comunitária directa. Nesta situação, não existem hipóteses de recorrer directamente à Europa, o que mina possivelmente uma construção europeia a partir das suas bases, isto é, uma participação efectiva e uma interiorização cultural e social da Europa como horizonte político de existência, ao qual se pertence enquanto activador/criador e não como objecto.

Uma das maneiras possíveis de obviar a esta situação consiste na criação de formas de cooperação inter-municipal como estratégia alternativa de acesso à Europa (Chevallier, 1997). Por outro lado, o próprio Estado apoia e fomenta formas de cooperação inter-municipal, num esforço crescente de descentralização e de activação da sociedade civil, enquanto estratégia de territorialização das políticas públicas (Ministério do Planeamento, 1999, 1999a).

Concomitante com os princípios veiculados pela política regional, a activação destas formas de cooperação participa de um modelo de desenvolvimento que tem, como ponto de partida ideal, um processo de "endogeneização", ou seja, de capitalização das potencialidades e dos recursos, explícitos ou latentes, de um dado território social, em prol do seu próprio desenvolvimento. Na verdade, o reconhecimento dos sistemas sociais locais – entendidos como formas de sociabilidade e de mapeamento cognitivo do mundo resultante da relativa harmonização de instituições sociais e culturais que formam e reproduzem "escalas espacio-temporal infranacionais" (Medeiros, 1988: 144) – conduz a que se preconize a dimensão local/territorial como o aspecto central do processo de integração social e de desenvolvimento sócio-económico.

A abertura deste novo horizonte – para além de exigir a reformulação do processo de constituição das políticas de intervenção –, tem sido, sobretudo, defendida como estratégia de desenvolvimento para os territórios semi-periféricos e periféricos (Vachon, 1998). Daqui tem decorrido também uma lógica particular da desintervenção pública: a indispensável institucionalização de outros actores, com os quais o Estado – tradicional agente responsável pelo bem comum – estabelece relações de complementaridade, mediante diversas formas (cooperação, contratualização, etc.). Tal indicia uma concepção fragmentária do poder, pela qual idealmente se re-estruturariam os espaços e os actores da acção pública, organizados a partir de então em laços de interdependência e de complementaridade. Esta condição fragmentária do poder, só se tornaria, por seu turno, compreensível, sendo enquadrada numa conceptualização relacional, e não tanto substancialista, do poder, na medida em que «o poder político é apenas uma categoria do poder que se troca no decurso das interacções entre diferentes actores (...). O poder político torna-se num objecto de troca entre actores, 'descendo' até eles, secularizando-se» (Pongy, 1997: 119).

A aplicação deste modelo de acção pública ao território, conduz a que este seja concebido como sendo fruto de uma criação colectiva, subordinado a um projecto consensual, cuja concretização é dependente da instauração de racionalidades colaborativas. O território constituir-se-á idealmente, portanto, como expressão de configurações sociais, de jogos de poder e de compromissos mais ou menos estabilizados (Friedberg, 1995). Qual então o impacto destas associações regionais de municípios na reestruturação do espaço público e das modalidades de desenvolvimento territorial?

No que se refere ao inquérito em questão, em termos nacionais, os resultados dividem-se de uma forma quase que equitativa entre os que afirmam que não obtiveram acesso aos benefícios da política regional através das associações regionais de municípios (49,5%) e os que declaram que obtiveram (50,5%).

A nível regional, podemos distinguir dois grupos. No primeiro, encontramos regiões onde uma maioria relativa de municípios declara que não obtive acesso aos benefícios comunitários através de associações regionais de municípios. É o caso da região Norte (58,85%) e da região Centro (64,5%). No segundo grupo, incluem-se as regiões onde uma maioria confortável declara que obteve acesso aos benefícios da política regional comunitária através destas associações: LVT (70,6%); Alentejo (66,7%), e Algarve (83,3%).

Perante estes dados, será possível inferir que estas formas de associação e cooperação inter-municipal se inserem num quadro de reconstrução societal ou na estratégia auto-reprodutiva e expansiva do Estado? Ou, por outras palavras, será que as associações de cooperação ou desenvolvimento inter-municipal podem prefigurar formas alternativas de europeização local sem cair nas malhas do controlo estatal? (Santos, 1987; 1993)

Sabe-se que o ímpeto do recente crescimento destas entidades foi, em parte, produzido pelo apelo do Estado no sentido de delegar funções e responsabilidades em agentes organizados no terreno[175]. Sabe-se também que a resposta positiva a este apelo, se deve, por seu turno, aos financiamentos comunitários destinados à coesão económica e social[176].

Mas, neste ponto, poderá questionar-se o esforço da descentralização do Estado como estratégia de auto-reprodução e de auto-legitimação a nível territorial. Poderá esse esforço também ser descrito, como sendo a emergência de um Estado heterogéneo. Para Santos (1993), a noção de Estado heterogéneo indica uma orientação estratégica que pretende diminuir a distância entre o quadro institucional e as relações sócio-económicas, através de iniciativas do Estado que pressupõem uma participação activa das organizações e forças sociais. O seu objectivo consiste em estabelecer uma regulação social mediante normalização contratual, o que implica que essas forças sociais se encontrem organizadas de forma a se envolverem na negociação de um pacto social.

Todavia, a emergência de um Estado heterogéneo não tem eliminado as práticas de um Estado Paralelo, entendido este como «...forma de Estado muito ambígua, pois, um dos seus modos de intervenção é justamente o absentismo do Estado. (...) é, portanto, a configuração política de uma disjunção ou discrepância no modo de regulação social, nos termos da qual às leis e às instituições do modo de regulação fordista não corresponde, na prática, uma relação salarial fordista. (...) Ela resulta de um sistema político em que, por um lado, o capital é demasiado fraco para impor a recusa de uma legislação fordista, mas suficientemente forte para evitar que ela seja efectivamente posta em prática, e em que, por outro lado, os trabalhadores são suficientemente fortes para impedir a rejeição dessas leis, mas demasiado fracos para impor a sua aplicação» (Santos, 1993: 32).

---

[175] Apelo este que se realiza num contexto marcado pelo recuo do Estado-Providência, motivado pelo fracasso deste em promover a igualdade, o pleno emprego, pelo declínio da família como agente de rectaguarda social, pela precarização e flexibilização do trabalho sem contrapartidas sociais razoáveis, pela emergência de uma multiplicidade de trajectórias de exclusão e de novas formas de pobreza, pelas críticas neo-liberais ao possível fomentar do uma cultura de dependência, entre outros factores.

[176] A título de exemplo, vejamos o caso das associações de desenvolvimento local, de que fazem parte as autarquias. Desde o I QCA, aquando da entrada em vigor do programa LEADER, que as Comissões de Coordenação Regional, juntamente com outras entidades, promoveram cursos de formação de agentes de desenvolvimento local. Este pessoal técnico e especializado integrou frequentemente os quadros técnicos das autarquias ou formou o corpo das associações intermunicipais. O tema da cooperação inter-municipal será abordado mais adiante de um modo mais aprofundado.

A dicotomia entre uma sociedade civil íntima do Estado (próxima dos círculos decisórios do Poder) e uma sociedade civil estranha (Santos, 1987) continua, pois, a reproduzir-se, assim como as formas indirectas de controlo por parte do Estado.

A ideia é que tal constitui uma reactivação politicamente orientada do território (Ganne, 1994). O Estado português, defende Santos, «desempenhou um papel fundamental na reprodução desse défice (de normalização contratual), um papel tão fundamental que, paradoxalmente, um dos principais aspectos da normalização estatal foi, de facto, o desenvolvimento da normalização contratual. O intuito foi promover o aparecimento de novos parceiros sociais (....) interessados no diálogo e na concertação social (...). Esse diálogo e essa concertação deviam processar-se nos termos estabelecidos pelo Estado e sob a sua supervisão, uma condição que os parceiros sociais tinham também de aceitar» (1993: 34).

No que diz respeito ao tipo de relação que os municípios estabelecem com associações regionais de municípios, quer seja a nível nacional, quer seja em termos regionais, os resultados obtidos são bastante congruentes:

TABELA 27 – Tipo de relacionamento entre Poder Local
e Associações Regionais de Municípios (Resultados nacionais)

Tipo de relação	%
Próxima e informal	68,5%
Institucional	22,2%

TABELA 28 – Tipo de relacionamento entre Poder Local
e Associações Regionais de Municípios (Resultados regionais)

Tipo de relação	Norte	Centro	LVT	Alentejo	Algarve
Próxima e informal	61,1%	70,6%	70,6%	73,3%	83,3%
Institucional	27,8%	14,7%	29,4%	20%	16,7%

O facto de as relações entre Poder Local e estas entidades serem predominantemente descritas como sendo próximas e informais não deverá ser alvo de uma leitura linear. E isto porque se, por um lado, elas evidenciam as virtualidades de modelos de acção concertada localmente, nos quais os actores mantêm entre si quadros de referência comuns, assim como um capital de confiança e de aprendizagem mútua, por outro lado, como será abordado mais adiante, os inúmeros obstáculos que estas associações enfrentam, desmistificam um visão idealizada sobre a cooperação inter-municipal. Daí que seja interessante notar que, em todas as regiões, percentagens algo significativas de municípios caracterizarem as suas relações com as associações de desenvolvimento regional como de cariz institucional.

c) Através dos Ministérios

Os ministérios representam, por seu turno, o terceiro canal privilegiado de acesso à política regional europeia. De facto, a nível nacional, apesar de 54,8% dos municípios afirmarem não terem tido acesso aos benefícios da política regional através dos Ministérios, 45,2% declaram que sim.

Em termos regionais, é possível diferenciar quatro grupos principais. O primeiro grupo, composto pelas regiões do Norte e do Centro, é aquele em que a maioria das respostas afirma que não obteve acesso através dos ministérios: Norte – 52,9%; Centro – 56,3%.

O segundo grupo é composto por LVT, onde se verifica a inversão da situação anterior: 41,2% afirma que não teve acesso aos benefícios da política regional através dos Ministérios, enquanto que 58,8% afirma que sim. A região do Alentejo distancia-se claramente dos grupos anteriores, pois a clara e esmagadora maioria dos municípios (73,3%) afirma que não obteve algum acesso através dos Ministérios. Por fim, na região do Algarve, as posições dividem-se equitativamente entre os que obtiveram acesso através dos Ministérios (50%) e os que a não obtiveram (50%).

Estes dados revelam a profunda desigualdade de comunicação com o Poder Central, reforçando a ideia de que, à semelhança do que sucede com o conceito de sociedade civil íntima do poder, existem poderes locais que mantêm uma relação de uma certa proximidade com o Poder Central. Esta desigualdade estrutura-se claramente a nível regional, sendo a região do Alentejo a que mais se distancia e a de LVT a que mais próxima se situa. Estas "geografias da proximidade e da distância" constituem os mapas construídos pelos actores políticos a partir das teias de influência pessoal/política de que usufruem.

Se retornarmos aos dados anteriores sobre a importância das influências políticas e pessoais nos processos de candidatura a fundos comunitários, observamos que ambos os factores detêm uma forte representação, sendo as regiões que menos acesso têm ao Poder Central as que mais sublinham a importância do capital relacional.

Esta análise é reforçada pelos resultados obtidos aquando da caracterização da relação dos municípios com os Ministérios, em termos nacionais e regionais:

174 O PODER LOCAL PORTUGUÊS E A CONSTRUÇÃO EUROPEIA: O ESTADO LABIRÍNTICO REVISITADO

TABELA 29 – Tipo de relacionamento entre Poder Local e Ministérios
(Resultados nacionais)

Relação	%
Institucional	58,5%
Burocrática e distante	20,8%
Irregular	13,2%
Próxima e informal	5,7%
Inexistente	1,9%

A nível regional, pelo seu lado, observa-se uma quase total unanimidade: a maioria dos municípios de cada região caracteriza as suas relações com os Ministérios como sendo 'institucional' ou 'burocrática e distante'.

TABELA 30 – Tipo de relacionamento entre Poder Local e Ministérios
(Resultados regionais)[177]

Tipo de relação	Norte	Centro	LVT	Alentejo	Algarve
Institucional	61,1%	54,5%	50%	60%	83,3%
Burocrática e distante	16,7%	21,2%	31,3%	20%	16,7%

Somos, pois, novamente confrontados com um profundo distanciamento entre os 'governos territoriais' e o Poder Central. Todavia, esse distanciamento assume um cariz predominantemente institucional, já que a transversalidade dos jogos e das trocas políticas surge como via alternativa de acesso a estes centros decisórios.

d) Através de gabinetes municipais

Os gabinetes municipais, cuja função é a de proporcionar acesso e de organizar candidaturas são, na sua maioria, fruto da reorganização do executivo camarário e dos investimentos realizados para que as Câmaras Municipais possam melhor adequar-se aos desafios comunitários. Qual a sua relevância no acesso do Poder Local aos benefícios da política regional? Surpreendentemente, ou não, os gabinetes municipais surgem em quarto lugar (Tabela 23), o que significa que do conjunto de possíveis de mediadores (CCDRs, ministérios, associações regionais de municípios, etc.), os gabinetes municipais representam apenas 15,06%.

Este facto estará certamente correlacionado com os já mencionados fracos indicadores sobre a dotação das autarquias com recursos humanos, os

---

[177] Principais valores encontrados; o peso de outras caracterizações é meramente residual

quais, por sua vez, explicarão o défice de *expertise* do Poder Local e, consequentemente, a reprodução do elo de dependência em relação à Administração Central desconcentrada. A densidade destes elos de dependência assume também contornos regionais específicos. Assim, é possível distinguir dois grupos. O primeiro grupo é composto pelo perfil das regiões onde uma maioria relativa de municípios não obteve acesso à política regional através de gabinetes municipais, tal como se pode observar na tabela seguinte:

TABELA 31 – Tipo de relacionamento entre Poder Local e gabinetes municipais
(Resultados regionais)

	Norte	Centro	LVT
NÃO	51,5%	58,1%	52,9%
SIM	48,5%	41,9%	47,1%

Enquanto que o facto de 52,9% dos municípios de LVT não terem tido acesso aos benefícios da política regional mediante os seus gabinetes municipais, possa ser explicado pela relativa proximidade destas unidades político-administrativas em relação a centros decisórios e de informação de crucial importância, os casos das regiões Norte e Centro parecem exigir outro enquadramento. Na verdade, a centralidade que as CCDRs ocupam como "estruturas intermediárias" (Saunders, 1993) que operam como instâncias de redução da incerteza relativamente à Europa, revela-se aqui uma vez mais. E as práticas que se encontram no terreno consistem frequentemente na conjugação das duas estruturas, sendo a CCDR aquela que lidera os processos de organização, planeamento e elaboração de candidaturas de projectos a serem financiados, precisamente pelo facto de concentrarem em si a *expertise* e o *know-how* necessários.

O segundo perfil regional refere-se ao Alentejo, onde uma maioria absoluta (71,4%) afirma ter obtido acesso através de gabinetes municipais. Será possível neste ponto explicitar um pouco como o tradicional estatuto de periferia do Alentejo em relação ao Poder Central, juntamente com a sua especificidade histórica em termos político-ideológicos, poderão ser factores que motivam, como já argumentado, um maior activismo por parte do Poder Local, o que se manifestará na preponderância da acção dos gabinetes municipais no acesso aos benefícios da política regional. Vejamos um caso específico desse activismo:

Nós, Câmara Municipal de (....), organizamos as coisas por forma a que, depois do 25 de Abril, as obras se fizessem por administração directa. (....) Então, como é que fazíamos? Todos os nossos pro-

jectos beneficiavam de estarem contemplados no Plano. O nosso plano foi concebido, desde o primeiro plano director municipal de Portugal que foi ratificado pelo governo em 1985.... o nosso começou a ser feito logo em 79. E o PDM teve uma elaboração interessante de participação. Nós convidámos todos os agentes existentes no município – todos, todos, sem exclusão de ninguém do ponto de vista partidário ou religioso –, contratámos uma equipa em concurso político nacional e na auscultação completa e total, quase 100% das propostas foram contempladas. E, então, era um plano que se ajustava ao sentimento e às necessidades da população. De facto, isso confirmou-se porque durou durante 20 anos sem que sentíssemos que ele estivesse desajustado. E criou um ambiente muito interessante de evitar que certos privados quisessem fazer o seu interesse privado sobre o interesse público. Portanto, o plano foi feito com participação, foi divulgado largamente, toda a gente passou a saber o que é que era deferido e o que é que era indeferido. E a base foi sempre respeitar integralmente o plano. (....) E então isso trouxe um benefício muito grande, porque todos os cidadãos sempre souberam que o plano era a base onde se deveria trabalhar e começaram a trabalhar de acordo com o plano. E, então, isto deu um desenvolvimento muito maior, porque estavam as regras fixadas, as pessoas sabiam... quem tinha uma proposta, fazia logo na linha do que estava. E, portanto, nós fomos altamente beneficiados na conjugação de iniciativas de desenvolvimento. Dos projectos municipais de acordo com o plano que eram apresentados ao governo.... quando eram apresentados, eles já tinham sido discutidos. Eram aceites, tinham uma visualização do futuro, dos objectivos.... Portanto, os projectos eram muito bem defendidos em termos dos interesses e da prioridade. Nós, com isto, permitia-nos o luxo – isto é um luxo – de definir o que é prioritário em termos de investimento, porque se percebia porque é que um projecto era prioritário em relação aos outros (Entrevista 7).

Na região do Algarve, por último, 83,3% dos concelhos declararam não ter obtido acesso através de gabinetes municipais. Recordemos que, no caso desta região, de forma conjugada, 50% dos municípios declararam ter tido acesso via ministérios, 83,3% através da respectiva CCDR e 83,3% através das associações intermunicipais.

e) Através da Associação Nacional de Municípios – ANMP

A Associação Nacional de Municípios Portugueses visa, fundamentalmente, a representação e defesa de todos os municípios face aos órgãos de soberania e perante as organizações nacionais ou internacionais.

Tanto a nível nacional, como a nível regional, a importância desta Associação no que se refere à UE é de relevância diminuta ou rarefeita (Tabela 23). Na tabela seguinte, podem ser observados os resultados nacionais e regionais dos municípios que declararam ter acedido ou não aos benefícios da política regional europeia através da Associação Nacional de Municípios.

TABELA 32 – Acesso aos benefícios da Política Regional através da ANMP
(Resultados nacionais e regionais)

	Nacional	Norte	Centro	LVT	Alentejo	Algarve
NÃO	75%	87,5%	68,8%	62,5%	80%	60%
SIM	25%	12,5%	31,3	37,5%	20%	40%

Como é evidente, relativamente poucos autarcas referiram a ANMP como canal ou fonte privilegiada de informação sobre a Europa, havendo inclusivamente quem considere que, no que concerne à Comunidade Europeia que,

(A ANMP) *Algumas informações vai transmitindo... Tem um papel muito válido, mas no âmbito dos fundos estruturais não tem tido assim uma intervenção tão acentuada, comparando com a CCDR que é onde os poderes estão concentrados.* (Entrevista 8)

Tal resultado é igualmente fruto da própria postura que a ANMP assume perante o projecto comunitário, sendo este como que relegado para segundo plano. Vejamos o seguinte testemunho:

Eu devo dizer desde já o seguinte: nós estamos muito mais preocupados com questões internas do que com questões europeias neste momento aqui. (....) Com o governo, com a Assembleia da República, com questões de política nacional... muito mais do que com as questões que se prendem com as políticas europeias. [Essa questão põe-se] ...agora e em geral. Vamos lá ver. A ligação dos municípios a questões europeias é tão só, em Portugal, o aproveitamento de uma parcela muito reduzida dos fundos comunitários que vêm através dos quadros comunitários de apoio.... o I, o II e o III. E uma parcela que não chega a 10% dos fundos. E tirando essa relação... enfim, mais ou menos financeira, existe uma... enfim... uma intervenção nos dois sentidos – municípios – Europa; Europa – municípios – relativamente reduzida, não é? (Entrevista 9).

Assim, e em consonância, na perspectiva do acesso aos fundos comunitários e à Europa em geral, os municípios caracterizam, a nível nacional, a sua relação com a ANMP da seguinte forma:

TABELA 33 – Tipo de relacionamento entre Poder Local e ANMP
no que diz respeito à Europa (Resultados nacionais)

Tipo de relação	%
Institucional	51,9%
Próxima e informal	24,1%
Irregular	12%
Inexistente	9,3%
Burocrática e distante	2,8%

Os resultados obtidos apresentam, a nível regional, uma certa variabilidade. Todavia, em todas as regiões (com a excepção do Algarve) a maioria dos municípios caracteriza a sua relação com a ANMP como meramente institucional.

TABELA 34 – Tipo de relacionamento entre Poder Local
e ANMP no que diz respeito à Europa (Resultados regionais)[178]

Tipo de relação	Norte	Centro	LVT	Alentejo	Algarve
Institucional	50%	55,9%	47,1%	60%	33,3%
Próxima e informal	13,9%	26,5%	23,5%	33,3%	50%
Irregular	13,9%	8,8%	17,6%	6,7%	16,7%

Conclui-se, assim, pelo que ficou exposto, que a relevância da ANMP, enquanto potencial elo de ligação e plataforma de socialização europeia dos autarcas portugueses, é meramente residual. Tal como foi observado, este facto deve-se às próprias opções políticas e estratégicas da ANMP, a qual, veiculando a posição da maioria do Poder Local, vê o Estado Central e as suas políticas como o seu principal domínio de preocupação e intervenção.

f) Através de agentes económicos e gabinetes privados

Quer nos coloquemos a nível nacional, quer a nível regional, os resultados obtidos indicam que a maioria dos municípios declara não ter tido acesso aos benefícios da política regional através de agentes económicos privados.

TABELA 35 – Acesso aos benefícios da Política Regional
através de agentes económicos privados (Resultados nacionais e regionais)

	Nacional	Norte	Centro	LVT	Alentejo	Algarve
NÃO	90.5%	90%	90%	93,3%	92,9%	83,3%
SIM	9,5%	10%	10%	6,7%	7,1%	16,7%

De modo idêntico, a esmagadora maioria dos municípios, quer a nível regional, quer a nível nacional, declara que não obteve tal tipo de acesso através de gabinetes privados:

---

[178] Principais valores encontrados; o peso de outras caracterizações é meramente residual.

TABELA 36 – Acesso aos benefícios da Política Regional através de gabinetes privados
(Resultados nacionais e regionais)

	Nacional	Norte	Centro	LVT	Alentejo	Algarve
NÃO	93,8%	96,7%	87,1%	100%	92,3%	93,8%
SIM	6,3%	3,3%	12,9%	0%	7,7%	6,3%

Os resultados de ambas as tabelas demonstram, assim, a quase inexistência de uma relação de cooperação e concertação entre Poder Local e entidades privadas em geral, no que à política regional comunitária diz respeito. Tal facto poderá advir, no nosso entender, da exiguidade das práticas de contratualização derivadas de dificuldades orçamentais da administração local. O mesmo facto indicia ainda a fraca europeização das sociedades civis locais (nelas incluído o grosso do tecido empresarial) e o débil envolvimento destas em estratégias colectivas de desenvolvimento territorial.

5.6 Vantagens da cooperação intermunicipal

Como vimos, foram, pois, o contexto da integração europeia e a introdução de novos modelos de acção pública, guiados por princípios de partenariado e subsidiariedade, os factores que permitiram que, à estratégia de desintervenção pública, sucedesse a activação das forças sociais como plataforma de territorialização racionalizada de parte significativa das políticas públicas – plataforma em que o Poder Local assume um especial relevo. Trata-se da ideia de que "a própria acção e localização das políticas públicas necessitará de ser escorada ou sustentada em termos de cada um dos locais onde se exerce através de um sistema de canais e comportas constituídas por indivíduos, grupos e instituições, os quais terão por função a recepção, modelação, adaptação e execução local de tais políticas" (Ruivo, 2000a: 45) e de que «o problema da gestão pública é um problema de 'gestão de interdependências'» (Duran, 1999: 138). Assim sendo, os municípios foram igualmente interrogados sobre a possibilidade de uma associação entre alguns deles facilitar o acesso às políticas comunitárias.

Poucas foram as respostas negativas a esta questão. E essas poucas que foram produzidas em tal sentido apresentam como justificação o facto de a associação inter-municipal vir a dificultar o processo decisório (região Norte – 8,3%) e de se verificar a permanência de rivalidades municipais e de egoísmos autárquicos (região Centro – 11,1%, o que se coaduna com a denunciada atomização municipal na região).

As restantes respostas foram positivas e as justificações apresentadas foram classificadas em quatro categorias, tal como se pode observar na tabela seguinte:

TABELA 37 – Vantagens da cooperação inter-municipal
(Resultados nacionais e regionais)

Respostas	Nacional	Norte	Centro	LVT	Alentejo	Algarve[179]
Acesso e visibilidade na UE	35,9%	25%	55,6%	41,7%	20%	0%
Maior rentabilização de recursos	15,4%	25%	0%	16,7%	20%	0%
Pressão por estímulo da UE	15,4%	16,7%	22,2%	8,3%	20%	0%
Óptica de desenvolvimento regional	10,3%	16,7%	0%	16,7%	0%	0%

O acesso e a visibilidade nas instâncias europeias é, assim, a principal vantagem a retirar das formas de cooperação inter-municipal, quer a nível nacional, quer em termos regionais. De realçar que, de facto, o associativismo municipal ou a integração das Câmaras Municipais em redes de interesses, nacionais e, sobretudo, transnacionais, constitui uma das estratégias preferenciais para uma real aproximação ao universo comunitário (Bennington, 1994; Klausen e Goldsmith, 1999), relativamente independente dos ditames do sistema político-administrativo nacional. Vejamos o seguinte excerto de uma entrevista a um actor associativo:

A Associação de Municípios de (...) funciona muito como uma plataforma de articulação ao nível de Bruxelas e ao nível de Lisboa. Mas na Associação de Municípios de (...), 'a cidade de (...) tem a sua afirmação, domina em termos... porque é o maior concelho, é o concelho mais rico... A sede está aí.... Portanto, há uma afirmação própria. (....) Em Bruxelas, a Associação integra a Associação das Colectividades Têxteis da Europa (ACTE). A associação já assumiu a presidência, o secretariado... Foi uma Associação, criada já há muitos anos – na altura ainda o ministro estava em Bruxelas no Parlamento Europeu.... (Entrevista 10)

A filosofia da política regional tem, assim, incentivado a cooperação e o associativismo municipal, mediante os constantes apelos à formação de parcerias em prol de um desenvolvimento local/regional integrado e sustentado. Estes apelos têm, ainda que marginalmente, frutificado nos municípios portugueses. Uma das medidas mais significativas, datada de 2002, prende-se com o projecto de criação de comunidades intermunicipais e de

---

[179] Nenhum município da região do Algarve respondeu a este grupo de questões.

novas áreas metropolitanas[180]. Apesar do entusiasmo suscitado, denotaram-se logo os efeitos da fragmentação e atomização municipal, tendo-se a reforma esboroado. Como noticiado na imprensa nacional e como exemplo paradigmático, cite-se o caso de Braga: «Nos meios políticos locais poucos são aqueles que conseguem encontrar uma solução que concilie simultaneamente as expectativas de Braga e Guimarães, duas cidades vizinhas que sempre viveram de costas voltadas e que, actualmente, integram diferentes associações de municípios – a primeira a do Vale do Cávado, a segunda a do Vale do Ave»[181].

Em termos nacionais, 15,4% dos municípios atribuem a intensificação das formas de cooperação inter-municipal à pressão realizada pelas instâncias europeias (Tabela 37). Obviamente que a própria Comunidade, ao fomentar este tipo de estratégias, visa precisamente a rentabilização dos recursos e a disseminação de formas de planeamento conjunto em termos de desenvolvimento (Ministério do Planeamento, 1999; Comissão Europeia, 1999, 2000b). Também é nesta perspectiva que os municípios do Norte (25%), de LVT (16,7%) e Alentejo (20%) indicam a maior rentabilização de recursos, assim como a óptica de desenvolvimento regional (Norte – 16,7%; LVT – 16,7%), como potenciais vantagens.

Todavia, há que sublinhar que estes valores representam uma fraca incorporação da filosofia comunitária nas práticas de cooperação municipal, muito embora a maioria dos inquiridos concorde com o facto de aquelas facilitarem o acesso às políticas comunitárias.

O caso da região Centro é exemplar. Nenhum município desta região indicou 'maior rentabilização de recursos' ou 'óptica de desenvolvimento regional' como vantagens evidentes. E isto apesar de 22,2% dos inquiridos da região ter afirmado que as formas de cooperação municipal resultam da pressão das instâncias europeias. É que a região Centro, como já se verificou em pontos de análise anteriores, apresenta um significativo grau de atomização e de falta de unidade regional – problemas estes que em muito se sobrepõem à racionalidade das soluções propostas ou induzidas pela União Europeia.

De forma a esclarecer melhor esta questão, os municípios foram questionados sobre a possível existência de obstáculos à criação de associações municipais. Para classificar as respostas obtidas, foram então criadas quatro

---

[180] Sobre o assunto, cf. Ruivo, 2004.
[181] Público, 10/12/2002.

categorias de obstáculos: (1) *obstáculos culturais* (tais como egoísmo, bairrismo, individualismo); (2) *falta de meios técnicos e materiais e de informação*; (3) *dificuldades no enquadramento legal e institucional*, e (4) *dificuldades da percepção das vantagens*[182].

Na tabela seguinte, podem observar-se os resultados das respostas, tanto a nível nacional como regional:

TABELA 38 – Obstáculos à criação de associações municipais
(Resultados nacionais e regionais)

Obstáculos	Nacional	Norte	Centro	LVT	Alentejo
Dificuldades enquadramento legal/instituc.	43,8%	33,3%	33,3%	75%	33,3%
Obstáculos culturais	25%	33,3%	0%	0%	66,7%
Falta de meios e de informação	12,5%	16,7%	0%	25%	0%
Dificuldades na percepção das vantagens	6,3%	0%	33,3%[183]	0%	0%

A partir da observação dos dados da tabela, torna-se claro que, de um modo unânime, as regiões elegem como principais dificuldades o deficiente enquadramento legal e institucional destas entidades e os obstáculos do foro cultural. Nesse sentido, Duran (1999), por exemplo, denunciava o 'policentrismo' ou a 'poliarquia institucional', ou seja, a fragmentação da autoridade numa multiplicidade de entidades decisórias autónomas, como um dos principais problemas do foro do enquadramento institucional, para a renovação da acção pública, de carácter colectivo

Na verdade, apesar de todas as virtualidades apresentadas pelas associações municipais, são diversos os obstáculos encontrados pelos actores – obstáculos esses que decorrem, numa primeira instância, da própria cultura política-administrativa:

Muitos autarcas portugueses continuam a ter a sua autarquia como um padre tem a sua capela, em que ele é que manda na sua capelinha. Mas hoje acontece o seguinte: hoje os meus problemas não são só meus, os meus problemas são os problemas que passam todos aqui à volta e se não houver uma coordenação dos problemas que têm reflexo noutros concelhos... (...) Cada vez mais há necessidade da união das Câmaras para a resolução de problemas que são comuns a todos (Entrevista 3).

---

[182] Os municípios do Algarve ou não responderam a esta questão ou as respostas dadas não foram consideradas válidas.

[183] Percentagem que novamente resultará, em grande parte, do sentimento de atomização e de falta de unidade regional.

Outras dificuldades resultantes da própria organização administrativa do território são apontadas. Assim, às condições de existência dos municípios «junta-se um certo número de conflitos de interesse, materiais e imateriais (...); conflitos entre pessoas; conflitos entre as identidades das colectividades; as relações de poder (...) que convém harmonizar, pacificar, coordenar e, por vezes, hierarquizar; conflitos de espaço; conflitos de meios: como cooperar?; conflitos de recursos (...). Embora possa ser uma solução, a cooperação é essencialmente um problema suplementar que se impõe aos decisores locais e que os obriga a uma difícil escolha entre manter-se (...) e o risco da sua própria desestabilização» (Delcamp, 1997: 92). O mesmo é explicado por Putnam quando reflecte que «o fracasso em cooperar para benefício mútuo não assinala necessariamente ignorância ou irracionalidade. (...) Cada um estaria em melhores condições se pudessem cooperar entre si. Mas, na ausência de um compromisso mútuo e credível, cada individualidade permite-se falhar e tornar-se num 'free rider'. Cada racionalidade espera do outro a falha, deixando-a com 'sucker's payoff'. (...) Esta incerteza não surge da má fé ou da misantropia, apesar destes sentimentos poderem ser forjados (....). Mesmo que nenhuma parte queira mal à outra, e mesmo que ambas estejam predispostas a cooperar (...), elas não têm nenhuma garantia contra o fracasso na ausência de compromissos verificáveis e reforçados. Pior ainda, cada um sabe que os outros enfrentam as mesmas questões. (...) Nestas circunstâncias, cada um encara a cooperação como sendo irracional, acabando todos com um resultado que ninguém quer – o milho por colher (...), o bloqueio do governo» (1993: 163 ss.).

A possibilidade de uma concertação territorial, estando dependente de um forte "amparo institucional", tropeça, pois, em diversos obstáculos: a inexistência de um processo de regionalização e a fragilidade dos processos de descentralização conduzem à situação contraditória de ser a Administração Central desconcentrada o único espaço de socialização regional existente. Para além desta situação de dependência poder ser traduzida na disseminação e na infiltração de lógicas e projectos de "topo" nos contextos territoriais, é de realçar que a descontinuidade existente no seio da Administração Pública possui uma dupla natureza: descontinuidade entre patamares (local/regional/nacional) e entre esferas sectoriais da acção pública. Assim, os múltiplos mapas das diversas entidades dos Ministérios e da Administração Pública em geral, não coincidindo, quer em termos de funcionamento, quer em termos territoriais[184], inibem uma acção territorial concertada.

---

[184] Cf. Ruivo, 2004.

Os territórios possuem diferentes existências institucionais altamente descoincidentes, as quais os induzem a estratégias desgarradas de acção, incapazes de se integrarem colaborativamente na construção de um espaço político regional. Estas lógicas denunciam a ausência de uma real articulação colaborativa entre todas as unidades administrativas desconcentradas, o que diminui as possibilidades de uma efectiva concertação de ordem territorial. Muito longe estamos, deste modo, do ideal bem enunciado por Chevallier (1997: 276), segundo o qual «a intermunicipalidade tende (...) a ser uma 'intermunicipalidade de projecto', fundada sobre a vontade de construir em conjunto uma estratégia de desenvolvimento a partir da existência de laços concretos de interdependência e de solidariedade...». Vejamos, por exemplo,

> *Temos uma zona que é comum a A, B e C. Para isso temos um plano de desenvolvimento integrado que foi mandado elaborar já com fundos comunitários, que foi ainda custeado pelo I QCA, porque esse estudo da Serra (...) foi candidato pelos três municípios. (...) Aí não pôde entrar B, porque pertence à Região Centro, enquanto A e C incluem-se na Região Norte, portanto tivemos que fazer a separação, e então procuramos que fosse criado esse programa* (Entrevista 8).

Por outro lado, os objectivos inalcançados da descentralização, manifestos num atabalhoado e ardiloso processo de transferência de competências para os municípios, levam à formação de ligações inextrincáveis e, por vezes, extremamente opacas entre os serviços do Estado Central e os municípios. Mas promover um novo modelo de acção pública, baseado nos ideais da inter-municipalidade, não se restringe a uma mera questão de delimitação de competências, especialmente no caso do papel a desempenhar pelo Poder Local. Em consequência, é, sobretudo, necessário sopesar e repensar as relações entre os próprios actores[185]. É que «a institucionalização da acção colectiva corresponde a um universo de parceiros, ou actores autónomos, que têm o seu lugar como tal nos processos estabilizados da acção, nos modos de coordenação contratualizada (...); ela permite estruturar de um modo mais ou menos durável e específico, tipos de troca e articular as diversas posições num contexto de interdependência entre problemas, actores e interesses. (...) Ela constitui-se através de um duplo movimento de procedimentalização e de jurisdição das trocas» (Duran, 1999: 156 ss.).

---

[185] «O consenso que permitiu a descentralização foi construído na base da ocultação de uma verdadeira reflexão sobre o poder das colectividades locais ou sobre o poder do Estado» (Duran, 1999: 142).

5.7. Avaliação do sentimento de privação relativa

Através do sentimento de privação relativa dos municípios poder-se-á traçar um quadro acerca da percepção dos eleitos locais sobre os efeitos da aplicação da política regional em termos de coesão territorial. Para isso, foram, em primeiro lugar, colocadas algumas hipóteses que tinham por objectivo a auto-classificação dos municípios no quadro das suas regiões.

Na primeira hipótese colocada – «É um município que sofre um atraso estrutural significativo» –, uma maioria significativa dos municípios (60,5%), em termos nacionais, considera que sofre um atraso estrutural significativo. A nível regional, com a excepção da região do Algarve, onde 83,3% dos concelhos discorda da afirmação, a maioria dos concelhos em todas as outras regiões concorda com a mesma: Norte – 65,7%; Centro – 56,2%; LVT – 62,5%; Alentejo – 73,3%.

Apesar do reconhecimento de uma situação que à partida lhes é desvantajosa em termos de desenvolvimento, os municípios buscam, no entanto, comunicar uma imagem de si próprios positiva e capacitante. Veicular essa mensagem parece tornar-se essencial quando se considera que, apesar dos constrangimentos nacionais e europeus a que são alheios, em princípio, os municípios reclamam a autoria das estratégias de desenvolvimento dos seus concelhos. Trata-se de uma forma de capitalizar os benefícios comunitários; um modo de privatização da Europa, digamos, por parte das elites locais.

A segunda hipótese apresentada é a de que o município «se encontra bem desenvolvido». Neste ponto, 62,5% dos concelhos a nível nacional revêem--se na afirmação. Em termos regionais, os resultados da região do Algarve parecem ser bastante coerentes com os da questão anterior, pois 83,3% dos municípios consideram estar bem desenvolvidos. De modo similar, os resultados para as restantes regiões revelam que a maioria dos municípios considera que se encontra bem desenvolvida: 62,9% dos concelhos do Norte; 62,5% do Centro; 50% de LVT e 66,7% do Alentejo.

A terceira hipótese consistia na afirmação «É um município com forte peso na região». Em termos nacionais, 69% dos municípios considera ter um forte peso na região respectiva. Este resultado tende a reproduzir-se a nível regional. Há, no entanto, que prestar alguma atenção às regiões com área metropolitana, onde, comparativamente com outras regiões, o nível de importância atribuída à afirmação tende a ser menor. Assim: Norte – 67,7%, LVT – 56,3%, em contraposição a Centro – 75,1%; Alentejo – 73,3% e Algarve – 66,7%[186].

---

[186] Este último parece constituir uma excepção à regra.

A última hipótese apresentada é a de que o município «está esquecido pelos poderes nacionais e europeus». Em termos nacionais, observa-se um equilíbrio significativo das respostas. Assim, enquanto que 43,7% dos municípios discordam da afirmação, 56,3% pensam estar esquecidos pelos referidos poderes.

A região do Centro é a única onde uma maioria relativa dos municípios discorda da afirmação (56,3%), em contraposição a 43,7% que com ela concordam. Nas restantes regiões, salvo uma, o cenário é inverso. De facto, na região Norte 55,8% dos municípios pensam estar esquecidos pelos poderes referenciados, assim como 62,6% dos concelhos da região de LVT. A região do Alentejo é um caso a realçar, pois 86,7% dos municípios sentem-se esquecidos pelos poderes nacionais e europeus, o que vem, mais uma vez reforçar, o seu consolidado auto-conceito de periferia. Por outras razões, a região do Algarve apresenta-se também como um caso algo excepcional, na medida em que 66,7% dos concelhos não pensa estarem esquecidos por estes poderes.

À semelhança da avaliação realizada a nível municipal, foi igualmente solicitada a avaliação do grau de desenvolvimento da região onde os respectivos concelhos se encontram inseridos.

A primeira hipótese colocada é a de saber se a região «sofre um atraso estrutural significativo». De um modo inequívoco, quer em termos nacionais, quer em termos regionais, os municípios consideram que as suas respectivas regiões sofrem de atrasos estruturais significativos. As únicas excepções são a região do Algarve, onde as opiniões se dividem de modo equitativo, e a região de LVT, onde apenas uma maioria relativa concorda com a afirmação. Atente-se, pois, na seguinte tabela:

TABELA 39 – «A região sofre um atraso estrutural significativo»
(Resultados nacionais e regionais)

	Norte	Centro	LVT	Alentejo	Algarve	Nacional
% de concordância	80%	84,4%	52,9%	93,3%	50%	77,1%

Uma outra hipótese colocada refere a região como estando «esquecida pelos poderes políticos europeus e nacionais». Neste caso, os resultados são bastantes claros em termos nacionais e regionais. A nível nacional, 70,5% dos municípios pensam que as respectivas regiões estão esquecidas pelos poderes políticos nacionais e europeus. Em termos regionais, 71,4% dos concelhos do Norte, 75,1% do Centro, 52,9% de LVT, 80% do Alentejo e

66,7% do Algarve partilham a mesma opinião. O esquecimento nacional da região é atribuído à falta de acompanhamento, por parte das instâncias nacionais, das tendências europeias, o que tem implicações na capacidade de projecção regional na Europa. Existirá, pois, uma dicotomia clara entre a capacidade das regiões europeias com representantes eleitos e a capacidade das regiões meramente administrativas, em termos da representação subnacional, tal como já se observou anteriormente.

Foi também pedido aos municípios que classificassem o desenvolvimento da sua região em relação às demais do País. Para a classificação das respostas, foi criada uma tabela classificatória: Insuficiente/Positivo/Bom//Excepcional.

Em termos nacionais, verifica-se um resultado algo equilibrado entre a cotação da resposta insuficiente (44%) e o conjunto das respostas positivas (56%). Nesta última categoria, a classificação de excepcional reuniu apenas 2,8% das opiniões.

A nível regional, são facilmente identificados três tipos de região. O primeiro grupo é constituído pelas regiões do Norte e do Centro. Embora uma maioria relativa dos municípios considere positivo o desenvolvimento da sua região[187], uma percentagem significativa das respostas dadas considera o mesmo insuficiente (Norte – 45,9%; Centro – 47,1%). As regiões de LVT e Algarve compõem um segundo grupo; trata-se de regiões cujos municípios consideram que o desenvolvimento da sua região é positivo (LVT – 94,2%; Algarve – 100%[188]). A região do Alentejo, por seu turno, destaca-se pelo facto de apresentar uma avaliação categoricamente negativa /insuficiente sobre o seu desenvolvimento (93,3%).

Conclui-se, por isso, que, globalmente, o sentimento de privação relativa, em termos nacionais, se encontra bastante enraizado territorialmente e que, embora o arquétipo máximo que serve de termo de comparação seja a região LVT, mais especificamente a Área Metropolitana de Lisboa, cada município, NUT III e região possui os seus próprios referenciais de comparação.

Se, por um lado, a política regional europeia pretende promover a coesão social e económica dos territórios europeus, por outro lado, pretende fazê-lo através do aumento da competitividade regional e local.

---

[187] Dado que se prende com a noção de que o desenvolvimento territorial depende também do binómio esforço/talento das elites locais.

[188] Resultados do somatório das categorias de respostas positivas

Foi, por isso, igualmente pedido aos municípios que classificassem a capacidade das suas regiões no âmbito da competitividade regional europeia, de forma a avaliar o sentimento de privação relativa das regiões portuguesas relativamente às suas congéneres europeias. As respostas obtidas foram classificadas da seguinte maneira: nula/fraca/mediana/razoável/boa/ /excepcional.

No que se refere aos resultados nacionais, verifica-se que a maioria dos municípios considera que a competitividade da sua região é nula (11,09%) ou fraca (39,4%). O grupo de concelhos que julga que a competitividade da sua região é mediana ou razoável, totaliza, em termos percentuais, 31,2%. Apenas 9,2% das autarquias considera que a competitividade regional é boa ou excepcional. Tais resultados encontram-se numa relação de confirmação com os dados que indiciam que as regiões não se conseguem fazer ouvir no palco europeu.

No Norte, parte significativa das respostas obtidas considera que a competitividade na região é mediana (35,1%). A este grupo opõe-se o conjunto dos concelhos que a classificam de fraca (32,4%) e nula (13,5%). As restantes respostas dividem-se entre a classificação de boa (8,1%) e de excepcional (10,8%). Na região Centro, 50% dos municípios consideram que a competitividade da região na UE é fraca, e 2,9% classificam-na de nula. Os concelhos que classificam a competitividade regional como mediana totalizam 32,4%. Apenas 11,8% a julgam razoável. De modo relativamente similar ao que sucede nas regiões Norte e Centro, 35,3% dos concelhos de LVT consideram que a competitividade regional é fraca e 5,9% julgam-na nula. 11,8% das respostas obtidas considera-a como mediana e 23,5% como razoável. Apenas 2,9% pensa que ela é excepcional. Os concelhos alentejanos continuam a apresentar uma imagem bastante pessimista do desenvolvimento da sua região. Assim, 26,7% dos municípios consideraram que a competitividade da região é nula, 46,7% julgam-na fraca e 26,7% pensam que é mediana. Por fim, e de um modo bastante congruente, o Algarve parece assumir-se como a região mais optimista: 50% consideram que a competitividade é razoável, 16,7% pensam que é boa. Apenas 16,7% a julgam fraca e somente 16,7% a consideram mediana.

5.8. Suportes da função de autarca

O objectivo central deste momento da análise consiste em procurar definir quais os principais suportes existentes para o desempenho da função de autarca no que diz respeito ao acesso às políticas comunitárias.

PODER LOCAL E EUROPA: ENTRE O DIZER E O SENTIR   189

Para tal, impôs-se, em primeiro lugar, conhecer as representações que os autarcas partilham genericamente sobre o papel por eles desempenhado. Neste sentido, estes actores foram interrogados sobre as frases que melhor se adequariam ao seu tipo de actuação enquanto eleitos locais. Os resultados nacionais podem ser observados por ordem de prioridades na seguinte tabela:

TABELA 40 – «Na sua opinião, quais as frases que melhor se adequam ao papel que desempenha enquanto autarca?»

Factor	Prioridade/%
O autarca canaliza recursos para o seu concelho através do acesso a elementos da administração central	1ª – 29,44%
O autarca canaliza recursos para o seu concelho mediante os conhecimentos que tem do mundo da política	2ª – 26,90%
O autarca aplica directivas formuladas no quadrante da política e administração centrais	3ª – 24,08%
O autarca obtém satisfação das necessidades locais através da sua rede de contactos pessoais e familiares	4ª – 19,56%

Como se torna evidente a partir da observação da tabela, os autarcas identificam o seu papel como sendo, por um lado, de canalização «de recursos para o seu concelho através do acesso a elementos da administração central»[189], e, por outro, como de canalização «de recursos para o seu concelho mediante os conhecimentos que tem do mundo da política»[190]. A prioridade dada a estas afirmações confirma claramente a importância de que o capital relacional dos autarcas, e respectivo poder de influência, é detentor. Indicia igualmente a inclinação do sistema político em centrar na figura do actor político os principais constituintes (sendo estes eminentemente de natureza relacional) da reivindicação dos territórios. Esta tendência tende a reforçar fenómenos de personalismo e presidencialismo que, desta forma, serão alvo de como que um duplo processo de naturalização: por um lado, naturalização da centralidade do actor político que encarna e personifica individualmente as possibilidades de desenvolvimento, e, por outro lado, naturalização da dependência do destino dos territórios relativamente ao

---

[189] O mesmo resultado surge com a análise da distribuição regional: Norte – 84,8%; Centro – 72,7%; LVT – 94,1%; Alentejo – 66,7%; Algarve – 83,3%.

[190] Nas regiões do Norte, Centro, LVT, e Algarve reencontra-se a mesma tendência de a maioria dos municípios concordar plenamente com a afirmação: Norte – 75%; Centro – 63,6%; LVT – 64,7%; Algarve – 83,3%. No Alentejo, as respostas dividem-se quase equitativamente entre os que concordam plenamente (46,7%) e os que discordam (53,3%).

facto, até certo ponto casuístico e arbitrário, de possuir, ou não, notáveis com visibilidade nacional[191].

Ainda neste âmbito, os autarcas foram questionados sobre o facto de manterem, ou não, no decurso dos respectivos mandatos e, muito especialmente, no que diz respeito aos fundos comunitários, relações pessoais com membros da Administração Central.

Da totalidade das respostas validadas, a nível nacional, 69,4% dos municípios teriam mantido relações pessoais com membros da Administração Central. Um quase idêntico resultado pode ser observado no plano regional. Assim: Norte – 70,3%; Centro – 63,6%; LVT – 88,2%; Alentejo – 60%; Algarve – 66,7%. Dos resultados apurados, verificou-se igualmente que, a nível nacional, 57,1% dos municípios inquiridos afirmam que esses mesmos membros da administração central os têm ajudado na realização de projectos a implementar nos respectivos concelhos[192]. O auxílio prestado assume predominantemente a forma de aconselhamento diverso, tal como se pode observar na tabela 41.

De modo similar, os autarcas foram questionados sobre o facto de manterem, ou não, relações pessoais com deputados e membros do governo, no decurso dos respectivos mandatos e, especialmente, no que diz respeito aos fundos comunitários. Os resultados obtidos revelam que, a nível nacional, a maioria dos municípios (70,2%) terá mantido relações pessoais com deputados e membros do governo[193]. Também estes contactos têm frutificado em formas de ajuda para a realização de projectos de carácter local. De facto, a nível nacional, 59,3% dos municípios indicam que têm recebido auxílio na realização de projectos por parte de deputados e membros de governo[194].

---

[191] Tal análise será reforçada no ponto seguinte.

[192] Em termos regionais, podemos identificar três tipos de resposta. O primeiro é composto pelas regiões do Norte, do Centro e de LVT, onde a maioria dos municípios declara que tem recebido ajuda para esses fins (Norte – 70%; Centro – 55,2%; LVT – 60%). O Alentejo constitui o segundo. Nesta região, embora a maioria dos municípios afirme que não tem recebido auxílio dos membros da administração central (45,5%), 36,4% declara que sim. Por fim, no Algarve, as respostas dividem-se equitativamente entre os que declaram que receberam ajuda dos membros da administração central (33,3%) e os que afirmam que não a obtiveram (33,3%).

[193] No plano regional, o cenário é quase idêntico: Norte – 64,7%; Centro – 68,8%; LVT – 88,2%; Alentejo – 66,7%; Algarve – 66,7%.

[194] Em termos regionais, a maioria dos municípios em todas as regiões assume ter sido alvo dessas mesmas ajudas: Norte – 53,3%; Centro – 74,1%; LVT – 62,5%; Alentejo – 50%; Algarve – 33,3%).

TABELA 41 – Formas de auxílio na realização de projectos municipais prestadas
por membros da administração central (Resultados nacionais[195])

Tipo de auxílio	%
Aconselhamento diverso (Informação/acesso)	37,5%
Desbloqueamento de situações	18,8%
Elaboração de contratos-programa	12,5%
Elaboração de projectos	3,1%

À semelhança do que sucede com as ajudas prestadas pelos membros da Administração Central, o principal auxílio de deputados e membros do governo (Tabela 42) tem consistido em formas de aconselhamento diverso (nomeadamente, do tipo informativo ou de cariz procedimental). Todavia, é de realçar que o factor desbloqueamento de situações assume uma importância maior do que aquela que pode ser encontrada ao nível da Administração Central. Este dado levanta novamente a questão do peso dos decisores políticos em utilizar os seus recursos e possibilidades de modo discricionário, gerando novas estruturas de desigualdade no acesso aos fundos comunitários – estruturas estas baseadas, não em *expertise*, não no mérito dos projectos, mas sim na qualidade da rede relacional dos actores envolvidos.

TABELA 42 – Formas de auxílio na realização de projectos prestadas
por deputados e membros do governo (Resultados nacionais)

Tipo de Auxílio	%
Aconselhamento diverso	37%
Desbloqueamento de situações	29,6%
Elaboração de contratos-programa	11,1%
Elaboração de projectos	3,7%

Simultaneamente, o facto de a expressão «o autarca aplica directivas formuladas no quadrante da política e da administração central» ter sido nomeada em terceiro lugar de entre as prioridades (Tabela 40) demonstra a primazia do Poder Central na definição das políticas locais, assim como um certo grau de resignação ou de passividade do Poder Local relativamente a essa situação. A análise dos resultados regionais revela que, na região no Algarve, a totalidade das respostas discorda da afirmação. No Alentejo, 66,7% dos concelhos concordam plenamente, embora 33,3% discordem. Similarmente, na região Norte, a maioria dos inquiridos (64,5%) concorda

---

[195] De notar que 28,1% das respostas não foram validadas.

com o argumento de que o «autarca aplica directivas formuladas no quadrante da política e administração centrais» Já nas regiões do Centro e LVT, as posições dividem-se claramente: na região Centro 55,9% dos municípios e em LVT 52,9% dos concelhos discordam da hipótese.

Por fim, a rede de contactos pessoais e familiares como forma de satisfação das necessidades locais, é referida em último lugar (Tabela 40), o que poderá ser atribuído ao carácter oficioso destes recursos. Todavia, ao nível da distribuição regional das respostas dadas, poderemos distinguir três grupos. O primeiro é composto pelas regiões Norte e Centro, onde, apesar de a maioria dos concelhos (Norte – 68,8%; Centro – 69,7%) discordar da afirmação (segundo a qual a redes de contactos pessoais e familiares é um canal de satisfação das necessidades locais), percentagens significativas concordam plenamente com a mesma (Norte – 31,3%; Centro – 30,3%). O segundo grupo refere-se aos municípios de LVT. Nesta região, as posições dos concelhos dividem-se quase que equitativamente entre 47,1% que discordam e 52,9% que concordam plenamente com a ideia, segundo a qual «o autarca obtém satisfação das necessidades locais através da sua rede de contactos pessoais e familiares». O último grupo é constituído pelas regiões do Alentejo e do Algarve. Em ambos os casos, a maioria dos municípios discorda claramente da afirmação (Alentejo – 86,7%; Algarve – 100%).

Será interessante comparar estes dados com aqueles que foram obtidos por Ruivo (2000a):

TABELA 43 – «Expressões adequadas ao papel de autarca»

EXPRESSÕES	Percentagem de Presidentes de Câmara que as mencionam para 1ª e 2ª prioridades
O autarca obtém a satisfação das suas necessidades locais através da sua rede de contactos pessoais e familiares	41,4%
O autarca aplica directrizes formuladas no quadrante da política e administração centrais	44,8%
O autarca canaliza recursos para o seu concelho através do acesso a elementos da Administração Central	67,9%
O autarca canaliza recursos para o seu concelho mediante os conhecimentos que tem do mundo da política	56,5%

Fonte: Ruivo, 2000a: 149.

Como se pode facilmente constatar, existem claras continuidades estruturais relativamente ao que os autarcas apreendem como sendo parte essencial das suas funções – continuidades essas às quais a crescente socialização com o universo europeu e com os fundos comunitários, ao longo da última década, não conseguiu obviar. Assim sendo, os autarcas continuam preferencialmente a descrever o seu papel como sendo o da canalização de recursos para o seu concelho «através do acesso a elementos da administração central» e «mediante os conhecimentos que tem do mundo da política». O grau de passividade do Poder Local, decorrente da dependência deste em relação ao Poder Central, também não parece ter sofrido alterações, tendo-se mantido em terceiro lugar.

No entanto, a principal característica estrutural que se reproduz continuamente refere-se à pessoalização da autoridade. Como constata Ruivo «Ao autoritarismo inflexível do Estado Novo no que diz respeito ao municipalismo parecem ter, assim, na actualidade, sobrevivido outras formas de autoritarismo, as quais serão, no entanto e em determinados casos, flexibilizáveis. E quais as formas de flexibilização desse autoritarismo (...)? (...) Em primeiro lugar, a pessoalização da autoridade constituída pelo próprio mecanismo por excelência do controlo territorial do centro: a Administração central, cujo processo de acesso por parte dos autarcas recolhe a maior percentagem de adesão enquanto identificação com o papel maioritariamente desempenhado por eles (...). Em segundo lugar, a pessoalização com vista à canalização de recursos das autoridades constituídas pelos diversos tipos de actores inscritos no mundo da política...» (2000a: 150)

Os mapas que assinalam os principais trilhos percorridos pelos autarcas para acederem a recursos em prol do seu território, revelam toda uma dinâmica de distanciamento/proximidade; alheamento/intimidade entre o eleito local e as fontes de apoio a que recorrem no decorrer da sua actividade. A identificação destas fontes, por seu turno, permite demonstrar se a esfera de capital relacional do autarca é ampla ou restrita, isto é., se engloba, ou não, contactos e conhecimentos nos diversos pilares de governo e nos vários patamares de decisão política.

Nesta óptica, os autarcas foram interrogados sobre a localização dos contactos e relações mais úteis de que dispõem para a prossecução da sua actividade. Foram apresentadas quatro hipóteses, tal como se pode observar na tabela seguinte:

TABELA 44 – «Onde se encontram as relações e os contactos mais úteis para a sua actividade?» (Resultados nacionais)

Contactos	Prioridade/%
Na sua região	30,17%
No seu concelho	28,79%
Em Lisboa	28,30%
Em Bruxelas	12,72%

O conjunto dos autarcas privilegia claramente a rede de contactos regional e concelhia, o que denota que, até certo ponto, são estes territórios de pertença que lhes emprestam, em primeira instância, a base de apoio enquanto actores políticos territoriais.

Assim sendo, a nível regional, 53,1% dos concelhos da região Norte, 56,7% dos da região Centro, 93,9% dos municípios de LVT, assim como 53,8% dos concelhos alentejanos e 50% dos algarvios indicam que é nos respectivos concelhos onde encontram as relações e os contactos mais úteis. De referir que o caso de LVT se reveste de alguma especificidade, dada a proximidade entre Poder Local e Poder central e, sobretudo, dado o protagonismo que algumas Câmaras detêm ao integrar a Área Metropolitana de Lisboa.

De modo concordante, 75% dos municípios do Norte, 64,5% dos da região Centro, 80% dos concelhos de LVT, 76,9% dos municípios do Alentejo e 66,7% dos da região do Algarve referem que os seus principais contactos se localizam no espaço regional.

Poder-se-á problematizar este resultado, interrogando-nos sobre a possibilidade de estes dados nos indicarem a percepção de um sentimento de pertença regional. Julgamos mais uma vez que, em face de resultados anteriores, tal conclusão não é linear.

O enraizamento territorial do eleito local, ou a forte ligação do político local ao território de eleição[196], constitui uma condição de sucesso político já analisada. Assim: «este embricamento do actor político no território tem reflexos na forma como se produz o fenómeno político a nível local. É que este nível traduz para uma linguagem própria as clivagens nacionais, quer de índole nacional, quer partidárias. E o reprocessamento destas não desemboca, assim, necessariamente numa leitura uniforme do político. Pelo contrário, outros elementos, alguns deles relevando de interesses locais em processo de colocação política, mas, também e sobretudo, de outros ime-

---

[196] Ruivo indica que 75,5% dos Presidentes de Câmara haviam nascido no mesmo distrito de eleição (2000a).

diatamente não políticos, intervêm na arquitectura do código político local. Trata-se de todo o ambiente de que o processo de socialização do indivíduo na comunidade faz rodear o fenómeno político. Isto é, conhecimentos pessoais, pertenças de grupo, referências de bairro ou lugar, processos de imitação social ou de propagação interactiva de 'modas', apego a associações ou clubes, estratégias familiares, enfim, afectividades não só de ordem individual, mas também colectiva que impregnam definitivamente o microcosmos onde se move a adesão política. (....) Serão, deste modo, formas de solidariedade social dos mais diversos tipos que tenderão a fundamentar e vincar os processos de adesão e de formação da acção em termos políticos» (Ruivo, 2000a: 202). Mas o facto é que nem a ancoragem territorial do político, nem a introdução de modelos de territorialização e de concertação inter-municipal das políticas públicas, têm produzido a consolidação e a afirmação de novos espaços de acção e regulação pública.

O que se passará, então, é que, perante certos desafios, como o acesso a fundos comunitários, os actores se reúnem e colaboram estrategicamente entre si para satisfazer esse fim. Uma vez satisfeito o objectivo, as alianças tendem a diluir-se, dificultando a consolidação sociológica de um espaço regional de pertença (para o que contribuem, nomeadamente, os inúmeros obstáculos colocados no que se refere à proliferação de formas de cooperação inter-municipal).

Será a permanência das diferenças, dos antagonismos e rivalidades locais o factor de inibição para a constituição de novas arenas sócio-políticas? Talvez o factor preponderante aqui seja a ausência de um projecto comum, derivada da efemeridade e da fragilidade da concertação, pois a lógica da colaboração mantém-se presa ao imediatismo das oportunidades avulsas, enquanto que a possibilidade de capacitação passa pela mobilização organizativa, pela articulação das diferenças em benefício de desígnios comuns.

Como seria de esperar, embora esteja colocada em terceiro lugar, Lisboa continua a concentrar em si parte significativa do património relacional dos eleitos locais. Em termos regionais, 62,5% dos municípios do Norte, 55,2% dos do Centro, 86,7% dos da região de LVT[197], 41,7% dos concelhos do Alentejo[198] e 83,3% dos do Algarve indicam que é na capital do país onde se encontram os contactos e as relações de carácter mais útil.

---

[197] Percentagem esta explicável pelo facto de existir uma proximidade entre Poder Local e instâncias decisórias centrais na região de LVT.

[198] Percentagem esta que vem, novamente, confirmar o estatuto de periferia com que o Alentejo é confrontado.

Este cenário é uma característica típica de Estados de tradição centralista e que, no que à Europa se refere, continuam a reconfigurar a sua centralidade como "gatekeepers", impedindo, por esta via, uma mais fácil disseminação dos valores e práticas comunitários nos territórios portugueses, e favorecendo, consequentemente, a reprodução dos tradicionais quadros mentais de acção dos eleitos locais.

Por último, e em consequência, verifica-se que a importância de Bruxelas é exígua tanto ao nível nacional, como regional (Ruivo, 2000a). Assim, nenhum município da região Norte e do Algarve pensa que Bruxelas é um reduto de grande importância para o autarca. Apenas 8,7% dos concelhos do Centro, 13,3% de LVT e 9,1% do Alentejo assumem essa opinião.

Uma das estratégias complementares empregues para avaliar o distanciamento sentido em relação a Bruxelas, consistiu em interrogar os eleitos locais sobre o facto de, no decurso dos respectivos mandatos, e no que aos fundos estruturais diz respeito, manterem, ou não, relações com eurodeputados. Verificou-se que a esmagadora maioria dos municípios, quer a nível nacional (85,8%), quer a nível regional (Norte – 80%; Centro – 93,9%; LVT – 82,4%; Alentejo – 93,3%; Algarve – 66,7%) não mantêm relações de índole pessoal com eurodeputados. Do pequeno conjunto de municípios que mantêm algum tipo de relação com eurodeputados, a esmagadora maioria (78,4%), em termos nacionais, não têm obtido qualquer tipo de ajuda[199]. Vejamos, a este propósito, o testemunho de um actor colocado nas instâncias europeias:

Embora seja membro suplente, eu sou membro da Comissão de Política Regional, Transportes e Turismo. Mas sou relativamente pouco solicitada, porque eu acho que podia ser mais. Não é que eu não escreva aos Presidentes de Câmaras, a dar notícias do que é que se passa, do que é que se faz... Mas, as pessoas cá lêem pouco. Mesmo que eu tente fazer... Eu faço um boletim – não sei se vocês recebem, se não recebem dêem-me cá os vossos cartões que vão passar a receber – que... Exactamente porque há muita dificuldade: ninguém se interessa por aquilo que a gente faz... (Entrevista 11).

5.9. Razões que permitem compreender o tipo de papel que os autarcas têm no âmbito da UE

Perante todos estes resultados, qual será o papel que os autarcas defendem para si próprios no âmbito da UE? Para responder a esta questão, os inquiridos

---

[199] Também a nível regional, os resultados se apresentam como maioritariamente negativos: Norte – 66,7%; Centro – 95,5%; LVT – 71,4%; Alentejo – 66,7%; Algarve – 100%.

foram confrontados com um conjunto diversificado de afirmações que tinha por objectivo captar a auto-representação destes actores a este respeito.

Neste ponto, reencontramos a profunda ambivalência de atitudes e sentimentos que a integração europeia neles veio a despertar. De facto, se, por um lado, o fascínio para com o universo europeu enquanto referencial principal de desenvolvimento motiva posições relativamente pró-activas, caracterizadas por fortes atitudes de entusiasmo e voluntarismo, por outro lado, a permanência estrutural dos bloqueios do sistema político-administrativo português conduz a que essas posições se venham a moderar e, inclusivamente, resvalem para algumas formas de pessimismo ou cepticismo inibidoras de qualquer iniciativa mais ousada por parte dos detentores do Poder Local português.

Assim sendo, ao mesmo tempo que 68,9% dos municípios, a nível nacional, concordam plenamente com a ideia de que «O autarca é um agente decisivo na construção europeia, pois é o principal responsável pela integração do seu concelho neste projecto»[200], e que 87,2% dos inquiridos pensam que «O autarca tem desempenhado um papel cada vez mais importante na construção europeia, porque a atribuição dos fundos assim o permite»[201], somos de seguida confrontados com um cepticismo que é transversal ao grupo de inquiridos que expressou estas respostas. É que se pode igualmente observar que, a nível nacional, 83% dos municípios aderem à expressão «O autarca não tem sido suficientemente valorizado na construção europeia»[202].

---

[200] Em termos da distribuição regional das respostas, é no Algarve que se concentra o maior número de respostas 'Muito Importante' (83,3%), seguindo-se a região do Alentejo (73,3%).

Nas regiões do Centro e de LVT, 70,6% das Câmaras pensa que a afirmação é 'Muito Importante', enquanto que na região Norte 61,8% dos municípios lhe atribui o mesmo nível de importância. A apreciação globalmente positiva do autarca como 'agente decisivo' encontra-se, de igual modo, em territórios com diversas dimensões populacionais: até 20 mil habitantes, 67,9% das Câmaras julga-a 'Muito Importante'; de 20 mil a 60 mil habitantes, 73,3% atribui o mesmo nível de importância; e em territórios com mais de 60 mil habitantes, 68,9% dos municípios acha a afirmação também 'Muito Importante'.

[201] A distribuição regional das respostas 'Muito Importante' é a seguinte: 70,6% – Centro; 66,7% – Algarve; 60% – Alentejo; 47,1% – LVT; 48,6% – Norte. A tendência para concordar com a afirmação reencontra-se, quer em territórios com uma população até 20 mil habitantes (55,9%), quer em concelhos com uma população de 20 mil a 60 mil habitantes (63,3%), quer em municípios com mais de 60 mil habitantes (55%).

[202] Em termos regionais, todos os concelhos algarvios concordam com a afirmação. A região do Alentejo é a segunda que mais concorda com a afirmação (97%). Em seguida,

Esta falta de valorização do papel do autarca é maioritariamente atribuída a questões associadas à organização do sistema político-administrativo português, visto que 72,6% dos municípios julgam também que «O autarca não participa activamente na Europa porque ao nível nacional o seu papel também não é reconhecido»[203]. O desconhecimento do eleito local sobre o projecto comunitário não é, portanto, indicado como um obstáculo significativo à participação daquele na arena europeia. De facto, em termos nacionais, a maioria das Câmaras não concorda com a afirmação (61%). A distribuição regional das respostas denota algum grau de consenso. Na região Norte 67,6% dos concelhos discordam da ideia de que o desconhecimento perante o projecto comunitário motiva a não participação do eleito local, assim como 57,6% dos municípios da região Centro, 52,9% dos de LVT, 60% dos concelhos alentejanos e 66,7% dos algarvios[204].

na região de LVT, 82,3% dos municípios pensa que a afirmação é 'Muito Importante' ou 'Importante'. Já na região Norte, 81,2% das Câmaras concordam, das quais 29,4% concordam plenamente. Na região Centro, 79,4% atribuem-lhe o mesmo nível de importância. Esta ideia de que o autarca 'não tem sido suficientemente valorizado na construção europeia' é igualmente partilhada por concelhos com população até 20 mil habitantes (55,4%), por municípios com uma população até 60 mil habitantes (63,3%) e por concelhos com mais de 60 mil habitantes (40%). Denote-se aqui que são os concelhos de maior peso populacional que tendem a concordar menos com a afirmação: 20% das Câmaras que responderam e que têm uma população com mais de 60 mil habitantes discordam da afirmação.

[203] Apesar de tudo, a nível da distribuição regional das respostas, observam-se algumas discrepâncias. Na região de LVT, apenas uma maioria relativa dos concelhos (53%) concorda com a ideia de que «O autarca não participa activamente na Europa porque ao nível nacional o seu papel também não é reconhecido». Na região Norte, apenas 41,1% concordam com a mesma afirmação. Na região Centro, de modo semelhante, 47%. No Alentejo, as respostas repartem-se de uma maneira mais espaçada: 33,3% discordam da afirmação e 66,7% concordam. Por fim, no Algarve, apenas 33,4% pensam que a afirmação é verídica e relevante. Estas divergências encontram-se relacionadas com o facto de os autarcas oscilarem entre a afirmação da sua visibilidade política e a especificidade única dos seus territórios de eleição, e a reivindicação de meios e recursos para reforçar o desenvolvimento dos seus municípios em situação de atraso estrutural. Resultados similares são encontrados aquando da distribuição das respostas pela tipologia dos municípios segundo parâmetros populacionais: 48,2% dos concelhos com população até 20 mil habitantes discordam da afirmação, assim como 53,3% dos municípios com um universo populacional até 60 mil habitantes e 60% dos concelhos com mais de 60 mil habitantes. Observe-se uma vez mais que quanto maior for o peso populacional do município, maior é a tendência para discordar da afirmação.

[204] O peso populacional dos concelhos parece não influir consideravelmente nas respostas dadas, pois nos municípios com uma população até 20 mil habitantes, 55,4% discorda

O grau de satisfação que os autarcas manifestam relativamente às relações que mantêm com a Europa constitui também um bom indicador para avaliar a postura que o Poder Local assume perante o projecto comunitário. Os autarcas foram, por isso, questionados sobre o facto de se sentirem, ou não, satisfeitos com as relações mantidas com a Europa e inquiridos sobre os motivos das respostas que proporcionaram. Para a análise dos resultados, foram criadas dois níveis de classificação.

No que concerne às respostas positivas (ou seja, quando os eleitos manifestam satisfação com as relações mantidas com a UE), as razões identificadas foram: (1) *acessibilidade das CCDRs*; (2) *existência de programas de desenvolvimento territorial*; (3) *boa disponibilização de informação*; (4) *participação de notáveis em instâncias comunitárias*.

No âmbito das respostas positivas, verifica-se que estas, em termos nacionais, apenas reuniram o consenso de 18,9% dos municípios. A razão mais apontada foi a existência de programas de desenvolvimento regional (12,1%). Seguidamente, o factor mais representado foi a acessibilidade das CCDRs (3,4%), o que confirma a centralidade desta estrutura administrativa como o mediador privilegiado entre o Poder Local e o universo comunitário. As restantes razões têm apenas um peso residual, tendo cada uma a adesão de 1,7%.

Estes resultados repercutem-se ao nível regional. Assim, para as regiões Norte (12,5%), Centro (11,1%), LVT (15,4%), e Alentejo (14,3%), a existência de programas de desenvolvimento territorial é o motivo que justifica o facto de os municípios estarem satisfeitos com as suas relações com a UE. Nenhum concelho de LVT, Alentejo e Algarve apontou outro tipo de razão. A região Centro julga que a acessibilidade das CCDRs (5,6%) é outro motivo importante. Já na região do Norte, observa-se uma repartição equitativa (6,3%) pelas outras razões.

No que se refere às respostas negativas, as quais totalizaram 53,3%, foram identificados 7 motivos essenciais: (1) *burocratização das candidaturas*; (2) *alheamento – distanciamento e ausência de contactos*; (3) *pressão dos lobbies – teias de influência em Bruxelas*; (4) *entraves colocados pelas CDCRs*; (5) *constrangimentos jurídicos-legais*; (6) *falta de informação*; (7) *necessidade de maior apoio financeiro*.

---

da afirmação; nos concelhos com um universo populacional até 60 mil habitantes, 66,7% discorda também; e nos territórios com mais de 60 mil habitantes, 68,4% não concorda. Observe-se apenas que quanto maior for o peso populacional do município, maior é a tendência para discordar da afirmação.

Os resultados nacionais demonstram que os motivos mais apontados são o *alheamento/distanciamento/ausência de contactos* (32,8%); *os constrangimentos jurídicos-legais* (10,3%); e a *burocratização das candidaturas* (3,4%). As restantes razões têm um peso idêntico de 1,7%.

A análise dos resultados regionais revela, por sua vez, uma certa concordância com os resultados nacionais, pois as razões com maior peso em termos nacionais são aquelas que as regiões elegem, embora atribuindo-lhes diferentes graus de importância. De seguida, apresenta-se uma tabela com os resultados regionais:

TABELA 45 – Razões que explicam a insatisfação das relações entre Poder Local e UE
(Resultados regionais)

Factores	Norte	Centro	LVT	Alentejo	Algarve
Alheamento/distanciamento/ausência de contactos	43,8%	22,2%	46,2%	28,6%	0%
Constrangimentos jurídicos-legais	0%	0%	15,4%	28,6%	50%
Burocratização das candidaturas	0%	5,6%	0%	14,3%	0%
Entraves colocados pelas CCDRs	0%	5,6%	0%	0%	0%
Pressão dos lobbies/teia de influência em Bruxelas	0%	5,6%	0%	0%	0%
Falta de informação	6,3%	0%	0%	0%	0%
Necessidade de maior apoio financeiro	0%	5,6%	0%	0%	0%

5.10. Avaliação das possibilidades de um modelo de governança

O reforço dos poderes descentralizados tem constituido uma das bandeiras da União Europeia. Vários são os factores que poderão explicar esta tendência estrutural para a devolução de poderes a entidades subnacionais públicas: a pressão da opinião pública no sentido de maior eficiência da acção pública; fenómenos de desregulação, liberalização, privatização e complexidade social que induzem a respostas políticas flexíveis; os desafios decorrentes do aprofundamento da integração europeia e da necessidade de estabelecer vínculos de confiança entre pilares de poder, assim como o argumento do desequilíbrio entre limitados recursos comunitários e as crescentes responsabilidades, o que exige o envolvimento participativo e responsabilizante dos pilares governativos e da sociedade em geral.

A tentativa de instauração de um sistema de governança multi-nível (Marks, 1993, 1997; Hooghe, Marks, 2002) pretende responder aos desafios

INTRODUÇÃO   201

deste desiderato[205]. Assim, no início de 2000, a Comissão Europeia identificou a reforma da governança europeia como um dos seus objectivos estratégicos, o que implicou a defesa da adaptação das instituições comunitárias e a procura de uma maior coerência entre os vários domínios políticos.

Uma das principais estratégias utilizadas pela Comissão Europeia consiste em preconizar um modelo de descentralização que se refere simultaneamente à delegação de poderes e ao aperfeiçoamento da sua coordenação, o que implica uma reorganização de papéis e de responsabilidades, por forma a fomentar a participação no sistema político comunitário. O ideário formal da descentralização enumera as vantagens a retirar de um sistema político administrativo assim organizado: aumento de eficiência e rentabilização de recursos; maior legitimação e aceitabilidade das políticas comunitárias, bem como redução do défice democrático; construção e implementação aberta e flexível das políticas; inclusão dos *outputs* da perspectiva local; resposta à procura de maior participação das entidades subnacionais.

Desta forma, há que fomentar um modo mais participativo e aberto de construção e de implementação das políticas comunitárias, assim como promover maior responsabilização das entidades subnacionais públicas e privadas, através de maior flexibilidade e diferenciação na implementação das políticas comunitárias. Nesta perspectiva, enquanto sistema descentralizado, a UE deveria assumir-se como «uma rede, incluindo todos os níveis de governo, moldando, propondo, implementando e monitorizando em conjunto a política (...). A governança europeia diz respeito à UE, mas não está confinada à relação entre esse corpo e os actores governamentais e não

---

[205] Uma das motivações essenciais, apresentadas pela Comissão, para incentivar o debate sobre a reforma do modelo de governança europeu consiste num certo desencantamento e afastamento dos cidadãos europeus relativamente ao complexo sistema político comunitário, conducente ao debatido défice democrático. Em contraposição, a Comissão defende cinco princípios básicos para a boa governança, que são aplicáveis a todos os níveis de governo: 1 – Abertura: funcionamento transparente das instituições comunitárias; linguagem acessível ao grande público, por forma a melhorar a confiança nas instituições; 2 – Participação: dependente da utilização, por parte das administrações centrais, de uma abordagem aberta e abrangente; 3 – Responsabilização: definição de atribuições no âmbito dos processos legislativo e executivo de cada instituição que deverá assumir as responsabilidades correspondentes; 4 – Eficácia: dependente da aplicação proporcional das políticas aos objectivos e da tomada de decisão a um nível adequado (subsidiariedade); 5 – Coerência: necessidade imperiosa de coerência entre as políticas, o que exige uma liderança política e uma responsabilização das instituições.

governamentais. Ela inclui a totalidade da rede de relações entre esferas de governo, dentro e entre Estados Membros» (Comissão das Comunidades Europeias, 2001: 10).

Tal implica que os vários pilares de governo/poder devem estar envolvidos de um modo colaborativo no *policy-making*, através de um processo contínuo de interacção e de troca, onde cada qual assume o seu papel dentro da sua bem definida área de responsabilidade[206].

As questões da descentralização e da governança colocam naturalmente diversos desafios às instituições e aos seus clássicos modos de funcionamento. A identificação de instrumentos políticos que permitem, na fase da elaboração das políticas, uma maior flexibilidade de implementação (directivas-quadro; acordos voluntários, abordagens contratuais, etc.) e a promoção do papel das entidades subnacionais, regiões, cidades e interesses é um deles[207].

Outros desafios advêm do facto de o modo de funcionamento da UE não permitir ainda uma interacção adequada entre os vários níveis de governo. Neste ponto, territórios, regiões e cidades sentem que o seu papel de intermediário eleito e representativo não se encontra suficientemente afirmado. O limbo em que se encontram é formulado pelas próprias instâncias europeias da seguinte maneira: «A principal responsabilidade pela participação dos níveis regional e local nas políticas da União Europeia cabe e deverá continuar a caber às administrações nacionais. Contudo, frequentemente, a opinião pública considera que os governos nacionais não implicam de forma adequada os protagonistas regionais e locais ao desenvolverem as suas posições relativamente às políticas da União Europeia. Cada Estado Membro deverá prever mecanismos adequados para uma ampla consulta quando debate as decisões da União Europeia e quando aplica políticas comunitárias de âmbito territorial» (Comissão das Comunidades Europeias, 2001: 14).

---

[206] Deste ponto de vista, «a descentralização e a subsidiariedade não são, de forma alguma, contraditórias. Enquanto que a última estabelece as competências dos vários pilares de governo, a anterior foca a interacção entre eles. A governança moderna requer que, além das competências circunscritas, esta questão da interacção seja abordada. O princípio orientador é a complementariedade funcional dos vários actores num constante modo interactivo....» (Comissão das Comunidades Europeias, 2001: 11)

[207] Torna-se, por exemplo, necessário, estabelecer as medidas que permitam às entidades sub-nacionais com menor capacidade financeira ou administrativa implementar programas comunitários.

Mas, apesar de todos os obstáculos, assiste-se a uma profunda reorganização do sistema político, dada a crescente preponderância de instâncias políticas supra-nacionais e subnacionais. Esta reorganização – a qual multiplica o número de intervenientes no processo político – conduz a uma complexificação do sistema político que, ao invés de se pautar pela tradicional lógica de hierarquização e verticalização das suas diferentes esferas – se expande horizontalmente gerando um modelo de governança[208] (Christiansen, 1996).

Todavia, no âmbito das práticas políticas da União Europeia, o conceito de governança não apresenta ainda uma estabilidade precisa. Na verdade, a definição genérica de governança como sendo «modos e meios estruturados nos quais as preferências divergentes de actores interdependentes são traduzidas em escolhas políticas que 'alocam' valores, de maneira a que a pluralidade de interesses seja transformada em acção coordenada e de modo a que seja alcançada a confiança entre os actores» (Eising e Kolher-Koch, 1999: 5), pode ser corporalizada em diversas modalidades e padrões de acção política.

De um modo genérico, o conceito de governança ilustra o descentramento do Estado e a reconfiguração da arena política agora povoada por uma plétora de actores autónomos e associados por elos de interdependência. Permite também a visibilização de novas formas de racionalidade (e a sua presença nos processos decisórios) e da possibilidade de constituição de formas de cooperação, mesmo na ausência de um centro de autoridade. Torna-se, pois, claro que uma maior interacção com governos regionais, locais e sociedade civil constitui uma das condições para a implementação dum modelo de governança[209].

---

[208] No entanto, como foi observado, esta reorganização do sistema político não significa uma evanescência da importância do Estado, nem a emergência de uma Europa regionalizada. De facto, não só as diferentes experiências regionais continuam a ser estruturadas primordialmente em redor da tradição política assente na centralidade do Estado, como também o próprio intervencionismo político comunitário – pelo qual se reforçaria o papel das instâncias regionais e locais – é limitado pela lógica neo-liberal instaurada pelo Mercado Único.

[209] E, neste sentido, a Comissão Europeia deverá dialogar com estas entidades, introduzir maior flexibilidade nas regras de execução da legislação comunitária, tomando em consideração as condições regionais e locais, bem como criar parcerias e consultas adicionais.

No domínio da intervenção pública, o princípio de governança traduz-se, então, teoricamente, pela inclusão participativa dos poderes infra-nacionais, tanto públicos como privados, nas formas de decisão, implementação, regulação e avaliação das políticas públicas. O reforço político deste argumento advém das novas estratégias de eficácia e eficiência que pretendem, respondendo às necessidades de intervenção social, diminuir a despesa pública de um Estado-Providência, considerado sob ameaça de colapso financeiro. Este argumento sobre uma suposta inescapabilidade do recuo do Estado, aliado às ideias de proximidade e de subsidiariedade, conduz, então, ao princípio de territorialização da acção pública. É este paradoxo político, construído pela motivação de uma racionalidade que se ocupa da rentabilização de esforços e pelo desígnio da continuação indispensável do bem comum, o substracto da territorialização das políticas públicas.

Seduzido pelos princípios da governança, segundo Le Galès (1998), uma forma de operacionalizar o conceito de governança consiste, de facto, em materializá-lo nas estratégias de regulação política e social, as quais, encontrando-se baseadas no território, tornam mais visíveis os novos processos de estruturação e de institucionalização do envolvimento de actores múltiplos. Na verdade, uma vez aplicada ao território, a ideia de governança requer que a atenção seja focada nas diferentes formas de articulação dos vários tipos de regulação existentes no território, alertando, simultaneamente, para as vias de integração política e social dos actores, para a construção de uma capacidade de acção colectiva e para a necessidade de re-examinar as ligações entre Estado, mercado e sociedade civil.

Neste sentido, os autarcas foram interrogados sobre os principais factores que, no seu entender, seriam responsáveis pela capacidade de captação de recursos para uma determinada região. Foram, por eles, apresentados seis factores e prioridades possíveis.

TABELA 46 – Factores que reforçam a capacidade de captação de recursos
(Resultados nacionais)

Factores	Prioridade
Ter uma sociedade civil organizada e com grupos económicos	1ª – 18,03%
Ter uma forte representação política	2ª – 17,68%
Ter uma elevada produtividade	3ª – 17,11%
Ter uma boa localização geográfica	4ª – 17,02%
Ter uma boa cooperação entre os seus municípios	5ª – 15,72%
Ter uma universidade	6ª – 14,41%

De um modo totalmente coerente com os resultados nacionais, a maioria dos municípios em todas as regiões consideram que ter uma sociedade civil bem organizada e com grupos económicos é o principal factor e prioridade a ter em conta na capacidade de captação de recursos por parte de uma região[210].

A representação política da região surge também como um factor substancialmente crucial, quer no que se refere aos resultados nacionais, quer no que diz respeito à distribuição regional das respostas obtidas. Em termos nacionais, 82,1% dos municípios atribuem grande importância a este factor[211].

O facto de o território apresentar uma elevada produtividade assume, de maneira similar, uma importância crucial nas apreciações que as autarquias realizam sobre os possíveis factores que potenciam a capacidade de captação de recursos. Desta forma, em termos nacionais, 79,6% das respostas obtidas consideram que uma elevada produtividade é de extrema importância[212].

A boa localização geográfica assume também grande importância para os municípios: 79,4% das respostas a nível nacional atribuem-lhe grande importância[213]. A reunião destes factores parece, assim, e na percepção dos autarcas, induzir os territórios a dinâmicas virtuosas de desenvolvimento.

A boa cooperação entre municípios assume uma importância relativamente diminuta, em comparação com os outros factores – facto este que se encontra de acordo com a fragilidade encontrada ao nível das estratégias de concertação inter-municipal. Assim, em termos nacionais, apenas 67% dos municípios lhe atribuem grande importância. Embora a maioria dos municípios de cada região tenham atribuído grande valor a este factor[214], percentagens significativas dos concelhos discordam dessa posição e consideram que este factor não tem grande peso[215]. Apenas o Alentejo atribui de uma forma quase unânime importância a este factor.

---

[210]   Assim: Norte – 79,4%; Centro – 76,5%; LVT – 94,1%; Alentejo – 86,7%; Algarve – 100%.

[211]   Em termos regionais: Norte – 79,4%; Centro – 82,4%; LVT – 82,4%; Alentejo – 80%; Algarve – 100%.

[212]   Em termos regionais, reencontra-se claramente a mesma tendência: Norte – 77,8%; Centro – 82,4%; LVT – 76,5%; Alentejo – 80%; Algarve – 83,3%.

[213]   Em termos regionais, o cenário é idêntico: Norte – 77,1%; Centro – 88,2%; Alentejo – 80%; Algarve – 66,7%. De referir que no caso de LVT, embora 70,6% dos concelhos atribuam grande importância a este factor, 23,5% julgam que o mesmo não tem peso significativo.

[214]   Norte – 55,9%; Centro – 73,5%; LVT – 70,6%; Alentejo – 66,7%; Algarve – 83,3%.

[215]   Norte – 14,7%; Centro – 14,7%; LVT – 23,5%; Algarve – 16,7%.

Em termos nacionais, o facto de o território estar dotado com um estabelecimento de ensino superior surge como o último factor determinante para a captação de recursos, o que sugere uma débil articulação entre o investimento em ensino e investigação e o tecido económico local[216].

Sabe-se que a dimensão material do princípio de governança é precisamente o paradigma da territorialização da intervenção, mediante a activação da sociedade civil e o envolvimento dos poderes subnacionais. Activação esta cujo sucesso medirá a capacidade política do território, isto é, «os processos pelos quais a sociedade civil, os seus organismos e seus valores investem nas estruturas institucionais. (....) Essa capacidade não depende unicamente das estruturas constitucionais, mas também da natureza das sociedades civis, dos recursos económicos e da capacidade de projectar o território na cena internacional» (Ritaine, 1996: 29)[217]. A questão a colocar agora é a de saber se à territorialização da intervenção corresponde um exercício efectivo de governança conducente a um efectivo envolvimento dos poderes locais ou a uma privatização e co-optação da actividade política.

Ou seja quais serão as reais possibilidades e implicações de re-organização do sistema político pelo princípio de governança e pelo paradigma da territorialização das políticas públicas? As questões colocadas a este propósito por Ritaine (1996), sobre a anamorfose do Estado e sobre a reprodução da regra patrimonialista no sistema político, são extremamente pertinentes.

Especialmente vocacionado para a análise do sistema político dos países do Sul da Europa, o enquadramento analítico de Ritaine consiste no paradigma da troca política generalizada[218], o qual «constrói a análise em termos

---

[216] A maioria dos municípios de cada região atribui uma grande importância a este factor: Norte – 54,3%; 48,5%; LVT – 52,9%; Alentejo – 46,7%; Algarve – 83,3%. No entanto, estes valores são relativizados se consideramos que sectores significativas não atribuem importância a este factor: Norte - 22,9%; Centro – 33,3%; LVT – 17,6%; Algarve – 16,7%. No Alentejo, apenas 6,7% consideram este factor de pouco peso.

[217] Segundo Ritaine (1996), Keating analisa a noção de capacidade política de um território de acordo com três vectores: a capacidade económica, entendida como estrutura da economia local e os seus laços com os mercados nacionais e internacionais; a capacidade decisória, que se refere à natureza das instituições territoriais e à possibilidade de mobilização de interesses; e a capacidade de mobilização social com base territorial, isto é, a estrutura da sociedade civil local.

[218] B. Marin desenvolveu o conceito de troca política generalizada para designar a lógica de «contínuas transacções arriscadas entre actores colectivos e organizados com interesses funcionalmente interdependentes, ou, inclusivamente, competitivos e antagonistas, e que não são reguladas (suficientemente) por mecanismos legais-contratuais» (Pongy, 1997:

de troca entre organizações complexas, umas situando-se no campo político, outras dependentes de diferentes campos da sociedade civil: designa a regra do jogo que organiza a sua interdependência e as assegura em face do aleatório da interacção» (Ritaine, 1996: 8).

Na verdade, apesar de a noção de troca ser central dos domínios da Antropologia e da Sociologia, ela tem não sido objecto de reconhecimento por parte da ciência política. O conceito de troca política é frequentemente associado, por parte deste ramo de estudos, a fenómenos de corrupção e clientelismo, mas, tal como Médard (1995: 9) defende, «a troca consubstancia a vida política e a vida social; ela intervém na tomada de decisão, na aliança e no conflito, na relação de poder e de legitimação. Ela constitui o motor das organizações políticas e das relações que elas mantêm entre elas e com os seus membros».

---

112). Ritaine coloca, no mesmo texto, a hipótese, segundo a qual as sociedades do Sul Europeu, confrontadas com a fraqueza da regulação estatal e com o enraizamento de lógicas de segmentação social e territorial, desenvolveram historicamente modos próprios de regulação política, dos quais se destaca o território e a mediação. Seguindo uma conceptualização sociológica do conceito de território, pela qual este é entendido como espaço social e político construído, o território assume-se como instância reguladora quando se encontra investido com capacidade política – capacidade esta que depende quer dos recursos económicos existentes e da capacidade de mobilização política, quer da própria natureza (ou orientação política) da sociedade civil. Esta perspectiva construtivista, para além de ser multidimensional, ao permitir o estudo dos processos de socialização e mobilização colectiva, orienta a reflexão para a articulação entre sociedade civil e o paradigma da troca política generalizada entre esfera política e esfera social. Do ponto de vista da mediação, Ritaine argumenta que as mediações políticas nos países do Sul Europeu decorrem de processos históricos e constituem-se como a anamorfose dos princípios legais e racionais que presidem à concepção clássica de Estado. Na verdade, embora não equacione as especificidades dos países do Sul Europeu com meras deformações patológicas do modelo hegemónico do Estado baseado unicamente numa lógica legal-racional, Ritaine considera que, nestes países, persiste uma concepção patrimonial da autoridade. É na reprodução histórica da regra patrimonial que Ritaine enraíza o seu argumento, segundo o qual se verifica nos países do Sul Europeu um processo de anamorfose. Anamorfose consiste 'na imagem disforme, desproporcionada e ridícula que se apresenta como normal quando observada num espelho curvo'e Ritaine utiliza este conceito como uma metáfora para explicar a dificuldade de uma total racionalização democrática da organização do sistema político e para designar «Le passage continu et incontrolê, dans les deux sens, de la norme propre à l'État de droit, aux règles informelles, voire illégales (...) propres aux appartenances spécifiques à chaque segment, group ou entité sociale....» (Ritaine, op.cit.: 270)

A aplicação deste paradigma ao sistema de interacção política vigente, permite ver até que ponto vão as dificuldades em instituir, nos termos de Gramsci (cf. Semeraro, 1999), uma sociedade (civil) auto-regulada, pois o que está em jogo na troca política é mais do que a transacção hipotética de bens ou serviços; é a preservação ou o estabelecimento de um tipo específico de relação social (De Winter, 1995[219]).

Logo, embora a articulação analítica entre sociedade civil e o paradigma da troca política generalizada, permita a compreensão dos processos de construção da acção colectiva numa lógica de "cooperação conflitual", ela demonstra também que o poder transformativo dessa acção colectiva depende do tipo de interacção política estabelecida entre Estado, poderes subnacionais e sociedade civil.

Os Estados parcamente legitimados e pouco eficientes, e com presenças fragilizadas ao nível dos diversos sistemas sociais, utilizam as estruturas locais de forma a mediatizar o seu controlo no território (Ruivo, 2000a). A fraca capacidade de auto-determinação destas estruturas locais, por outro lado, restringe-as a formas de relacionamento periférico com o centro de poder e de decisão. As mediações que daqui emergem e as negociações levadas a cabo entre as instâncias do território e o centro, permanecem como expressões do controlo político territorializado, ao mesmo tempo que as directrizes do centro, são adaptáveis às realidades locais. A especificidade do modelo de troca política e das suas modalidades de negociação é que enfatiza a variabilidade da capacidade decisional dos actores envolvidos. Neste sentido, a negociação pode significar um método de gestão de conflitos, ou, por outro lado, o exercício ou a demonstração de poder (Claeys, 1995).

Assim, a adaptação das políticas ao território, tal como a política regional comunitária advoga, longe de significar maior participação efectiva, pode significar que o apelo à participação responsabilizante é conforme, no plano económico, às condições de dependência do Poder Local e da sociedade local – permitindo uma certa flexibilidade das regras – e, no plano social e político, a um padrão de interacção dominado pela figura do *power broker*[220] que monopoliza e organiza a comunicação entre actores, redes e instituições, sem alterar a lógica de funcionamento global do sistema político.

---

[219] Por exemplo, entre representante e representados.

[220] A figura do 'power broker' inscreve-se nas tradições de mediação política descrita por Ritaine e permite esclarecer como o acto de mediar utiliza recursos de várias ordens (política, económica, e, sobretudo, relacional), os quais condicionam e, por vezes, monopolizam o acesso a instituições ou a bens.

Por outro lado, as práticas patrimoniais, assentes numa dinâmica patrão-
-cliente, permitem ver como é que o compromisso entre entidades territoriais
e o Estado, resulta numa deformação mútua que acarreta riscos de anomia,
mas também de criatividade sócio-política. Se, por um lado, estas práticas
de mediação podem constituir casuisticamente, um factor de correcção de
desigualdades e de injustiça, por outro lado, redundam numa forma de
relacionismo privatístico, que enfraquece a capacidade de organização e de
auto-determinação colectiva, e uma forma de utilização de formas de participação e de intervenção, que tende a reproduzir os posicionamentos de
poder já estabelecidos (Ruivo e Francisco, 1999).

Tudo parece, pois, indicar que um dos principais problemas existentes
para a implementação de um sistema de governança consiste na auto-reprodução estrutural do posicionamento periférico dos actores infra-nacionais.
Este facto aponta para uma série de implicações[221].

Se a descentralização de poderes não é acompanhada pela reformulação
das lógicas de funcionamento e de relação com o mundo político, económico
e social que aprisionam os contextos locais, o benefício global do território no
sentido da sua autonomia e poder de actuação ficará seriamente minada.

No mesmo sentido, Ganne (1994: 212) denuncia que, em tradições de
centralismo político e de lógicas informais de solidariedades selectivas e
desiguais, «é precisamente através do seu modo de articulação com o político que as instâncias locais parecem definir-se e organizar-se, num jogo de
apoios recíprocos: as instâncias locais, esperando que o Estado se constitua
como o garante do seu *status quo*, e o Estado malthusiano, encontrando na
manutenção e na recondução de sistemas locais fragmentados as garantias
da evolução moderada por si desejada».

Dependente, então, da captação de recursos, as entidades territoriais tendem a aliar-se ao Estado e a descrever-se a si próprias como interlocutores
privilegiados. Todavia, dado o universo cultural profundamente marcado por

---

[221] Numa perspectiva liberal, Saunders (1993) defende que o argumento segundo
o qual a existência de instituições mediadoras enraizadas localmente – nos interstícios
das directrizes estatais, das forças privadas e dos contextos locais – correspondendo ao
encorajamento da partilha e descentralização de poderes e de formas de participação, não
é plausível dada a tendência que as estruturas locais apresentam para se tornarem burocráticas e monopolizadas por grupos fechados de elites. Como alerta De Winter (1995), as
trocas políticas, mesmo interinstitucionais, são sempre mediadas por indivíduos e os con-
sequentes fenómenos de personalismo constituem também formas de articulação entre o
nível micropolítico e o nível macropolítico.

uma espécie de *feudalização* e verticalização selectiva das relações sociais e políticas, o território estará assim a afastar-se do ideal de autonomia. Negligenciando o seu próprio poder de iniciativa, de inovação e mobilização de forças endógenas, constitui-se como veículo de execução, não de criação, das políticas que são a sua condição de existência e acção.

Tal tendência gera uma situação paradoxal: em contextos de fraca autonomia e auto-determinação local, a descentralização e a aplicação 'oca' dos próprios princípios comunitários transformam o propósito da territorialização das políticas públicas em acções uniformizadas, o mesmo é dizer, desterritorializadas.

Se a reprodução do sistema de interacção política, conduz a uma certa desterritorialização das políticas públicas, na medida em que o território não se reconfigura como agente co-decisor, co-criador daquelas, torna-se claro que a modalidade de governança em causa permanece conforme à centralidade, ainda que desmembrada, do Estado.

Como enunciado, o conceito de governança pode materializar-se numa série de modalidades que se diferenciam de acordo com o papel do Estado, a orientação política nele dominante, os padrões de interacção política vigentes, os actores dominantes e o alcance da acção política.

Kohler-Koch (1999), aprofundando essa ideia, propõe uma tipologia das modalidades de governança. Essa tipologia é construída a partir da intersecção de duas categorias: o princípio organizador das relações políticas e a lógica constitutiva da política. Assim, será possível distinguir entre um modelo de governança estatista, pluralista, corporativista e em rede. O modelo de governança estatista reserva ao Estado um papel de autoridade; possui, como orientação dominante, o interesse nacional, caracteriza-se por um padrão de interacção baseado no comando e no controlo, onde os actores dominantes são estatais, e pelo qual a acção será definida pelos centros de poder instituídos. No modelo de governança pluralista, por outro lado, o Estado assume as funções de árbitro, a satisfação dos interesses particulares constituem a referência dominante, e formas de competição e de negociação para a construção de alianças mínimas constituem o padrão de interacção política vigente entre actores estatais e grupos de interesse diversos. No modelo corporativista de governança, o papel do Estado é de mediação, cuja orientação consiste na integração de interesses conflituantes, mediante negociações concertadas para construir consensos entre actores estatais e associações – que serão o tipo de actores dominantes – por forma a definir a acção política sectorialmente e em cada instância de concertação.

Sendo o resultado de escolhas políticas feitas de acordo com "sistemas de crença" sobre a legitimidade das diferentes formas de governar, o princípio organizador das relações políticas poderá ser consubstanciado num ambiente político unitário que apresenta uma orientação de cariz pragmática e universalista das elites políticas, ou, por outro lado, numa sociedade pluralista, cujas clivagens são ultrapassadas mediante o recurso a formas de aliança. No primeiro caso, encontrar-se-ia a figura de um Estado que concentra em si a autoridade única e o poder de definição das políticas a serem implementadas. No segundo caso, a multiplicação dos interesses e dos seus poderes de influência, conjugados em acções concertadas, seria a característica principal.

Por sua vez, a lógica constitutiva da acção política poderá ser orientada de acordo com uma noção estabelecida de bem comum, pela qual a legitimidade da acção é baseada na unidade do colectivo e na sua efectiva participação, ou segundo as relações de força entre interesses particulares, onde o acto de governar deve, sobretudo, visar a reconciliação daqueles interesses num sistema institucionalizado de resolução pacífica das divergências.

Para Kohler-Koch (1999), o modelo de governança em rede será aquele que, politicamente, é o mais avançado, inclusivo e participatório. Neste modelo, o Estado assume-se como activador. A coordenação de interesses relacionados constitui a principal orientação de governança, a qual se fundamenta num padrão de interacção, baseado em negociações multilaterais para aproximar posições entre actores estatais e um conjunto de actores diversificados, sendo o alcance da acção política definido por acordos específicos a vários níveis de decisão e de concertação – acordos esses que possuem uma natureza sectorial e também transversal.

O contexto português, por todos os condicionalismos já expostos, afasta-se substancialmente do modelo de governança em rede. Assim, do ponto de vista do papel do Estado, este modelo apresenta características que demonstram uma certa sobreposição de modelos e conceitos de Estado diversos[222].

---

[222] Christiansen (1996) apresenta três modos genéricos de relacionamento, entendidos enquanto tipo ideais, entre a estrutura do Estado e as unidades territoriais. O primeiro será o modo inclusivo em que, à semelhança de um sistema federal, os actores regionais participam nos processos políticos de decisão tomados no centro. Uma segunda forma de relacionamento será o modo de acesso, ou seja, os actores territoriais usufruem de canais privilegiados de mediação de interesses com o centro. O terceiro modelo baseia-se numa forma de controlo, pelo qual os actores territoriais se encontram limitados pela preponderância das estruturas do centro.

O Estado português assemelhar-se-á, por isso, à figura de um activador, através da delegação de competências e responsabilidades, mas também de um financiador indirecto[223] e de orientador, na medida em que fornece princípios e enquadramentos genéricos para a prossecução da acção a ser levada a cabo.

Nesta perspectiva, regista-se a permanência, ainda que transfigurada, da tradição de centralismo estatal, a qual reforça a capacidade de o Estado em construir e configurar a representação de interesses e os seus parceiros sociais.

Por fim, no que diz respeito ao nível e ao alcance da acção política, um possível modelo de governança a ser encontrado no contexto nacional caracterizar-se-ia, simultaneamente, pela definição global de objectivos pelo centro (Estado) e pela realização tendencialmente sectorial, não holista, da acção pública.

É agora altura de questionar esta hibridização de um hipotético modelo de governança patente no contexto português. Será que as práticas de envolvimento dos actores locais correspondem a um exercício efectivo do princípio de subsidariedade?

O princípio de subsidariedade tem impactos variáveis nas relações de poder infra-nacionais (Smith, 1997). Sendo o sistema político português caracterizado por consolidadas tradições de centralismo, a aplicação da subsidariedade não parece encontrar naquele um terreno favorável.

Mais uma vez, o universo simbólico subjacente a este centralismo poderá auxiliar na compreensão do facto de a introdução do princípio de subsidariedade gerar resistências e perplexidades por parte do centro político. O que esta consideração ilumina, no fundo, são as condições para a persistência do modelo de troca política: a ideia de "ganhos para todos", ainda que de modo desigual e arbitrário, a existência de um ambiente permissivo, e uma certa credibilidade do retorno, segundo as lógicas da reciprocidade política. Por isso, «em política, contrariamente ao que sucede no campo económico, não é só a confiança (...) que está na fonte, mas também o perigo (...). Reencontra-se aqui a problemática do poder que, lembremos, é tanto interna como externa à relação de troca; a regra do jogo está sempre dependente das relações de poder anteriores à troca *hic et nunc*» (Frognier e Claeys, 1995: 281).

---

[223] Na medida em que a esmagadora maioria dos fundos destinados à sociedade civil na implementação das políticas públicas advém dos fundos comunitários.

Assim, e neste cenário, difícil será a implementação de um modelo de governança caracterizado pela participação e autonomia dos actores. Ao invés disso, a recorrência de modelos de troca política, tais como são descritos por Ritaine (1996) e por Ruivo (2000a), poderá ser interpretada como a estratégia possível dos actores para, simultaneamente, se constituírem como agentes de intervenção pública, e cumprirem os objectivos delineados pelas matrizes políticas programáticas centrais.

A possibilidade de constituição dos territórios, na qualidade de actores colectivos, directamente implicados no palco comunitário é ainda remota. No caso português, sendo o Estado central o interlocutor da Comissão Europeia e, via CCDRs, dos territórios, é visível o duplo constrangimento dos poderes locais públicos: o cerceamento do acesso directo às instâncias europeias e o poder de repartição dos fundos. Nesta óptica, poder-se-á classificar o estado de europeização dos actores e dos processos de *policy-making* portugueses como sendo uma *"europeização mínima"* (Gettimis e Paraskevopolos, *op.cit*)[224].

De facto, no que diz respeito aos efeitos que a integração europeia produziu no sistema político-administrativo português, torna-se evidente que, em Portugal, se registou um recentramento do Estado e a clássica opacidade do sistema político foi reproduzida. Neste ponto, a Europa não tem constituído um factor significativo de renovação das práticas políticas. Como refere Barreto, «em Portugal, talvez mais do que em qualquer outro país, estes projectos são da responsabilidade exclusiva do Estado, mesmo quando eles envolvem firmas privadas ou autoridades locais. Quando estes projectos são financiados pelos fundos europeus, a sua gestão torna-se centralizada. Isto significa que uma parte significativa do investimento produtivo público e privado, assim como a construção de infra-estruturas, ou são levadas a cabo com o apoio comunitário e com a aprovação do Estado ou não o são.

---

[224] Os mesmos autores identificam quatro fases do processo de europeização. Para além de uma europeização minima, distinguem uma fase de europeização financeira, entendida como a capacidade do Poder Local em obter acesso aos financiamentos comunitários e em usá-los para promover o desenvolvimento dos seus territórios; uma terceira fase caracterizada pelo desenvolvimento de redes entre o Poder Local e outras organizações territoriais que participam conjuntamente nos programas comunitários e uma última fase de plena europeização, na qual se realiza a passagem de uma abordagem reactiva para uma abordagem pró-activa, consubstanciada na participação dos poderes sub-nacionais em redes transnacionais, na criação de canais de influência junto às instâncias comunitárias e no lançamento de iniciativas de tipo europeu ao nível local.

Os subsídios e os investimentos europeus, os quais são complementamente administrados pelo Estado, são a raíz do controlo político total sobre o investimento (....). O financiamento europeu para a modernização e para o desenvolvimento aumentaram consideravelmente os poderes político e técnico da administração, sem nenhum contrapeso ou influência moderadora exercida pela sociedade civil ou pelos corpos eleitos» (Barreto, 1999: 115). Este fenómeno de um Estado que se afirma como mediador exclusivo entre a sociedade portuguesa e as instâncias europeias encontra em Portugal terreno particularmente favorável. As débeis tradições democráticas do país, a fragilidade de uma sociedade civil dependente da protecção estatal, a ausência de entidades regionais ou locais com forte identidade e peso socioeconómico, o profundo alheamento da sociedade portuguesa em relação aos assuntos comunitários, são factores que permitem, simultaneamente, o fortalecimento do Estado como interlocutor único e a apropriação de cariz eleitoral, ou partidário, da Europa pelo Poder Central.

A *europeização* da sociedade portuguesa tendeu, pois, no período em análise, a resumir-se a actividades de informação a actores locais e à implementação de directrizes comunitárias – as quais dependem fortemente do Estado e sua administração. Por conseguinte, apesar de se poder identificar casos de excepção, onde actores territoriais apresentam uma atitude pró-activa em relação à Europa e, de certa forma, emancipada em relação à tutela da administração, o argumento de Goldsmith e Klausen (1997) sobre a passividade do Poder Local parece adaptar-se com bastante contundência ao caso português. Os territórios portugueses tendem a limitar-se ao limbo do virtual[225].

A ideia subjacente é a de que poderá existir aqui uma disjunção de temporalidades que curto-circuitam a articulação entre sistema político e contextos locais. Esta disjunção de temporalidades, reveladora da discrepância entre aquilo que é o discurso e aquilo que são as práticas, entre aquilo que se propõe e aquilo que se realiza, refere-se, por um lado, à permanência de um sistema sócio-cultural caracterizado pelo centralismo, pelo fechamento do poder, pelo racionalismo burocrático, pela perpetuação de elites (Ruivo, 2000a) que enfraquecem a capacidade de organização colectiva.

---

[225] Não no sentido de Muller (1997), para quem a qualidade de virtual corresponde não a espaços geográficos, mas a configurações de actores capazes de se moverem entre as diferentes escalas do mundo político. O termo virtual aqui empregue pretende evocar a não efectividade dos territórios como co-actores na cena europeia.

CAPÍTULO 6
CONCLUSÕES

6.1. Política regional europeia e territórios portugueses

A importância da política regional europeia verifica-se tanto ao nível do seu papel em relação a outras políticas comunitárias, como também ao nível da sua função integradora dos diversos espaços, sociológicos e políticos, que compõem a UE. Nesta perspectiva, a política regional europeia poderá ser interpretada como articuladora das relações entre os diferentes níveis do universo comunitário: local/ regional, nacional/ europeu.

Todavia, na medida em que o universo da comunidade apresenta um carácter evolutivo e processual – impedindo que as suas instâncias possam ser vistas como estáveis e estruturadas, onde os actores incarnem uma identidade política bem definida –, produziu-se uma ambiguidade que se traduz em fortes dissonâncias nas interpretações realizadas pelos diversos actores (Mathiot, 1998). Nos termos de Abélès (1998: 118), «a Europa leva incerteza ao coração da prática política (...) Trata-se de iluminar este aspecto da mudança de escala, da ausência de continuidade radical entre o conteúdo e a estruturação das práticas políticas quando se passa dos níveis nacional e infra-nacional ao plano europeu. As próprias noções de 'comunidade' e de 'união' são, muitas vezes, nesta semântica constitucional, como metáforas de um empreendimento interminável e, essencialmente, frágil».

É precisamente o carácter indeterminado e processual da EU que é responsável por uma das mais interessantes aporias da política regional europeia. Apesar da constatação de que as instituições europeias têm, de um modo geral, desempenhado um papel favorável à causa regional (Levrat, 1995), a viabilidade do projecto comunitário permanece pendente de uma lógica inter-estatal.

Vários argumentos o comprovam. O facto de as políticas comunitárias, especialmente as regionais, continuarem enquadradas pelos sistemas políticos e administrativos nacionais, permite que os Estados Membros, embora relativamente "esvaziados" de certas competências, reconstruam aqui a sua centralidade. Por outro lado, a debilidade dos órgãos comunitários vocacionados para as questões do desenvolvimento regional e reforço dos territórios persiste. O caso do Comité das Regiões é, como se observou, a este título, exemplar. Instância de representação dos poderes subnacionais europeus, o seu carácter meramente consultivo inibe o potencial das contribuições. Acrescente-se ainda que o nível regional não se encontra igualmente disseminado pelo espaço europeu. A multiplicidade das arquitecturas administrativas traduz-se em diversos géneros de territórios. Neste sentido, o próprio Comité absorve tradições históricas e políticas muito diversas, que tornam o seu interior particularmente fragmentado.

De modo similar, o princípio da subsidariedade incarna uma polissemia e plasticidade facilmente manipuláveis pelos diversos actores (Comissão Europeia, Estados Membros e actores subnacionais). Se, por vezes, contribui para a abertura a novos actores e a emergência de abordagens políticas inovadoras, na generalidade dos casos a interpretação que dele prevalece é estabelecida pelo próprio Estado. Este terá o poder de definir e angariar parceiros, impor condições de participação e manter os seus axiomas como quadros de referência obrigatórios.

No que concerne mais especificamente à política regional comunitária, reencontra-se também o debate entre a teoria da convergência e a teoria da divergência. A política regional comunitária constitui o instrumento por excelência da integração económica e política, isto é, da convergência dos territórios europeus. Esta premissa terá como objectivo criar um espaço político e económico socialmente interligado e interdependente. No entanto, as metas económicas da EU favorecem uma visão nominal da convergência, o que obscurece a aproximação real entre os níveis de desenvolvimento dos Estados e não anula a persistência das disparidades territoriais interregionais – e, inclusivamente, intra-regionais.

Noutro plano, é de referir que a própria política é negociada de acordo com a relação de forças entre os actores envolvidos: «a troca política distingue-se da troca económica pelo facto de não se limitar a uma simples troca de recursos: simultaneamente, os protagonistas esforçam-se por agir sobre as condições e as regras da troca. É assim que, a todo o instante, as estruturas e os procedimentos formais e informais da tomada de decisão terão tendência para evoluir, adaptando-se `força relativa dos actores e ao seu papel, em função dos recursos que estes e outros actores dispõem e dos seus próprios objectivos» (Loeb-Mayer, 1995: 166): Assim, enquanto sistema de troca política, a política regional a política regional não se tradux num jogo de soma-zero. O que deverá ser analisado é a forma como os benefícios são retirados e como os seus beneficiários são eleitos nos processos de negociação e de decisão.

CONCLUSÕES 217

Estas questões tornam-se ainda mais pertinentes no contexto de Estados unitários, centralizados, de cariz napoleónico e não regionalizados. Neste cenário, a possibilidade de constituição dos territórios, na qualidade de actores colectivos, directamente implicados no palco comunitário é ainda remota. No caso português, sendo o Estado central o interlocutor da Comissão Europeia e, via CCRDs, dos territórios, é visível o duplo constrangimento dos poderes locais: o cerceamento do acesso directo às instâncias europeias e o poder de repartição dos fundos. Nesta óptica, poderá classificar-se o estado de europeização dos actores e dos processos de *policy-making* portugueses como sendo de uma *europeização mínima* (Getimis; Paraskevopolos, *op. cit*).

De facto, no que diz respeito aos efeitos que a integração europeia produziu no sistema político-administrativo português, torna-se evidente que, em Portugal, se registou um recentramento do Estado e a clássica opacidade do sistema político foi reproduzida. Neste ponto, a Europa não tem constituído um factor significativo de renovação das práticas políticas (Barreto, 1999: 115).

Este fenómeno de um estado que se afirma como mediador exclusivo entre a sociedade portuguesa e as instâncias europeias encontra em Portugal terreno particularmente favorável. As débeis tradições democráticas do país, a fragilidade de uma sociedade civil dependente da protecção estatal, a ausência de entidade locais ou regionais com forte identidade e peso socioeconómico, o profundo alheamento da sociedade portuguesa em relação aos assuntos comunitários, são factores que permitem, simultaneamente, o fortalecimento do Estado como interlocutor único e a apropriação de cariz eleitoral ou partidário da Europa por par parte do Poder Central (Barreto, 1999: 111).

A europeização da sociedade portuguesa tende a resumir-se a actividades de informação a actores locais e à implementação de directrizes comunitárias, as quais dependem fortemente do Estado e da sua administração. Por conseguinte, apesar de se poderem identificar casos de excepção, onde actores territoriais apresentam uma atitude pró-activa em relação à Europa e, de certa forma, emancipada em relação à tutela da administração, o argumento de Goldsmith e Klausen (1997) sobre a passividade do Poder Local parece adaptar-se com bastante contundência ao caso português. Os territórios portugueses tendem a limitar-se ao limbo do virtual.

6.2. Governança à portuguesa?

6.2.1. O sistema local em portugal?

No nosso país, o sistema político local continua a produzir actores cujo empenho na captação de investimentos, privados ou públicos, nomeadamente junto da administração central ou através dela (no caso dos fundos europeus), se encontra no topo das prioridades de acção. Daí que a qualidade das relações com o Estado permaneça, como vimos, a preocupação fundamental dos autarcas portugueses. A necessidade permanente de inscrever, ou manter, o "seu" concelho na rota do investimento público e da boa vontade estatal assim o determina.

Parece, no entanto, evidente que não há apenas uma forma de atrair e executar as políticas públicas. De facto, a sua captação desdobra-se numa diversidade de modalidades de acção, que ora assumirão aqui determinado cariz, ora tomarão ali outro figurino. Das variáveis que influenciam esta situação, a variável do "aqui" e do "ali", dos diferentes locais, das suas especificidades, dos seus agentes e hipotético protagonismo são decisivas. Na realidade, «cada local tem uma determinada configuração sócio-cultural própria, a qual desagua numa também determinada cultura política e prática social própria aos seus actores mais destacados, num maior ou menor peso das sociedades locais e correspondentes elites, numa negociação da sua imagem e posicionamento, bem como, muito especialmente, numa também maior ou menor porosidade das instituições político-administrativas às suas procuras de cariz público» (Ruivo, 1990: 75)[226].

Devido à centralização e ao maniqueísmo que lhe subjaz, a possível organização local será sempre uma organização dependente, reconhecida pelo centro, mas sub-entendida como "irracionalidade periférica"[227]. Neste sen-

---

[226] Para compreender melhor os fenómenos em questão, sigamos também Reis (1990: 64) quando chama a atenção para o facto de a crise financeira do Estado Central, verificada logo após o 25 de Abril, ter conduzido a uma certa incapacidade da sua acção no terreno. Ao mesmo tempo, a crise económica originaria capacidade de organização local. Todavia, é preciso lembrá-lo, isto passa-se num cenário político-institucional que, ao contrário do que seria de esperar, foi fortemente adverso, se atendermos a que, depois de 1974, a centralização em Portugal «foi mesmo reforçada, mau grado alguns progressos isolados de descentralização» (Barreto, 1984: 194).

[227] Tal como sublinha Grémion (1976: 155-156) para o caso francês, a racionalidade das decisões e dos comportamentos é um privilégio que só se concebe ao nível central. A vontade local apenas se pode exprimir como "irracionalidade".

tido, ela é apenas tolerada pela "racionalidade central", vista como um mal necessário a que será difícil aplicar uma pedagogia de complementaridade. Isto, bem entendido, nos limites sempre estreitos de uma condescendência que a qualquer momento, a circunstância o justificando, dará lugar à intervenção normalizadora da tutela estatal[228].

Tal decorre do paradigma de Poder Local com que funcionamos, cuja lógica é a da "administração local" napoleónica (dependência do centro) e não a de uma verdadeira autonomia inerente a um "governo local" (Mabileau *et al.*, 1987: 13). Características que corresponderão a um traço de família mais alargado, num padrão que incluirá outros países, identificados com a matriz "sul" europeia.

Refira-se, no entanto, a apreciação que Loughlin (2001) faz deste mesmo assunto. Na tipologia que construiu, países como Portugal e França são incluídos na mesma tradição estatal, a tradição francesa. Todavia, ao nível das relações centro/periferia (local/central), o autor levanta dúvidas sobre o que postula Page (1991), ao colocar Portugal, França, Espanha e Itália na mesma "família" do *localismo político*.

É que, para Loughlin, as culturas políticas e administrativas, as formas de organização estatal e o tipo de relações Estado-Sociedade em cada tradição nacional introduzem variações que podem ser importantes. Dentro da herança napoleónica e da cultura mediterrânica dos países do Sul há, portanto, desenvolvimentos históricos, culturas político-administrativas, entendimentos e práticas democráticos muito diferentes, bem como diferente é o lugar reservado aos sistemas políticos sub-nacionais em cada um dos casos.

6.2.2. Uma democracia de acessos

Estas condições de funcionamento do Poder Local tendem a curto-circuitar o quadro normativo idealizado, quer pelo legislador, quer pelos seus protagonistas mais salientes. Disseminados nos vários patamares do edifício

---

[228] São numerosos os exemplos onde o Estado não consegue disfarçar a vertigem do intervencionismo paternalista, por vezes autoritário, sobre os actores periféricos, a quem dificilmente se reconhece capacidade de organização autónoma em projectos de envergadura. O caso do metro do Porto é dos mais ilustrativos, mas as acusações de despesismo que, explícita ou veladamente, têm impendido sobre as administrações locais no decurso do processo de contenção orçamental promovido pelo Governo, são também claras nas motivações habituais.

político-administrativo, os constrangimentos que sobrevêm à actuação dos agentes locais são geridos por parte destes com base em lógicas que, emergindo localmente, se desdobram numa multiplicidade de actuações, tanto ao nível Local – relação entre sociedade civil e Estado local – como ao nível da Administração Central – relação entre governos central e local –, que se tornam instrumentos de "regulação funcional do sistema", ou seja, «mantêm em funcionamento algo que não tem vindo a deter condições estruturais para funcionar correctamente» (Ruivo, 2000a).

No que diz respeito às relações entre os dois governos, local e central, a questão do acesso dos actores locais aos centrais é decisiva para se compreender a real capacidade de interferência no sistema por parte dos primeiros. Deverá aqui observar-se que os contactos em que se materializa este tipo de relacionamento assumem duas formas distintas: a indirecta e a directa (Ruivo, 2000a).

Tomemos, em primeiro lugar, os contactos indirectos. Aqui, as associações são designadas como a forma mais importante de se promoverem esses contactos. Pelo facto de serem veiculadas através destas associações, as questões apresentadas assumirão uma vertente mais colectiva, enquanto algo que afecta a generalidade dos autarcas. Além disso, serão somente aquelas que mereçam uma certa dose de consenso no interior da associação. Deste modo, a vertente mais individualizada da reivindicação encontrar-se-á frustrada à partida. Os resultados da influência associativa, no entanto, não se encontrarão plenamente assegurados, acabando por flutuar ao sabor de critérios que podem escapar à própria associação. Tal como vimos na análise dos inquéritos, a importância das associações de municípios para a captação dos benefícios advindos da política regional comunitária e para uma maior visibilidade do poder infra-nacional português junto às instâncias europeias é globalmente diminuta.

Assim sendo, a opção dos contactos directos e face-a-face por parte dos actores locais junto dos centrais tenderá a ser privilegiada. Para isso contribuirá o facto de muitas das necessidades municipais assumirem conteúdos próprios consoante o local e, nessa medida, ser difícil uma sua reivindicação que não a de ordem individual. Daí também o fenómeno da pessoalização, o qual viabiliza a interpenetração – a osmose até – entre o centro e os locais (esferas que, teoricamente, deveriam permanecer distintas e assim foram pensadas durante muito tempo), tal como, no âmbito mais geral da sociedade portuguesa, o faz entre o público e o privado.

No que toca à relação entre a sociedade civil e o Estado local, o modelo de gestão autárquica dominante mostra também, desde logo, o fenómeno da pessoalização do poder no Presidente de Câmara, numa espécie de "cesarismo local" (Ruivo e Francisco, 1999). O corolário é o esvaizamento da importância dos órgãos consultivos institucionalizados e das assembleias eleitas, tornando a função presidencial fechada sobre si mesma e sobre o *inner group* das lealdades presidenciais. Privilegiam-se as relações mais individualizadas na rede de informantes, a concentração e autocentração do poder, a secundarização de grupos, instituições ou opiniões de carácter mais público, a distanciação das elites autárquicas face à estrutura social e aos "parceiros sociais", representativos de sectores socioeconómicos e culturais[229].

Na gestão da liderança local podem ser, por isso, recenseados vários aspectos caracterizadores. A uma cultura política de favoritismo e elitismo parace corresponder a partidarização e fraca circulação de elites. A simultaneidade na ocupação da chefia e de outros cargos de relevo socioeconómico ou cultural, bem como a manutenção no poder através da acumulação sucessiva de mandatos, muitas vezes sob a égide de diferentes partidos, indicia, não só uma fraca renovação das elites, como até a instrumentalização dos partidos políticos por parte de alguns autarcas (Fernandes, 1993a: 21). As consequências na participação e democratização dos processos políticos serão naturalmente danosas.

O que se esboça é um modelo de acção alicerçado no eleito local e organizado em função de interacções preferenciais com actores específicos, interesses privilegiados e afinidades electivas, onde a clientela político-partidária assume frequentemente lugar de destaque, eventualmente contra alguns interesses das populações (Fernandes, 1993a: 12).

Simultaneamente, como condição para uma ordenação eficaz dos múltiplos interesses e poderes sociais, com vista à sua satisfação ou instrumentalização, há a considerar o imperativo do controlo da máquina administrativa interna. Contrariamente ao veiculado pela teoria weberiana, a separação entre as esferas do político e do administrativo não constitui a prática dominante. A suposta neutralidade do político face à administração traduz-se de facto com frequência, na realidade local, numa primazia da instância política sobre a administrativa. A necessidade de o autarca ver assegurado um ambiente organizacional compatível com as suas obrigações, materiais

---

[229] A sedimentação deste tecido relacional colhe notoriamente na longevidade política do chefe autárquico.

e relacionais, dentro da estrutura de Poder Local[230], força-o a superar em seu favor a dualidade "administração/política"[231], instaurando mecanismos informais de tutela sobre a máquina administrativa.

6.2.3. Que perfil de liderança local para a europa?

Os estudos que se apoiam na ideia de governança têm sido muito desenvolvidos, como vimos, à escala local. Para os seus autores, fará tanto mais sentido identificar um modelo socio-político de governança quando aos procedimentos de organização e concertação de actores, públicos e privados, estiver associado um quadro territorial dotado de alguma identidade, enquanto substrato agregador dos diversos interesses sectoriais e facilitador de estratégias unificadas, nomeadamente para o exterior.

Sobre as identidades, sociais ou territoriais, é de referir que a sua configuração evidencia sempre uma dupla vertente, de identificação e identização (Pinto, 1991: 218 ss.).[232] No que à liderança local diz respeito, o enraizamento do edil na comunidade é decisivo nos processos de identificação que se promovem. O desempenho de cargos directivos no tecido associativo local, meio de socialização e integração em projectos criadores de memória colectiva (Fernandes, 1993a: 27; Ruivo, 2000a), a manipulação de símbolos da história e tradição locais, ou ainda a participação espectacularizada em momentos de afirmação identitária, tecem o imbricamento do actor político no território e sua identidade colectiva (Agnew, 1987; Ruivo, 2000a). Nas práticas através das quais estes factos se constituem, contam-se por vezes um acentuado populismo e fenómenos de "carnavalização da política" (Santos, 1994: 62)[233].

---

[230] O conceito de "estrutura de poder" deve a sua formulação a Floyd Hunter. Para uma aplicação deste conceito na realidade portuguesa, cf. Francisco (1994).

[231] Fruto da dupla racionalidade que marca as autarquias enquanto organizações, ou seja, a coexistência das lógicas eleitoral e administrativa (Neves, 1993: 64 ss.), personificadas respectivamente pelo autarca e pelo funcionário.

[232] O processo de identificação promove a integração dos actores em conjuntos mais vastos, tidos como referência ou pertença, ao passo que o processo de identização os leva a diferenciar-se e a autonomizar-se face a outros, traçando fronteiras mais ou menos rígidas a seu respeito. As identidades são, assim, construções com e contra, efectuadas por integração e diferenciação, inclusão e exclusão, alimentando-se sempre de alteridades, reais ou figuradas (Pinto, 1991).

[233] O que importa, todavia, é que a pessoa do líder se inscreva no universo das identidades locais e nele se torne uma referência obrigatória, sem que forçosamente os padrões

Do lado dos processos de identização, os mais recorrentes têm a forma de uma oposição declarada ao centralismo da administração pública "lisboeta" – responsabilizada pela privação, usurpação ou devastação com que a periferia sempre se enunciou (mesmo se em Portugal só após o 25 de Abril), e de que é exemplo o discurso da interioridade (Martins, 1996: 34; 42) – ou então assumem o cariz mais velado da colisão de interesses com os espaços vizinhos, em cuja companhia se está na concorrência por recursos escassos. Esta última vertente da alteridade terá feição essencialmente no círculo íntimo das elites locais, mas será alimentada pelas lógicas do relacionamento com a administração central, que tolera e até promove, além da atomização negocial[234], a ideia de que os benefícios conseguidos por determinado município podem sê-lo a expensas dos seus pares ou vizinhos[235]. Além disso, a activação de redes relacionais para a atracção de recursos é algo de que nem todos os Presidentes de Câmara dispõem em igual medida. O processo de negociação dentro de um sistema desigual conduz a respostas e concretizações desiguais e, logo, a concelhos muito desigualmente compensados em equipamentos colectivos e mais-valias diversas[236].

As referidas dificuldades do associativismo inter-municipal, que parece funcionar apenas quando se trata de entendimentos pontuais para objectivos pouco ambiciosos ou finalidades político-partidárias de pressão (Portas, 1988: 64), não podem, pois, ser unicamente atribuídas ao facto de sermos uma "democracia jovem", às diferenças de filiação política dos autarcas ou à falta de iniciativa estatal neste campo (Fernandes, 1993). O facto de a

---

de actuação evidenciados para esse efeito correspondam a «orientações operacionais da acção política e [se] convertam em práticas políticas coerentes e duradouras» (idem).

[234] O nosso ordenamento jurídico estipula que para que uma associação de municípios possa ser considerada como nacional deve agrupar um mínimo de cem membros, o que tende a inviabilizar a formação de reivindicações e negociações colectivas a um nível que não o do todo nacional, representado pela Associação Nacional de Municípios e a Associação Nacional de Freguesias. Cf. Levrat (1995: 148).

[235] Portas (1988: 68) referia-se a esta situação como sendo «a pior das possíveis. Fala-se como se se tivesse uma autonomia que se não exerce e mendiga-se, pagam-se lobbies ou procura-se ser mais esperto que o vizinho para obter mais. Do lado do Governo, mexem-se os cordéis que interessa, apoia-se quem se prefere ou quem se mexe antes, não se publicam os mapas do poder discricionário e elogia-se o Poder Local pela sua compreensão dos problemas e óptima colaboração»

[236] Ruivo, 2000a. A este propósito, Dupuy e Thoenig (1985: 161) elaboraram uma distinção que merece novamente ser evocada: a distinção entre uma virtual democracia de eleição e uma, já referida, efectiva democracia de acessos.

sociedade portuguesa assentar numa forte segmentação sócio-territorial (Medeiros, 1988: 143 ss.), onde às unidades espaciais correspondem tentativas de preservar a sua própria historicidade, ou seja, «a sua autonomia relativa enquanto identidade cultural e enquanto forma de organização social", faz com que às ligações interregionais possam responder os "princípios de exclusão e de oposição a que sub-jazem as diferenças de identidades culturais-regionais» (idem: 151; 153). Daí que as diferenciações segmentárias sócio-territoriais (bairrismo, patriotismo local, guerras de campanários, segregações sociais inscritas nas diferenças de *habitat*), tendam a sobrepor-se às modalidades de cooperação ou associação. Não estamos, sublinhe-se mais uma vez, em presença de algo novo, antes de modos relacionais que evocam uma matriz de longa data. Magalhães e Coelho (1986: 52) assinalam, já no século XVII, «pequenos grupos solidamente estabelecidos e fechados, que detêm o mando por todo um território fragmentado. Entre as Câmaras, não se encontram solidariedades horizontais, como mal as há verticais com o poder central. A cada grupo cabe administrar um espaço, sem atender aos interesses dos espaços confinantes, nem procurar a sua articulação»[237].

Outros efeitos do poder relacional, a reflectir no quadro esboçado pelos pressupostos da governança, podem ainda ser inventariados.

Em primeiro lugar, a eficácia na activação de redes para a obtenção de respostas do sistema político-administrativo reforça o enfraquecimento da organização colectiva. O conhecimento desse sistema, bem como das dificuldades da sua transformação, faz com que os actores optem por resolver a sua situação individual através dos contactos pessoalizados, afastando-se da ideia de grupo organizado. O pragmatismo e a ponderação realista das necessidades a satisfazer levam à hipertrofia do poder relacional enquanto forma de expressão política[238].

---

[237] Sobre as consequências deste cenário territorial no projeto de regionalização, Cf. Francisco (1996: 170 e ss).

[238] Só situações de gravidade extrema podem dar origem a formas de intervenção organizada, como as associativas, cuja lógica não é a do poder relacional, mas antes a de grupo de interesses organizado e de pressão formal e oficial. Cremos, aliás, que alguma da tradicional fraca capacidade de concretização de reivindicações por parte das associações se deverá ao peso e força do poder relacional que os autarcas portugueses são susceptíveis de activar. Por outro lado, a primazia do poder relacional produz efeitos noutras esferas da vida política, ao provocar a concomitante hipertrofia do voto como forma quase exclusiva do exercício formal da política. O mero exercício do voto significa a atribuição de carta branca aos políticos por parte das populações, as quais apenas se mobilizam para

CONCLUSÕES   225

Por outro lado, o acto de reivindicar do Poder Central por parte do autarca, coloca-o numa situação em que tal acto se encontra intransmissivelmente privatizado na pessoa do reivindicador e na pessoa objecto da reivindicação, por aí se diminuindo a sua capacidade simplesmente reivindicadora enquanto tal e, em boa parte dos casos, colocando-se até as populações entre parênteses[239]

6.2.4. Heranças pesadas em universos abertos: o poder local e a europa

Como conciliar os aspectos estruturais da relação centro/periferia e da liderança local acima descritos com referenciais europeus que apontam para outros requisitos no que toca ao enquadramento territorial das políticas públicas (a subsidiariedade, as parcerias alargadas, a participação das autoridades locais nos diversos centros da decisão, inclusivamente europeu), e por isso convocam modos de funcionamento dos poderes descentralizados ainda distantes do evidenciado na realidade portuguesa?

Efectivamente, a integração europeia tem promovido, um pouco por todo o lado, o envolvimento dos poderes locais na discussão e execução dos programas comunitários. A União Europeia apela, como foi dito, à participação das instâncias locais na sua construção. Todavia, permite igualmente, como vimos, que esta seja modelada pelas culturas políticas e administrativas nacionais. No caso português, não surpreende verificarmos um modelo de

---

a eleição, assim se secundarizando outras formas de participação formal e organizada. O nível político tende, deste modo, a autonomizar-se da "sociedade civil", ou, pelo menos, a restringir-se a alguns dos seus estratos numericamente menos representativos (Ruivo, 2000a). Nestas condições, os argumentos avançados no que toca aos défices democráticos dos esquemas de governança (Biarez, 1999) ganham cores ainda mais expressivas na realidade portuguesa: «o optimismo veiculado pelas noções de governança ou de contratualização, e que consiste em sublinhar o aspecto democrático das novas parcerias, é contrariado pelas categorias de dirigentes compostas por eleitos e técnicos capaz de se associarem mais facilmente às elites administrativas, económicas e profissionais do que às populações» (Biarez, 1999: 54). À sociedade não restará muito para além da intervenção do poder relacional – podendo mesmo verificar-se um certo esmorecimento da actividade política das próprias elites locais.

[239] . Sobre a necessária ligação entre o local, a democracia e a sociedade local, Santos (1989) advertia-nos já para uma possível situação de Poder Local localmente fraco: «Sendo verdade que o poder só é verdadeiramente democrático se for local, não é menos verdade que só é verdadeiramente local se for democrático. (...) E, ao afastar-se da sociedade local, por mais forte que seja o Poder Local, será forte enquanto poder, mas será fraco enquanto local».

governança eminentemente estatista (Eisinge e Kohler-Koch, 1999), no qual a activação de formas parcelares e controladas de participação dos poderes locais inibe a constituição de um modelo efectivo de governança horizontal, aberto a múltiplos actores sectoriais e territoriais. As dificuldades na criação destas redes horizontais podem remontar a razões longínquas, já assinaladas. Em Portugal, por exemplo, aos interesses e poderes de cariz territorial nunca subjazeu uma cultura cívica de base (Putnam, 1993), susceptível de enquadrar tais poderes em laços de confiança, normas orientadoras e tecidos de solidariedades alargados.

A forte tradição personalista e negocial do sistema político-administrativo português até poderia, como julgávamos, facilitar a apreensão dos modos operatórios e dos acessos na União Europeia (onde impera uma grande multiplicidade de canais e formas de influência política), criando-se assim formas de compensação ao estado de periferia dos actores territoriais. No entanto, a complexidade política, técnica e administrativa do universo europeu não tem permitido que os agentes locais prescindam de instâncias e dispositivos redutores dessa complexidade. As desigualdades que continuam a reproduzir-se no recurso a estes dispositivos – que se situam, predominantemente, num Estado cuja tímida descentralização não contribuiu para a universalização dos acessos, ou então no mercado, cujas redes mais eficazes se encontram nos territórios *a priori* mais desenvolvidos –, podem mesmo agudizar a concorrência intra-regional e criar elementos de dualização política e social na integração "europeia" dos territórios. Não surpreende pois se a competição entre cidades e regiões que a globalização impõe (Veltz, 2000) for amplificada pela competitividade introduzida na demanda das políticas europeias.

O encontro entre as políticas de Bruxelas – do desenvolvimento regional, por exemplo – e a sua procura nos territórios é forçosamente mediado por actores centrais, enquanto figuras incontornáveis dos programas postos em marcha pela construção europeia. Além disso, os processos de organização autónoma de interesses locais ou regionais, sobretudo em países de forte tradição centralista, jogam sempre o seu sucesso na relação que mantêm com as estruturas do Estado. Não só pela crescente interdependência e imbricação entre os vários níveis da acção pública (Balme, Faure e Mabileau, 1999), como pelo facto de o Estado conservar os financiamentos e as competências fundamentais – quer burocráticas, quer técnicas – para a execução das políticas públicas. Acrescente-se ainda que «os Estados nacionais não abandonaram, evidentemente, a velha regra de dividir para reinar.

Na maior parte dos países europeus, os Estados nacionais guardam grandes capacidades de arbitragem, manipulando as rivalidades que opõem as cidades umas às outras ou apoiando-se alternativamente sobre as regiões e as cidades para evitar a formação de blocos políticos territoriais coerentes que se lhes possam opôr» (Le Galés e Harding, 1996: 182).

Em seguida, há a ter em conta o perfil – contra-reactivo, passivo, reactivo ou pró-activo – das próprias colectividades em termos de política europeia (Goldsmith e Klausen, 1997). Nada nos garante, a partir da análise aqui efectuada, que a última destas posturas progrida ao nível do Poder Local português. É certo que não se poderá falar antecipadamente de um padrão nacional homogéneo, já que o tipo de desenvolvimento económico e urbano, as culturas políticas locais, a qualidade das elites públicas e privadas, as estratégias cooperativas ou o autismo recíproco entre as forças socioeconómicas e políticas, são aspectos diferenciadores a ter em conta.

Para Marks *et al.* (1996), a decisão de ter, por exemplo, representação em Bruxelas ("postos de escuta" ou "células Europa", como já foram definidas), reflecte a importância e a confiança que os poderes locais públicos têm na sua capacidade de influenciar a repartição de benefícios na arena europeia. O investimento nestas modalidades de representação externa permitirá dar a medida em que a Europa funciona como factor estimulante ou, pelo contrário, inibidor, no cômputo das estratégias políticas territoriais. A ausência de condições políticas e institucionais para um envolvimento activo dos poderes locais no projecto europeu, sobretudo nos casos de forte centralização político-administrativa, como o português, contribuirá para uma atitude passiva, por vezes céptica, que dificultará o processo de aprendizagem sobre a União Europeia. Nesta situação, «políticos e funcionários [territoriais] em conjunto adoptam uma perspectiva, ora de que na Europa há pouco para eles, ora de que são demasiado pequenos para lidar com a Europa, ora de que é preferível esperar e ver o que acontece antes de fazer qualquer coisa (...) O processo através do qual estes governos locais se estão a adaptar e a ajustar à integração europeia é por isso extremamente gradual» (Klausen e Goldsmith, 1997: 240).

Para finalizar, saliente-se que num cenário marcado pela construção europeia e pela globalização, o actor territorial não pode depender apenas da sua tradicional habilitação como "notável". A socialização "europeia" e os referenciais por ela introduzidos são hoje fundamentais para a modernização política no território. Conhecido o peso atribuído à fundamentação técnica das procuras, bem como a importância da experiência em contextos de âmbito europeu e internacional, uma reconfiguração profunda do perfil do actor político local torna-se imperiosa. A figura das "elites cosmopolitas" (Goldsmith, 1999), apoiadas em infra-estruturas de acompanhamento técnico nas respectivas localidades, tenderá a ser cada vez mais o modelo ambicionado. Em Portugal, o que fica por saber é como responde um eleito formatado essencialmente para a negociação no interior das esferas do Estado, escudado nos códigos relacionais de um sistema centralista, personalista e clientelar, à exigência de situar favoravelmente o seu "local" nos feixes da interacção com o "global", a principiar às portas da União Europeia.

Apesar das transformações recentes da sociedade portuguesa, os parâmetros sugeridos pelo universo europeu são predominantemente assumidos, por parte das nossa elites locais, no seio de atitudes passivas, de mera receptividade, que, de certa maneira, prolongam nas respectivas funções esse traço mais geral da sociedade portuguesa: perante a modernidade: deposita-se a esperança do futuro, mais nas funções míticas de uma concepção "salvacionista/sebastianista" do destino, do que no arrojo da obra. É assim que a ousadia se limita ao sonho e reproduz a aporia fundamental da nossa relação com a Europa – «estamos no projecto europeu, mas ainda não somos o projecto europeu», somos aventureiros no «modo como temos utilizado os fundos estruturais e de coesão (...). No caso dos fundos estruturais e de coesão, deixámos que eles se tornassem presa fácil de corrupção impune, enterrando-os em cimento e betão em vez de os pôr ao serviço da viragem educativa e científico-tecnológica, a viragem que nos permitiria apropriarmo-nos do projecto europeu como verdadeiramente nosso. Estamos, pois, nele, mas, por enquanto, a partir de fora. Mais como hóspedes do que como anfitriões. Até agora, a entrada na União Europeia é mais uma versão da ausência-de-projecto-feita-projecto-de-si-mesma» (Santos, 2003).

O Poder Local funciona pois no interior de um espaço paradoxal, que é o do sistema político português. Apontar-lhe faltas de virtude é apontar essas mesmas faltas a tal sistema, que ele reproduz. O embate com os pressupostos e o enquadramento das políticas públicas trazidos pela integração europeia á agora o grande teste às suas possibilidades de modernização e reconversão, algo que, para nós, é função também da própria capacidade de transformação do Estado em geral e da sociedade portuguesa que o sustém.

REFERÊNCIAS BIBLIOGRÁFICAS

ABÉLÈS, Marc, 1998, «Du Local à l'Europe: Itinéraire d'une Anthropologie», *in* Balme, Richard *et al.* (org.), *Politiques Locales et Transformations de l'Action Publique en Europe. Actes du Colloque Organisé à l'Initiative de l'Association Française de Science Politique, du CERIEP de Lyon et du CERAT de Grenoble, 25 et 26 septembre 1997*. Grenoble: CERAT.

AGNEW, John, 1987, *Place and Politics – The Geographical Mediation of State and Society*. Boston: Allen & Unwin.

AMMON, Gunther, 1996, *L'Europe des Régions*. Paris: Economica.

ANDERSON, Jeffrey J., 1999, «Germany: Between Unification and Union» in Anderson, Jeffrey J. (org.), Regional Integration and Democracy. Lanham: Rowan & Littlefield Publishers.

ANDERSON, Perry, 1997, «Under the Sign of the Interim» in Gowan, Peter; Anderson, Perry (orgs.), The Question of Europe. London: Verso.

ASH, Timothy Garton, 1997, «Catching the Wrong Bus?» in Gowan, Peter; Anderson, Perry (orgs.), The Question of Europe. London: Verso.

AUTÉS, Michel, 2001, «Les Politiques Publiques Locales» *in Les Nouvelles Politiques Locales – Cahiers Lillois d'Economie & de Sociologie*. Université de Lille, Faculté des Sciences Économiques et Sociales: L'Harmattan.

BALME, Richard, 1995, «La Politique Régionale Communautaire comme Construction Institucionnelle» *in* Mény, Yves; Muller, Pierre; Quermone, Jean-Louis (orgs.), *Politiques Publiques en Europe*. Paris: L'Hartmattan.

BALME, Richard, 1997, «Regional Policy and European Governance» *in* Keating, Michael; Loughlin, John (orgs.), *The Political Economy of Regionalism*. London: Frank Class.

BALME, Richard; FAURE, Alain; MABILEAU, Albert, 1999, *Les Nouvelles Politiques Locales – Dynamiques de l'Action Publique*. Paris: Presses de Sciences Po..

BARRETO, António, 1984, «Estado Central e Descentralização: Antecedentes e Evolução, 1974-84», *Análise Social*, 81/82.

BARRETO, António, 1999, «Portugal: Democracy through Europe» *in* Anderson, Jeffrey (org.), *Regional Integration and Democracy. Expanding on the European Experience*. Oxford: Rowan & Littlefield Publishers.

BENNINGTON, John, 1994, *Local Democracy and the European Union: the Impact of Europeanisation on Local Governance*. London: CLD Ltd..

BENKO, Georges, LIPIETZ, Alain, 1994, «O Novo Debate Regional. Posições em Confronto» in Benko, Georges; Lipietz, Alain (orgs.), *As Regiões Ganhadoras. Distritos e Redes: os Novos Paradigmas da Geografia Económica*. Oeiras: Celta Editora.

Biarez, Sylvie, 1999, «Incertitude et Caractère Composite des Gouvernements Locaux en Europe», *in* Balme, Richard; Faure, Alain; Mabileau, Albert (orgs.), *Les Nouvelles Politiques Locales – Dynamiques de l'Action Publique*. Paris: Presses de Sciences Po.

BIERSTEKER, Thomas J., 1999, «Locating the Emerging European Polity: Beyond States or State?» *in* Anderson, Jeffrey J. (org.), *Regional Integration and Democracy*. Lanham: Rowan & Littlefield Publishers.

BORRAZ, Olivier, 1997, «Des Pratiques Subsidiaires. Vers un Régime de Subsidiarité? » *in* Faure, Alain (org.), *Territoires et Subsidiarité. L´Action Publique Locale à la Lumière d´un Principe Controversé*. Paris: L´Harmattan.

BOURRINET, Jacques, 1987, «Quel Avenir pour le Comité des Régions?» *in* Bourrinet, Jacques (org.), *Le Comité des Régions de L´Union Européenne*. Paris: Editions Economica.

BULMER, S., 1983, «Domestic Politics and European Community Policy-Making», *Journal of Common Market Studies*, Vol.XXI.

CASTELLS, Manuel, 1999, *A Sociedade em Rede*. São Paulo: Editora Paz e Terra.

CHEVALLIER, Jacques (org.), 1978, *Centre, Périphérie, Territoire*. Paris: Presses Universitaires de France.

CHEVALLIER, Jacques, 1997, «Synthèse» in C.U.R.A.P.P. (org.), *L'Intercommunalité. Bilan et Perspectives*. Paris: Presses Universitaires de France.

CHRISTIANSEN, Thomas, 1996, «Reconstructing European Space: From Territorial Politics to Multilevel Governance», *EUI Working Papers, RSC* n° 96/53. Badia Fiesolana, San Domenico (FI): European University Institute.

CHRISTIANSEN, Thomas, 1996a, «Second Thoughts on Europe's 'Thrid Level': the European Union's Committee of the Regions», *Journal of Federalism*, 26, 1.

CLAEYS, Paul-Henri, 1995, «Négociation et Échange Politique» *in* Claeys, Paul-H., Frognier, André (orgs.), *L'Echange Politique*. Bruxelles: Université de Bruxelles.

COMISSÃO DE GESTÃO DOS FUNDOS COMUNITÁRIOS, 2000, «Fundos Estruturais» *in* Comissão de Gestão dos Fundos Comunitários (org.), *Um Olhar sobre o QCA II. Encerramento do Período de programação 1994-1999*. Lisboa: Direcção Geral do Desenvolvimento Regional.

COMISSÃO EUROPEIA, 1999, *Esquema de Desenvolvimento do Espaço Comunitário – EDEC. in* www.europa.eu.int./scadplus/leg/pt/lvb/g24401.htm

COMISSÃO EUROPEIA, 2000, *Acções Estruturais 2000-2006: Comentários e Regulamentos*. Luxemburgo: Serviço das Publicações Oficiais das Comunidades Europeias.

COMISSÃO EUROPEIA, 2000a, *Agenda 2000. in* www.europa.eu.int/comm/agenda2000/index_pt.htm

COMISSÃO EUROPEIA, 2000b, *Orientações para programas no período de 2000 a 2006 in* www.europa.eu.int./scadplus/leg/pt/lvb/g24202.htm

COMISSÃO EUROPEIA, 2000c, *Segundo Relatório sobre a Coesão Económica e Social: Situação Actual e Balanço. in* www.europa.eu.int./scadplus/leg/pt/lvb/g24001.htm

COMITÉ DAS REGIÕES, 2000, *Parecer do Comité das Regiões de 12 de Abril de 2000 sobre o Sexto Relatório Periódico Relativo à Situação Sócio-económica e ao Desenvolvimento das Regiões da União Europeia.* (SEC(1999)66 final) COM-1/016.

COMITÉ DAS REGIÕES, 2000a, *Parecer do Comité das Regiões de 13 de Dezembro de 2000 sobre a Recomendação do Congresso dos Poderes Locais e Regionais da Europa sobre a Carta Europeia da Autonomia Regional.* (COM-Ass. Inst./010).

COMITÉ DAS REGIÕES, 2000b, *Parecer do Comité das Regiões de 14 de Dezembro de 2000 sobre Novas Formas de Governação: a Europa – Quadro para a Iniciativa dos Cidadãos.* (COM. ASS.INSTIT./012).

COVAS, António, 2002, *A União Europeia e os Estados Nacionais. Em busca do Paradigma do Estado Pós-Nacional*. Oeiras: Celta Editora.

DE WINTER, Lieven, 1995, «Le Service des Élus aux Électeurs en tant que Forme d'Échange Politique» *in* Claeys, Paul-H.; Frognier, André (orgs.), *L'Echange Politique*. Bruxelles : Ed. Université de Bruxelles.

DEHOUSSE, R., 1996, «Les États et l'Union Européenne, les Effets de l'Intégration» *in* Wright, V.; Cassesse, S. (orgs.), *La Recomposition de l'État en Europe*. Paris: La Découverte.

DELCAMP, Alain, 1997, «La coopération intercommunale en Europe» in C.U.R.A.P.P. (org.), *L'Intercommunalité. Bilan et Perspectives*. Paris: Presses Universitaires de France.

DEPARTAMENTO DE PROSPECTIVA E PLANEAMENTO, 1999, *Portugal no Contexto da UE. Dinâmica de Convergência – Documento de Trabalho*. Lisboa: Ministério do Planeamento.

DIAS, Jorge, 1971, *Estudos do Carácter Nacional*. Lisboa: Junta de Investigação do Ultramar.

DIRECÇÃO DE SERVIÇOS DE INVESTIMENTO DO SECTOR PÚBLICO ADMINISTRATIVO, 2001, *Impacto Macro-económico do Quadro Comunitário de Apoio (1994-1999)*. Lisboa: Departamento de Prospectiva e Planeamento.

DIRECÇÃO-GERAL DO DESENVOLVIMENTO REGIONAL, 1994, *Quadro Comunitário de Apoio para Portugal 1989-93: Ponto de Situação a 31.12.93*. Lisboa: Direcção Geral do Desenvolvimento Regional.

DIRECÇÃO-GERAL DO DESENVOLVIMENTO REGIONAL, 1998, *O Fundo de Coesão em Portugal*. Lisboa: Direcção Geral do Desenvolvimento Regional.

DIRECÇÃO-GERAL DO DESENVOLVIMENTO REGIONAL, 1998, «Anexos III – Projectos Aprovados 93-97 por Região» *in Fundo de Coesão: Relatório 1997; Balanço 93/97*. Lisboa: Direcção Geral do Desenvolvimento Regional.

DIRECÇÃO-GERAL DO DESENVOLVIMENTO REGIONAL, 1998a, «Projectos Aprovados no Fundo de Coesão» *in Fundo de Coesão: Relatório 1997; Balanço 93/97*. Lisboa: Direcção Geral do Desenvolvimento Regional.

DIRECÇÃO-GERAL DO DESENVOLVIMENTO REGIONAL, 2001, «Projectos Aprovados no Fundo de Coesão» *in Fundo de Coesão: Relatório 99: Balanço 1993/99*. Lisboa: Direcção Geral do Desenvolvimento Regional.

DONZELOT, Jacques, 1994, *L'État Animateur*. Paris: L'Esprit.

DUPUY, F.; THOENIG, J.-C., 1985, *L'Administration en Miettes*. Paris: Fayard.

DURAN, Patrice, 1999, «Action publique, action conjointe» in Patrice Duran, *Penser l'action publique*. Paris: Maison des Sciences de l'Homme.

EISING, Rainer; KHOLER-KOCH, Beate, 1999, *The Transformation of Governance in the European Union*. London: Routledge.

FAURE, Alain, 1997, «La Subsidiarité Rampante des Territories en Politique» *in* Faure, Alain (org.), *Territoires et Subsidiarité*. Paris: L'Harmattan.

FAURE, Alain; NÉGRIER, Emmanuel; SMITH, Andy, 1997, «Introduction: Les Controverses Émergentes sur un Principe pourtant Ancien...» *in* Faure, Alain (org.), *Territoires et Subsidiarité*. Paris: L'Harmattan.

FERNANDES, António Teixeira, 1993, «Poder Autárquico e Poderes Difusos». Comunicação apresentada no Encontro da Associação Portuguesa de Sociologia sobre «Dinâmicas Culturais, Cidadania e Desenvolvimento Local». Vila do Conde, Abril de 1993, *Cadernos de Sociologia*, 3.

FERNANDES, António Teixeira, 1993a, «Poder Autárquico e Poder Regional». Comunicação apresentada nas 3ªs Jornadas de Estudos Norte de Portugal – Aquitânia sobre o "Poder Regional – Mitos e Realidades". Universidade do Porto, Março de 1993, *Cadernos de Sociologia*, 3.

FERNANDES, Miguel Almeida, 1983, «Federação de Municípios, um Passo Necessário na Democratização do País», *Cadernos Municipais*, 23.

FORSYTH, M., 1981, *Union of States: The Theory and Practice of Confederation*. Leicester: Leicester University Press.

FRANCISCO, Daniel, 1994, *As Equações do Poder em Pontal*. Dissertação de Seminário em Sociologia do Poder e da Política. Coimbra: Faculdade de Economia da Universidade de Coimbra.

FRANCISCO, Daniel, 1996, *La Régionalisation au Portugal, Projet et Paradoxes: le Cas de la Région Centre*. Tese de Mestrado em Estudos Políticos, Paris: Institut d'Etudes Politiques.

FRIEDBERG, E., 1995, *O Poder e a Regra: Dinâmicas da Acção Organizada*. Lisboa: Instituto Piaget.

FROGNIER, André-P., CLAEYS, Paul-H., 1995, «Conclusion» *in* Claeys, Paul-H; Frognier, André (orgs.), *L'Echange Politique*. Bruxelles: Ed. Université de Bruxelles.

GALLOUL, Mahfoud, 1995, «Régions Ambigues dans une Europe Incertaine», *Sciences de la Société*, nº 34.

GANNE, Bernard, 1994, «Significado e Evolução dos Sistemas Industriais Locais em França. Economia Política de uma Transformação?» *in* Benko, G.; Lipietz, A. (orgs.), *As Regiões Ganhadoras: Distritos e Redes. Os Novos Paradigmas da Geografia Económica*. Oeiras: Celta Editora.

GAXIE, Daniel, 1997, «Stratégies et institutions de l'intercommunalité. Remarques sur le développement contradictoire de la coopération intercommunale» *in* C.U.R.A.P.P. (org.), *L'Intercommunalité. Bilan et Perspectives*. Paris: Presses Universitaires de France.

GENIEYS, William; SMITH, Andy, 2000, «Idées et Intégration Européenne: 'la Grande Transformation' du Midi Viticole», *Politique Européenne*, 1.

GETTIMIS, Panos; PARASKEVOPOLOS, Christos, 2002, «Europeanisation of Regional Policy and Institution-Building in Greece: a Neglected Aspect of Policy Evaluation» *in* Bibby-Larsen, Lisa; House, Fiona (orgs.), *Evaluation and EU Regional Policy: New Questions and New Challenges. International Conference*. Aix-en-Provence: Centre Universitaire de Monteperrin.

GOLDSMITH, Michael, 1999, «Local Politics in Europe» *in* Balme, Richard; Faure, Alain; Mabileau, Albert (orgs.), *Les Nouvelles Politiques Locales – Dynamiques de l'Action Publique*. Paris: Presses de Sciences Po.

GOLDSMITH, Michael; KLAUSEN, Kurt Klaudi; (orgs.), 1997, *European Integration and Local Government*. Cheltenham: Edward Elgar Publishers.

GOWAN, Peter; ANDERSON, Perry (orgs.), *The Question of Europe*. London: Verso.

GRÉMION, Pierre, 1976, *Le Pouvoir Périphérique – Bureaucrates et Notables dans le Système Politique Français*. Paris: Seuil.

HAAS, E. B., 1968, *The Uniting of Europe: Political, Social and Economic Forces 1950-1957*. Stanford CA: Stanford University Press.

HAYWARD, Jack, 1999, «France and the United Kingdom: The Dilemmas of Integration and National Democracy» *in* Anderson, Jeffrey J. (org.), *Regional Integration and Democracy*. Lanham: Rowan & Littlefield Publishers.

HEURGON, Edith, 2001, «Ouverture» *in* Goux-Baudiment, Fabienne *et al*, *Expertise, Débat Public: Vers une Intelligence Collective*. Paris: Éditions de L'Aube.

HOOGHE, Liesbet, 1995, «Subnational Mobilisation in the European Union», *EUI Working Papers, RSC* nº 95/6, Badia Fiesolana, San Domenico (FI): European University Institute.

HOOGHE, Liesbet (org.), 1996, *Cohesion Policy and European Integration: Building Multi-Level Governance*. Oxford: Oxford University Press.

HOOGHE, Liesbet, 1998, «EU Cohesion Policy and Competing Models of European Capitalism», *Journal of Common Market Studies*. 36.

HOOGHE, Liesbet; KEATING, Michael, 1994, «The Politics of European Union Regional Policy», *Journal of European Public Policy*, vol. 1, 3.

HOOGHE, Liesbet; MARKS, Gary, 2001, *Multi-Level Governance and European Integration*. Lanham: Rowan & Littlefield Publishers.

HOOGHE, Liesbet; MARKS, Gary, 2002, «Types of Multi-Level Governance», *Cahiers Européens de Sciences PO*, 3.

HUSSON, Claude, 2002, *L'Europe sans Territoire*. Paris: L'Aube – Datar.

INSTITUTO NACIONAL DE ESTATÍSTICA, 2001, «Contas Regionais» *in* Direcção Regional do Norte, *Anuário Estatístico da Região Norte 2000*. Lisboa: Instituto Nacional de Estatística. Cap. III.

INSTITUTO NACIONAL DE ESTATÍSTICA, 2001, «Contas Regionais» *in* Direcção Regional do Centro, *Anuário Estatístico da Região Centro 2000*. Lisboa: Instituto Nacional de Estatística. Cap. III.

INSTITUTO NACIONAL DE ESTATÍSTICA, 2001, «Contas Regionais» *in* Direcção Regional de Lisboa e Vale do Tejo, *Anuário Estatístico da Região de Lisboa e Vale do Tejo 2000*. Lisboa: Instituto Nacional de Estatística. Cap. III.

INSTITUTO NACIONAL DE ESTATÍSTICA, 2001, «Contas Regionais» *in* Direcção Regional do Alentejo, *Anuário Estatístico da Região Alentejo 2000*. Lisboa: Instituto Nacional de Estatística. Cap. III.

INSTITUTO NACIONAL DE ESTATÍSTICA, 2001, "Contas Regionais" *in* Direcção Regional do Algarve, *Anuário Estatístico da Região Algarve 2000*. Lisboa: Instituto Nacional de Estatística. Cap. III.

JOHN, Peter, 2001, *Local Governance in Western Europe*. London: Sage Publications.

JOSSELIN, Daphne, 1995, *Domestic Policy Networks and the Making of EC Policy: The Case of Financial Services in France and the UK, 1987-1992*. The London School of Economics and Political Science (dissertação de doutoramento).

KASSIM, Hussein, 2000, «The National Co-ordination of EU Policy: Must Europeanization Mean Convergence?», *Cahiers Européens de Science Po*. 5/2000.

KEOHANE, Robert; HOFFMANN, Stanley, 1991, «Institutional Change in Europe in the 1980's" *in The New European Community*». Boulder, Colo.: Westview.

KLAUSEN, Kurt Klaudi; GOLDSMITH, Michael, 1997, «Conclusion: Local Government and the European Union» *in* Klausen, Kurt Klaudi; Goldsmith, Michael (orgs.), *European Integration and Local Government*. Cheltenham: Edward Elgar Publishers.

KNOKE, David, 1990, *Political Networks – the Structural Perspective*. Cambridge: Cambridge University Press.

KOHLER-KOCH, Beate, 1995, «Intégration Europeénne: Décomposition ou Réemergence des États Nationaux», *Sciences de la Société*, nº 34.

KOHLER-KOCH, Beate, 1999, «The Evolution and Transformation of European Governance» *in* Eising, Rainer; Kohler-Koch (orgs.), *The Transformation of European Governance in the European Union*. London: Routledge.

LABORIE, Jean-Paul; TAUTELLE, François, 1995, «État et Acteurs Locaux Face à la Politique Régionale Européenne», *Sciences de la Société*, nº 34.

LAFFIN, Martin, 1986, *Professionalism and Policy: the Role of the Professions in the Central-Local Government Relationship*. London: Avebury.

LAWTON, T., 1999, «Governing the Skies: Conditions for the Europeanization of Airline Policy», *Journal of Public Policy*, 19(1).

LE GALÈS, Patrick, 1995, «Du Gouvernement des Villes à la Gouvernance Urbaine», *Revue Française de Science Politique*. vol. 45, 1.

LE GALÈS, Patrick, 1998, «Régulation, Gouvernance et Territoire» *in* Jobert, Bruno; Commaile, J. (orgs.), *Les Métamorphoses de la Régulation Politique*. Paris: Maison des Sciences de l'Homme.

LE GALÈS, Patrick; HARDING, Alan, 1996, «Villes et États» *in* Le Galès, Patrick; Thatcher, Mark (orgs.) *Les Réseaux de Politique Publique – Débat Autour des Policy Networks*. Paris: L'Harmattan.

LECA, Jean, 1996, «La 'Gouvernance' de la France sous la Cinquième République» *in* D'Arcy, François (org.) *La Cinquième République et l'Europe. Hommage à Jean-Louis Quermonne*. Paris: Presses de Sciences PO.

LECA, Jean, 1997, «Le Gouvernement en Europe, un Gouvernement Européen?», *Revue Politiques et Management Public*, vol. 15, nº 1.

LEGENDRE, Pierre, 1976, *Jouir du Pouvoir*. Paris: Minuit.

LEVRAT, Nicolas, 1995, «Concorrência e Cooperação entre os Poderes Locais e Regionais», *Revista da Administração Local*, 146.

LINDBERG, L. N.; SHEINGOLD, S. A., 1970, *Europe's Would-Be Polity: Patterns of Change in the European Community*. Englewood Cliffs, NJ: Prentice Hall.

LOEB-MAYER, Nicole, 1995, «Régions – États – Europe: des Relations d'Échange» *in* Frognier, André; Claeys, Paul-H, (orgs.), *L'Échange Politique*. Bruxelles: Ed. Université de Bruxelles.

LOPES, Fernando Farelo, 1994, «Portugal: Lobbying for EC Financial Support» *in* Van Schendelen, M. P. C. M. (org.), *National Public and Private EC Lobbying*. Aldershot: Darmouth.

LOUGHLIN, John, 2001, *Subnational Democracy in the European Union. Challenges and Opportunities*. Oxford: Oxford University Press.

LOURENÇO, Eduardo, 2001, «Nous Sommes une Sorte d'Autre Irlande», *L'Hebdo*. Lausanne, 26/04/2001 *in* www.instituto-camoes.pt/arquivos/literatura/arqvelourenco.htm

LOURENÇO, Eduardo, 2003, «O Insubmisso», *Jornal de Notícias*. Porto, 23/01/2003 *in* www.instituto-camoes.pt/arquivos/literatura/arqvelourenco.htm

MABILEAU, Albert, *et al.*, 1987, «Approches et Conceptions du Local» *in Les Citoyens et la Politique Locale*. Paris: Pedone.

MAGALHÃES, Joaquim Romero; COELHO, Maria Helena da Cruz, 1986, *O Poder Concelhio, das Origens às Cortes Constituintes*. Coimbra: C.E.F.A.

MAJONE, Giandomenico, 1992, «Market Intergration and Regulation: Europe After 1992», *Macroeconomica*, 43.

MAJONE, Giandomenico, 1994, «Communauté Économique Européenne: Dérégulamentation ou Re-réglementation? La Conduite des Politiques Publiques Depuis l'Acte Unique» *in* Jobert, Bruno (org.), *Le Tournant Néo-Libéral en Europe. Idées et Recettes dans les Pratiques Gouvernementales*. Paris: L'Harmattan.

MARCH, J.G.; OLSEN, J.P., 1989, *Rediscovering Institutions: The Organizational Basis of Politics*. New York and Oxford: The Free Press.

MARCOU, Gérard, 1993, «Principe de Subsidiarité, Constitution Française et Décentralisation» *in* Némery, Jean-Claude; Wachter, Serge (orgs.), *Entre l'Europe et la Décentralisation. Les Institutions Territoriales Françaises*. Paris: Éditions de l'Aube.

MARCOU, Gérard, 2000, «Union, Fédération, Région: Quell(s) État(s) pour l'Europe», *Cultures et Conflits*, nº 38, Sociologie de l'Europe. Paris: l'Harmattan.

MARKS, Gary, 1993, «Structural Policy and Multilevel Governance in the EC», *in* Cafruny, Alan W.; Rosenthal, Glenda G. (orgs.), *The State of the European Community. The Maastricht Debates and Beyond*. Vol. 2. Harlow: Longman.

MARKS, Gary, 1997, «An Actor Centred Approach to Multi-Level Governance» *in* Jefferey (org.), *The Regional Dimension of the European Union. Towards a Third Level in Europe?*. London: Frank Cass.

MARKS, Gary; NIELSEN, F.; RAY, L.; SALK, J., 1996, «Competencies, Cracks and Conflits», *Comparative Political Studies*, Vol. 29, 2.

MARTIN, Phillipe, 1999, «Are European Regional Policies Delivering?», *EIB papers*, Vol. 4, nº 2.

MARTIN, Reiner, 1998, *Regional Policy in the European Union. Economic foundations and reality*. Brussels: Centre for European Policy Studies.

MARTIN, Reiner, 1999, *The Regional Dimension in European Public Policy. Convergence or Divergence?* London: Macmillan Press.

MARTINS, Moisés de Lemos, 1996, *Para uma Inversa Navegação, o Discurso da Identidade*. Porto: Afrontamento.

MATHIOT, Pierre, 1998, «Les Effets de la Gestion de Dispositifs Communautaires sur les Acteurs et les Systèmes d'Action Nationaux», *Politix*, 43.

MAZEY, Sonia, 1996, «The Development of the European Idea. From Sectorial Integration to Political Union» *in* Richardson, Jeremy J. (org.), *European Union. Power and Policy-Making*. London and New York: Routledge.

MAZEY, Sonia; RICHARDSON, Jeremy (orgs.), 1993, *Lobbying in the European Community*. Oxford: Oxford University Press.

MÉDARD, Jean-François, 1995, «Théories de l'Échange et Échanges Politiques» *in* Claeys, Paul-H; Frognier, André (orgs.), *L'Echange Politique*. Bruxelles: Ed. Université de Bruxelles.

MEDEIROS, Fernando, 1988, «Um Sistema Social de Espaços Múltiplos – a Autonomia do Local na Sociedade Portuguesa», *Revista Crítica de Ciências Sociais*, 25/26.

MÉNY, Yves; WRIGHT, Vicent (orgs.), 1985, *Centre-Periphery Relations in Western Europe*. London: Allen and Unwin.

MERKEL, Wolfgang, 1999, «Legitimacy and Democracy: Endogenous Limits of European Integration» *in* Anderson, Jeffrey J. (org.), *Regional Integration and Democracy*. Lanham: Rowan & Littlefield Publishers.

MILLION-DELSOL, Chantal, 1993, «Le Principe de Subsidiarité et les Difficultés de son Application» *in* Portelli, Hugues (org.), *La Décentralisation Française et l'Europe*. Boulogne Billancourt: Editions Pouvoirs Locaux.

MILWARD, Alan, 1997, «The Springs of Integration» *in* Gowan, Peter; Anderson, Perry (orgs.), *The Question of Europe*. London: Verso.

MINISTÉRIO DO PLANEAMENTO, 1999, *Portugal 2000-2006: Plano de Desenvolvimento Regional*. Lisboa: Ministério do Planeamento.

MINISTÉRIO DO PLANEAMENTO, 1999a, *QCA – Quadro Comunitário de Apoio III. Portugal 2000-2006*. Lisboa: Ministério do Planeamento.

MITRANY, D., 1966, *A Working Peace System*. Chicago: Quadrangle Books.

MONTEIRO, Nuno Gonçalo, 1996, «Temas e Problemas» *in* Oliveira, César (org.), *História dos Municípios e do Poder Local*. Lisboa: Temas e Debates e Autores.

MOORE, Barry; POTTER, Jonathan, 2002, «Adapting Evaluation Strategies to the New Regional Policies» *in* Bibby-Larsen, Lisa; House, Fiona (orgs.), *Evaluation and EU Regional Policy: New Questions and New Challenges. International Conference*. Aix-en-Provence: Centre Universitaire de Monteperrin.

MORAVCSIK, Andrew, 1993, «Preferences and Power in the European Community: a Liberal Inter-Governmentalist Approach», *Journal of Common Market Studies*, 31.

MORAVCSIK, Andrew, 1998, *The Choice for Europe: Social Purpose and State Power from Messina to Maastricht*. Ithaca, N.Y.: Cornell University Press.

MOZZICAFREDDO, J; GUERRA, I., 1988, «O Grau Zero do Poder Local», *Sociologia – Problemas e Práticas*, 4.

MOZZICAFREDDO, J; GUERRA, Isabel; FERNANDES, Margarida A; QUINTELA, João G. P., 1991, *Gestão e Legitimidade no Sistema Político Local*. Lisboa: Escher.

MULLER, Pierre, 1997, «L'Européanisation des Politiques Publiques», *Revue Politiques et Management Public*, Vol. 15, nº 1...

NEVES, J. P., 1993, «Organizações Municipais e Informatização, Notas para uma Investigação Sociológica» *in* Costa, M. S.; Neves, J. P. (orgs.), *Autarquias Locais e Desenvolvimento*. Porto: Afrontamento.

O'BRIEN, C. C., 1997, "Pursuing a Chimera", *in* Gowan, P.; Anderson, P. (orgs), *The Question of Europe*. London: Verso.

OLIVEIRA, César, 1996, «O Estado Novo e os Municípios Corporativos» *in* Oliveira, César (org.), *História dos Municípios e do Poder Local*. Lisboa: Temas e Debates e Autores.

PAGE, Edward, 1991, *Localism and Centralism in Europe. The Political and Legal Basis of Local Self-Government*. Oxford: Oxford University Press.

PALARD, Jacques, 1993, «Les Fonctions de la Politique Régional Européenne», *R.S.A.M.O.*, 93, 1-2-3-4.

PASTOREL, Jean-Paul, 1993, «Les Régions et le Principe de Subsidarité», *R.S.A.M.O.*, 93, 1-2-3-4.

PETERS, Guy B., 1994, «Agenda-Setting in the European Community», *Journal of European Public Policy*, nº 1.

PETERSON, John, 1995, «Decision-Making in the European Union: Towards a Framework for Analysis», *Journal of European Public Policy*, Vol.2, nº 1.

PINTO, José Madureira, 1991, «Considerações sobre a Produção Social de Identidade», *Revista Crítca de Ciências Sociais*, 32.

PIRES, Luís Madureira, 1998, *A Política Regional Europeia e Portugal*. Lisboa: Fundação Calouste Gulbenkian.

POGGY, G., 1996, "La Nature Changeante de l'État", *in* Wright, V.; Cassese, S., (Orgs.), *La Récomposition de l'État en Europe*. Paris: La Découverte.

PONGY, Mireille, 1997, "Gouvernance et Citoyenneté, la Différenciation du Politique", *in* Saez, Guy *et al.* (org.), *Gouvernance Métropolitaine et Transfrontalière*. Paris: L´Harmattan.

Portas, Nuno, 1988, «Sobre Alguns Problemas da Descentralização», *Revista Crítica de Ciências Sociais*, 25/26.

PUTNAM, R. D., 1988, «Diplomacy and Domestic Politics: The Logic of Two-Level Games», *International Organization*, vol. 42, nº 3.

PUTNAM, Robert, 1993, *Making Democracy Works. Civic Traditions in Italy*. Princeton: Princeton University Press.

RADAELLI, Claudio, 2001, «The Domestic Impact of European Union Public Policy: Notes on Concepts, Methods and Challenge of Empirical Research», *Politique Européenne*, nº 5.

REIS, José, 1990, «Os Lugares e os Contextos», *Revista Crítica de Ciências Sociais*, 30.

RHODES, R., (1992), *Beyond Westminster and Whitehall: The Sub-central Governments of Britain*. London: Routledge.

RICHARDSON, J.; JORDAN, G., 1982, «The British Policy Style of Negotiation» *in* Richardson, J.; Jordan, G., (orgs.), *Policy Styles in Western Europe*. London: Allen and Unwin.

RITAINE, Evelyne, 1996, «Hypothèses pour le Sud de l´Europe: Territoires et Médiations», *EUI Working Papers, RSC* nº 96/33. Badia Fiesolana, San Domenico (FI): European University Institute.

ROBERTSON, Roland, 1990, «Mapping the Global Condition: Globalization as the Central Concept», *Theory, Culture & Society*. London: Sage, vol. 7.

ROBERTSON, Roland, 1995, «Glocalization: Time-Space and Homogeneity-Heterogeneity» *in* Featherstone, Mike; Lash, Scott; Roberston, Roland (orgs.), *Global Modernities*. London: Sage.

ROKKAN, Stein, 1975, «Dimensions of State Formation and Nation-Building: A Possible Paradigm for Research on Variations Within Europe» *in* Tilly, Charles (org.), *The Formation of National States in Western Europe*. Princeton, N.J.: Princeton University Press.

ROKKAN, Stein; URWIN, Derek W. (orgs.), 1982, *The Politics of Territorial Identity. Studies in Europe Regionalism*. London: Sage Publications.

ROKKAN, Stein; URWIN, Derek W. (orgs.), 1983, *Economy, Territory, Identity: Politics of West European Peripheries*. London: Sage Publications.

ROSAMOND, Ben, 2000, *Theories of European Integration*. London: Macmillam Press LTD.

RUIVO, Fernando; VENEZA, Ana, 1988, «Seis Questões pelo Poder Local», *Revista Crítica de Ciências Sociais*, 25/26.

RUIVO, Fernando, 1990, «Local e Política em Portugal: O Poder Local na Mediação entre Centro e Periferia», *Revista Crítica de Ciências Sociais*, 30.

RUIVO, Fernando; CAMPOS, Bernardo, 1995, *Estudo Preparatório da Lei das Finanças Locais*. Coimbra: Faculdade de Economia da Universidade de Coimbra, Centro de Estudos Sociais.

RUIVO, Fernando; FRANCISCO, Daniel, 1999, «O Poder Local entre Centro e Periferia», *Revista Crítica de Ciências Sociais*, 52/53.

RUIVO, Fernando, 2000a, *O Estado Labiríntico: O Poder Relacional entre Poderes Local e Central em Portugal*. Porto: Afrontamento.

RUIVO, Fernando, 2000b, *Poder Local e Exclusão Social*, Coimbra: Quarteto.

RUIVO, Fernando, 2002, "Localização de Políticas Públicas", *Oficina do CES*, 178 (<u>www.ces.uc.pt</u>).

RUIVO, Fernando, 2004, "A Reforma administrativa Territorial de 2003", *Cadernos do Observatório dos Poderes Locais*, 1 (www.opl.com.pt).

RUIVO, Fernando, 2008, «A outra face da lua: reflexões sobre as relações entre o formal e o informal", *Cadernos do Observatório dos Poderes Locais*, 12 (www.opl.com.pt)

SABATIER, P., 1988, «An Advocacy Coalition Model of Policy-Making and Change and the Role of Policy-Oriented Learning Therein», *Policy Sciences*, 1.

SANTOS, Boaventura S., 1987, «O Estado, a Sociedade e as Políticas Sociais: o Caso das Políticas de Saúde», *Revista Crítica de Ciências Sociais*, 23.

SANTOS, Boaventura S., 1989, *Palavras de Abertura do Colóquio As Encruzilhadas do Poder Local*. Coimbra: Centro de Estudos Sociais/Faculdade de Economia da Universidade de Coimbra.

SANTOS, Boaventura S., 1993, «O Estado, as Relações Salariais e o Bem-Estar Social na Semiperiferia: o Caso Português» *in* Santos, Boaventura S. (org.), *Portugal: um Retrato Singular*. Porto: Edições Afrontamento.

SANTOS, Boaventura S., 1994, *Pela Mão de Alice. O Social e o Político na Pós-Modernidade*. Porto: Afrontamento.

SANTOS, Boaventura S., 2003, «Bloqueio em Movimento» *in Visão* nº 531, 10 Anos em Revista.

SAUNDERS, Peter, 1993, «Citizenship in a Liberal Society» *in* Turner, Bryan (org.), *Theories of Citizenship*. London: Sage Publications.

SCHARPF, Fritz, 2000, *Gouverner l'Europe*. Paris: Presses des Sciences PO.

SCHMITTER, P. C., 1995, «Groupes d'Intérêts et Consolidation Démocratique en Europe Méridional», *Pôle Sud*, 3.

SEMERARO, G., 1999, *Gramsci e a Sociedade Civil*. Petrópolis: Editora Vozes.

SERRÃO, Joel, 1971, *Dicionário de História de Portugal*. Vol. I. Porto: Livraria Figueirinhas.

SIDJANSKI, Susan, 1995, «Nouvelles Tendances des Groupes de Pression dans l'Union Européenne» *in* Mény, Yves; Muller, Pierre; Quermone, Jean-Louis (orgs.), *Politiques Publiques en Europe*. Paris: l'Harmattan.

SMITH, Andy; SMYRL, Marc, 1995, «Á la Recherché d'Interlocuteurs.... La Commission Européenne et le Développement Territorial», *Sciences de la Société*, nº 34.

SMITH, Andy, 1995, «Les Idées en Action: le Référentiel, sa Mobilisation et la Notion de Policy Networks» *in* Faure, Alain *et al*. (orgs.), *La Construction du Sens dans les Politiques Publiques. Débats Autour de la Notion de Référentiel*. Paris: L´Harmattan.

SMITH, Andy, 1996, «Intégration Communautaire et Dévelopement Territoriale: une Double Problematique» *in* Smith, Andy (org.), *L'Europe Politique au Miroir du Local*. Paris: L'Harmattan.

SMITH, Andy, 1996a, «L'Émergence du Dévelopement Territorial au Niveau Communautaire» *in* Smith, Andy (org.), *L'Europe Politique au Miroir du Local*. Paris: L'Harmattan.

SMITH, Andy, 1997, «La Subsidiarité, la Cohésion et la Communauté Européenne» *in* Faure, Alain (org.), *Territoires et Subsidiarité. L´Action Publique Locale à la Lumière d´un Principe Controversé*. Paris: L´Harmattan.

SMITH, Andy, 1998b, «Au-Delà d´une 'Europe du Lobbying' – l´Exemple des Rapports entre Régions et Commission» *in* Clayes, Paul (org.), *Lobbyisme, Pluralisme et Intégration Européenne*. Bruxelles: Presses Interuniversitaires Européennes.

SMITH, Andy, 1998a, «Experts Européens et Centralisation de la Gouvernance Locale» *in* Balme, Richard *et al*. (orgs.), *Politiques Locales et Transformations de l´Action Publique en Europe*. Actes du Colloque Organisé à l´Initiative de l´Association Française de Science Politique, du CERIEP de Lyon et du CERAT de Grenoble, 25 et 26 septembre 1997, Grenoble: CERAT.

STREECK, Wolgang; SCHMITTER, Phillipe, 1985, *Private Interest Government*. London: Sage.

TARROW, Sidney, 1979, *Tra Centro e Periferia*. Bologna: Il Mulino..

THIELEMANN, Eiko R., 1999, «Institutional Limits of a 'Europe With the Regions»: EC State-Aid Control Meets German Federalism", *Journal of European Public Policy*, vol. 6, 3.

THOENIG, Duran, 1996, «L'État et la Gestion Publique Territoriale», *RFSP*, Vol. 46, nº 4.

THOMPSON, Grahame, *et al*., 1991, *Markets, Hierarchies & Networks: The Coordination of Social Life*. London: Sage.

TIMSIT, Gérard, 1986, *Théorie de l'Administration*, Paris : Économica.

VACHON, Bernard, 1998, «Mutations Structurelles et Déconcentration Économique: des Perspectives Nouvelles pour le Développement Territoriale» *in* Proulx, Marc-Urbain (org.), *Territoires et Développement Économique*. Paris: L'Harmattan.

VELTZ, Pierre, 2000, *Mondialisation, Villes et Territoires. L'Économie d'Archipel*. Paris: P.U.F.

WALLACE, Helen, 1984, «Implementation Across National Boundaries» *in* Lewis, D.; Wallace, W. (orgs.), *Politics and Practice*. London: Heinemann.

WALLACE, William, 1990, «Introduction: the Dynamics of European Integration», *in* William Wallace (org.), 1990, *The Dynamics of European Integration*. London: The Royal Institute of International Affairs.

WALLACE, William, 1997, «Rescue or Retreat? The Nation State in Western Europe» *in* Gowan, Peter; Anderson, Perry (orgs.), *The Question of Europe*. London: Verso.

WILKS, S.; WRIGHT, M., (1987), "Comparing Government-Industry Relations: States, Sectors and Networks", *in* WILKS, S.; WRIGHT, M (orgs), *Comparative Government-Industry Relations*. Oxford: Calendon Press.

WRIGHT, V., CASSESE, S., 1996, *La Récomposition de l'État en Europe*. Paris: La Découverte.

SOBRE OS AUTORES

Fernando Ruivo é Professor da Faculdade de Economia da Universidade de Coimbra e Investigador Permanente do Centro de Estudos Sociais, desde a sua fundação (de que foi Vice-Director). Na mesma Faculdade, foi Coordenador da Licenciatura em Sociologia e co-coordena actualmente os Programas de Mestrado "Políticas Locais e Descentralização" e de Doutoramento "Democracia no Século XXI". Coordena igualmente o "Observatório dos Poderes Locais" junto do Centro de Estudos Sociais. Realizou estágios de investigação e leccionou em Universidades de vários países. É também autor de vasta bibliografia subordinada a diversos temas, com muito especial enfoque no de "Poderes Locais", tema com que se doutorou em "Sociologia do Estado, do Direito e da Administração" pela Universidade de Coimbra.

Daniel Francisco é docente na Faculdade de Economia e Investigador do Centro de Estudos Sociais da Universidade de Coimbra. Licenciado em Sociologia pela Universidade de Coimbra, Mestre em Estudos Políticos, variante de Sociologia Política, pelo Instituto de Estudos Políticos de Paris, trabalha preferencialmente o tema do Poder Local em perspectiva comparada. As suas últimas pesquisas dedicam-se à relação entre territórios (cidades e regiões), políticas públicas e redes políticas, com especial atenção para os processos de descentralização na Europa e para os projectos de transporte em cidades europeias.

Catarina Antunes Gomes é licenciada em Antropologia – especialização em Antropologia Social e Cultural, pela Faculdade de Ciências da Universidade de Coimbra e mestre e doutorada em Sociologia – especialização em Sociologia do Estado, do Direito e da Administração, pela Faculdade de Economia da mesma instituição. Presentemente, é pós-doutoranda no Centro de Estudos Sociais da Universidade de Coimbra e Professora Convidada na Universidade de Aveiro.